긍정적 일탈주의자

긍정적 일탈주의자

[REB3L
TALENT]

내 안의 탁월한 말썽꾸러기
해방시키기

프란체스카 지노 지음 | 김정혜 옮김

한국경제신문

창조적 파괴자들

"전통의 노예가 되지 마라. 전통의 구속에서 벗어나 자유로워져라."[1]
—마시모 보투라(Massimo Bottura)

마르치아(Marcia)!

명령이 떨어졌다. 마르치아는 이탈리아어로 '행진' 혹은 '준비'라는 뜻이다. 그 말을 듣자마자 나는 차분한 분위기의 홀에서 활기 넘치는 주방으로 냉큼 달려갔다. 이번에 서빙할 요리는 '라자냐의 바삭한 부분'이라는 뜻의 '라 파르테 크로칸테 델라 라자냐(La Parte Croccante Della Lasagna)'였다. 파스타 면 밑에 이탈리아 전통 소스인 라구(ragù)와 진한 화이트 소스인 베샤멜(bechamel)이 가득한 요리로, 라자냐의 한쪽 귀퉁이를 뚝 자른 것처럼 생겼고 옆에서 보면 모든 재료가 정교하게 어우러져 그을린 이탈리아 국기처럼 보인다.

웨이터인 피노(Pino)가 요리를 들고 앞장섰다. 나는 말 잘 듣는 강아지마냥 그의 뒤를 따라 다시 홀로 나왔다. 피노와 호흡을 맞춰 테이블 위에 요리를 내려놓는데 손이 벌벌 떨렸다. 손님들은 이탈리아의 유명인 부부로 결혼기념일을 축하하기 위해 레스토랑을 찾았다.

옅은 파란색과 회색의 벽에는 세계적인 수준의 현대미술품이 잔뜩 걸려 있다. 이런 작품은 이탈리아 북부 에밀리아로마냐(Emilia Romagna) 주 모데나(Modena)에 있는 오스테리아 프란체스카나(Osteria Francescana)의 독특한 감성적 인테리어 중 하나다. 프란체스카나는 미쉐린(Michelin, 미슐랭으로 더 유명하지만 모회사인 미쉐린 코리아가 '미쉐린 가이드'를 공식적으로 채택했다—옮긴이) 3스타 레스토랑이다. 2016년에는 이탈리아 레스토랑으로는 처음으로 세계 50대 레스토랑에서 1위로 선정됐다.

피노와 나는 다시 주방으로 돌아가서 오스테리아 프란체스카나의 또 다른 대표 요리 '볼리토 논 볼리토(Bollito Non Bollito)'를 집어들었는데, 문자 그대로 '삶지 않은 삶은' 고기다. 이탈리아 북부지방의 전통 스튜인 볼리토 미스토(Bollito Misto)는 삶은 고기가 주재료다. 혀와 자투리 살코기같이 소의 다양한 부위를 삶은 고기 모둠으로 육수와 새콤달콤한 녹색의 살사 베르데(salsa verde) 소스와 같이 먹고 가끔은 톡 쏘는 알싸한 향신료를 곁들이기도 한다. 특히 뜨끈한 국물이 있어서 추운 겨울 몸을 녹이는 데 그만이지만, 눈을 즐겁게 해주는 비주얼은 아니다. 게다가 고기를 삶는 과정에서 특유의 감칠맛과 풍미가 없어지고 색깔이 변한다. 그렇지만 고기를 삶지 않으면 볼리토 미스토가 아니다.

이탈리아의 전통 요리는 극단적일 만큼 엄격한 규칙을 따른다.

짧은 파스타 면에는 고기 소스를 사용하고, 긴 파스타 면은 해산물 소스와 찰떡궁합이다. 예로부터 전해오는 요리법은 재료든 방식이든 손을 대서 오염시키는 게 금기시됐다. 요리와 춤부터 성인을 기리는 축제와 전날 밤에 착한 빗자루 마녀 라 베파나(La Befana)가 사탕을 가져다주는 1월 6일 주현절 휴일까지, 이탈리아의 문화는 전통을 매우 소중히 여긴다.

그런데 프란체스카나의 오너 셰프인 마시모 보투라는 금기를 깨고 싶었다.[2] 전통적인 볼리토 미스토 요리법에 변화를 주고 싶었던 것이다. 주방 식구들과 수많은 실험 끝에 그는 고기의 맛과 식감을 훨씬 살릴 수 있는 방법을 찾아냈다. 바로 수비드(sous vide) 방식이었다. 수비드는 비닐봉투에 재료를 넣고 진공 밀봉한 다음 섭씨 100도 이하의 물에 중탕으로 몇 시간을 익히는 방법이다.

볼리토 논 볼리토는 여섯 부위의 고기를 수비드로 익혀서 깍둑썰기해 접시에 일렬로 늘어놓는다. 고기 앞에 파슬리로 만든 거품을 길게 올리고, 거품 앞에 피망으로 만든 빨강 젤리와 노랑 젤리 역시 같은 길이로 올린다. 식초에 절인 케이퍼와 앤초비 약간, 양파잼, 사과를 넣은 겨자 소스도 곁들인다. 이 요리는 보투라가 젊은 시절 일했던 뉴욕에서 영감을 받았다고 한다. 네모난 고기 건물들이 초록색 거품 나무 위로 솟아올라 작은 마천루를 이루고, 빨강과 노랑 젤리는 잔디밭이며 앤초비는 잔디밭에 앉아 있는 사람들이다. 맞다, 뉴욕의 센트럴파크를 연상시킨다. 볼리토 논 볼리토는 알록달록한 색깔로 시각을 즐겁게 해주는 동시에 황홀한 맛으로 미각도

사로잡아 말문을 잃게 한다. 고기는 첫 키스 후의 초조함처럼 입안에서 녹아내리고, 강렬한 풍미가 확 올라오면서 입안 가득 퍼진다. 고기의 담백함과 지방의 고소함이 어우러져 고급스런 맛이 나면서도 향신료가 들어간 부드러운 거품과 젤리까지 더해져 맛의 향연이 펼쳐진다.

8번 테이블에서 주문한 볼리토 논 볼리토 2인분이 마침내 준비됐다. 나는 피노를 유심히 보며 그가 하는 대로 접시를 들었고 OK 사인을 받은 다음 그의 뒤를 졸졸 따라 주방에서 나왔다. 행여 실수로 섬세한 볼리토 논 볼리토를 훼손할까봐 신경이 바짝 쓰였다. 하버드 경영대학원 교수가 레스토랑에서 왜 요리를 나르고 있었냐고? 앞서 말했듯이 이탈리아 북부 도시 모데나에 있는 이 레스토랑은 세계 최고 수준이다.

패스트푸드 체인들에 관한 사례연구를 하면서 나는 스펙트럼상 패스트푸드 업체와는 정반대편에 있는 레스토랑들은 어떻게 일하는지 직접 보고 싶어졌다. 그래서 보투라에게 연락했고, 뜻밖의 제안을 받았다. 만약 그의 레스토랑이 어떻게 돌아가는지 알고 싶다면 주방에서 하루, 홀에서 하루를 꼬박 일해봐야 한다는 것이었다. 나는 기꺼이 그러겠노라고 답했다. 사실 현장방문은 사례연구의 일부인 데다 이탈리아 사람으로서 나는 고국을 방문할 수 있는 기회는 절대 마다하지 않는다.

드디어 오스테리아 프란체스카나에서의 첫날 아침, 레스토랑의 세 군데 홀 중 한 곳에 들어갔을 때 키 큰 한 남자가 직원과 담소를 나누고 있었다. 그 직원은 오랜 수석 웨이터이자 소믈리에인 주세페 팔미에리(Giuseppe Palmieri)였다. 팔미에리는 감독이라는 뜻의 'director'에 해당하는 '일 디레토레(Il direttore)'라고 불렸다. 그는 나를 발견하자 따뜻하게 환영해줬고, 인사가 끝난 뒤에는 피노를 소개시켜줬다. 보아하니 피노는 내가 말썽을 일으키지 못하도록 감독할 사수이지 싶었다.

몇 분 후 나는 피노와 함께 접시와 유리잔을 닦고 있었다. 포크와 나이프까지 닦은 후에는 테이블에 꽃병이 적절한 위치에 놓여 있는지 확인하고 직원들의 식사를 위한 상차림도 도왔다. 보투라는 내가 모든 걸 경험하도록 일부러 준비해뒀던 것이다. 나는 젊은 시절 이탈리아와 영국의 중저가 레스토랑들에서 일한 경험이 있었지만, 보투라는 그 사실을 알지 못했다. 어쨌든 왕초보에게 최고급 레스토랑에서 손님 응대를 시키는 건 평범하지 않았다. 다른 고급 레스토랑의 오너라면 그렇게 했을 것 같지 않았다.

그것이 바로 보투라의 방식이었다. 레스토랑 운영에 관한 보투라의 많은 결정은 충동적인 것처럼 보일 수도 있다. 좋은 예가 있다. 2005년 두 사람의 셰프가 오스테리아 프란체스카나에 합류했다. 한 사람은 콘도 타카히코(Kondo Takahiko)였는데, 손님으로 점심을 먹으러 왔다가 얼마 후 주방에서 일하게 됐다. 또 한 사람은 다비데 디 파비오(Davide di Fabio)로, 여러 레스토랑에 이력서를 보내고 난 직후에 전화를 받았는데 보투라는 면접도 생략한 채 다짜고짜 일하러 오라고 했다 한다. 보투라와 베페(Beppe)의 인연도 흥미롭다. 보투라를 처음 만났을 때 베페는 볼로냐 인근의 미쉐린 2스타 레스토랑에서 일하고 있었다. 보투라가 아내와 함께 자주 찾는 곳이었다. 식사를 마치고 집으로 돌아가다가 보투라는 뜬금없이 베페에게 전화를 걸어 함께 일해보자고 했다. 보투라는 많은 직원을 이런 식으로 뽑았다.

유복한 집안의 다섯 형제 중 넷째로 태어난 보투라는 오스테리아 프란체스카나에서 그리 멀지 않은 곳에서 자란 모데나 토박이다. 어릴 적 보투라의 집은 항상 복작거렸다. 식구만 해도 외할머니, 어머니, 아버지, 고모, 삼촌, 그리고 5명의 아이들까지 총 10명이었다. 게다가 식구들의 친구도 노상 들락거렸다. 어머니와 외할머니는 그 많은 사람을 먹이느라 하루 종일 부엌에서 살다시피 했다. 어린 보투라는 어머니와 외할머니가 요리하는 모습을 가끔 지켜보곤 했다. 그는 파스타 면을 밀 때 사용하는 밀대에 관심을 보였고 소를 채운 고리 모양의 파스타 토르텔리니(tortellini)의 재미있는 생김새에 호기심을 느꼈다. 형들이 학교에서 돌아오면 무기가 될 만한 걸 찾아 들고 보투라를 짓궂게 쫓아다녔는데, 그러면 보투라는 아지트로 숨어들었다. 바로 부엌 조리대 아래였다. 그곳에서는 형들의 짓궂은 장난도 피할 수 있었지만 운이 좋으면 어머니와 할머니가 파스타 면을 만들다 떨어뜨리는 자투리 반죽도 먹을 수 있었다.

보투라는 요리학교는 근처에도 가본 적이 없었다. 셰프가 된 건 순전히 반항심의 발로였다. 보투라는 아버지의 바람대로 법대에 진학했지만 공부에 재미를 못 붙이고 따분한 2년을 보낸 뒤 대학을 그

만뒀다. 1986년 모데나 외곽의 트라토리아인 캄파초(Campazzo)가 매물로 나왔다(트라토리아는 분위기가 가볍고 가정식 요리가 나오는 게 특징이다. 한편 리스토란테는 격식을 갖춘 정찬이 나온다. 격식으로 따지면 리스토란테, 트라토리아, 오스테리아 순이다. 오스테리아는 원래 '주점'이라는 뜻이었다—옮긴이). 건물은 쓰러질 듯 허름했고 스물세 살의 보투라는 그때까지 식당에서 일해본 적도 없었다. 하지만 보투라 안의 반항아가 말했다. "경험이 없는 게 뭐 어때서?"

그래도 음식을 만들어본 적은 많았으니 완전히 문외한은 아니었다. 고등학교 시절 친구들과 밤늦게까지 공부하거나 파티를 한 뒤에 보투라 집에 모여 배를 채우곤 했는데, 그럴 때면 으레 보투라가 프라이팬을 잡았다. 열여덟 살 때 해변으로 놀러 갔을 때는 확성기를 들고 저 멀리 바다에서 노는 친구들에게 카르보나라 크림 소스랑 아마트리치아나 토마토 소스 중 저녁에 어떤 파스타를 먹고 싶은지 물었다.

이제 오십대가 된 보투라는 마른 체형에 머리가 희끗하고 수염을 길렀다. 굵은 검은 테 안경을 쓰고 편안한 청바지를 즐겨 입는다. 그의 손은 끊임없이 움직인다. 식자재 공급업자가 모차렐라 디 부팔라(mozzarella di bufala)를 배달하자 보투라는 즉시 상자를 열어 큼직한 유백색 모차렐라 덩어리를 조심스레 들어올렸다. 한 직원이 포크와 나이프를 갖고 왔지만 보투라는 이미 맨손으로 치즈를 큼지막이 뜯어내고 있었다. 그는 덩어리 하나를 내게 건네며 말했다. "이건 정말 신선의 음식입니다. 꼭 맛보셔야 해요."

한 번은 보투라에게 요리의 영감을 누구에게서 받는지 물었더니 놀라운 이름이 튀어나왔다. 중국 출신의 개념예술가 아이 웨이웨이(艾未未)였다. 서양에서 공부한 웨이웨이는 미니멀리즘과 개념예술을 포함해 다양한 전통을 결합하는 것으로 유명하다. 웨이웨이의 대표작 중 하나는 1995년에 발표한 〈실수(Dropping a Han Dynasty Urn)〉인데, 2천 년 전 한나라 시대의 유물로 추정되는 화병을 '실수(失手)'라는 제목 그대로 '손을 놓아' 떨어뜨려 깨뜨리는 퍼포먼스를 흑백사진으로 연속 촬영한 작품이다. "수천 년의 역사를 한순간에 깨뜨리는 이유가 뭔지 아십니까?" 보투라가 내게 물었다. "나는 시간이 흐른 후에야 그 이유를 깨달았습니다. 웨이웨이의 파괴적인 행위는 사실상 건설적인 행동이었습니다. 그건 시작이었습니다. 파괴하고 변화시키고 창조하는 과정의 시작 말입니다."

표준절차나 지휘계통, 근무복장에 이르기까지 대부분의 비즈니스는 규칙을 따르는 것이 중요하다. 규칙을 무시하는 건 문제에 휘말리는 지름길이라고 해도 틀리지 않다. 심지어 혼돈으로 이어질 위험도 크다. 조직은 규칙을 깨뜨리는 반항아를 마지못해 참아주거나, 인내심의 한계에 달하면 조직에서 쫓아낸다.

이탈리아 요리라는, 수세기 동안 내려온 전통과 규칙이 자리 잡은 환경에서 보투라는 무모한 이단아로 보일 수 있었다. 그렇지만 적어도 그의 레스토랑에서는 규칙을 파괴하는 게 통했다. 아니, 매우 효과적이었다. 지난 15년간 나는 경영에 대해 공부하면서 많은 경영자를 만났고, 보투라 같은 인물을 종종 마주치곤 했다. 규칙을 깨뜨리는 걸 조금도 두려워하지 않는 사람들 말이다. 위대한 일을 창의적이고 효과적으로 해내기 위해 보편적인 규범은 물론 자신의 신념에 의문을 품는 사람들, 긍정적이고 건설적인 반항아들 말이다.

행동과학자로서 인간의 행동과 심리를 연구하는 것이 일이다 보니, 나는 사람들이 시험에서 부정행위를 저지르거나 세금신고를 허위로 하는 이유, 아니면 온라인 데이트 사이트에 거짓 정보를 올리거나 정지신호에서 자동차를 멈추지 않는 이유 등을 오랫동안 연구했다. 즉 나는 규칙을 깨뜨리고 그 대가로 곤경에 처하는 사람들에 관한 전문가가 됐다. 그렇지만 규칙을 깨뜨린다고 모두 그런 결과를 맞지는 않았다. 나는 기업이 저지르는 부정부패에 관한 수많은 사례를 추적했지만, 동시에 기업의 성공에 대해서도 연구했는데, 그런 성공 스토리의 줄거리는 비슷했다. 우선 규칙을 파괴한다. 그러면 긍정적인 변화가 일어나고, 크고 작은 방식으로 세상을 더 좋은 곳으로 만든다. 과연 그 비결은 무엇일까?

또한 기업들을 연구하면서 나는 똑같은 현상을 지속적으로 발견했다. 많은 기업에서 대다수의 직원이 일을 즐기지 못했다. 직장생활을 시작하고 어느 정도 시간이 지나면 일에 몰입하지 않았다. 또한 근무시간을 갈수록 비생산적이고 불행감과 좌절감을 주는 방식으로 사용했다. 왜 그렇게 된 것일까?

어느 날 하버드대학교 서점인 하버드 쿱(Harvard Coop)을 둘러보는데 책 한 권이 내 눈을 사로잡았다. 우선 외양이 독특했고(적포도주색 표지에 굵은 금색으로 제목이 적힌 커다란 책이었다), 제목도 특이했다. 《날씬한 이탈리아 요리사는 믿지 마라(Never Trust a Skinny Italian Chef)》. 책을 펴보니 '라 파르테 크로칸테 델라 라자냐' 같이 비범하고 언어유희적인 이름을 가진 요리들을 찍은 아름다운 컬러사진이 가득했고, 각 사진에는 그 요리에 얽힌 흥미로운 이야기가 곁들여져 있었다.

나는 그 책을 통해 마시모 보투라라는 셰프에 대해, 그가 "어떻게 전통을 파괴하고 새로운 이탈리아 주방을 개척했는지"에 대해 처음 알았다. 이탈리아에서 나고 자란 나는 이탈리아인에게 전통이 어떤 의미인지 누구보다 잘 안다. 그렇기에 책을 보자마자 보투라가 '반항아'라는 사실을 금방 알아봤다. 그가 자신의 일을 아주 사랑한다는 것도 분명했다. 규칙 파괴와 일에 대한 열정. 전에는 이 둘을 연결시켜본 적이 없었다. 그렇지만 보투라의 경우는 이 둘의 상관관계가 매우 강력해서 몰라보려야 몰라볼 수가 없었다. 사실 그 둘이 한 쌍으로 움직이는 경우는 매우 흔하다.

내 학문적 토대는 심리학이다. 국가별로 혹은 산업별로 조직들은 상당히 많은 점에서 차이가 있다. 그러나 국경과 산업을 초월해 모든 조직의 공통점이 하나 있다. 조직은 사람들로 이뤄진다는 점이다. 사람들의 이해되지 않는 행동들을 이해하게 만들어준다는 점에서 조직과 심리학의 교차점은 아주 흥미롭다. 조직은 어떻게 해야 이직률을 낮출 수 있고 생산성을 높일 수 있는지 등등 온갖 질문에 직면한다. 그런 질문에 대한 근본적인 답을 얻기 위해서는, 먼저 인간의 마음이 어떻게 작용하는지 이해할 필요가 있다. 내가 반항아들을 이해하고자 했을 때 이런 심리학적 관점이 절대적으로 중요했다.

지난 몇 년간 나는 세계 막강 두카티(Ducati, 이탈리아의 고성능 모터사이클 제조사-옮긴이) 코스 모터사이클 레이싱 팀의 연습 트랙부터 인도 산간벽지에 위치한 콜센터까지 수많은 곳에서 반항아들을 발견했다. 밀라노의 거리 곳곳을 훑었고 사륜구동 바이크를 타고 중동의 사막을 횡단했으며 산업의 최일선에 서 있는 다양한 제조공장을 둘러봤다. 또한 음악가, 마술사, 외과 의사, 스포츠 팀 감독, CEO, 비행기 조종사들과도 대화했다. 심지어 즉흥극 전용 극장들의 무대 뒤를 탐험했고 서비스 업체의 신입직원 연수에도 참여했다. 뿐만 아니라 샌프란시스코의 애니메이션 영화제작사 픽사(Pixar), 시애틀의 재무관리 소프트웨어 개발 업체 밸브소프트프웨어(Valve Software), 뉴욕의 투자은행 골드만삭스, 캘리포니아의 토마토 가공 업체 모닝스타(Morning Star)를 방문했다.

그런 곳들에서 만난 반항아들의 배경은 각양각색이었고 하나같이 독특했다. 그러나 그들 모두에게는 공통된 성격 특성이 있었다. 나는 그것에 '반항적 재능(rebel talent)'이라는 이름을 붙였다. 반항적 재능의 첫 번째는 새로운 것에 도전하는 참신함(novelty)이다. 누구나 어릴 적 입에 달고 살던 "왜요?"를 끝없이 하게 만드는 호기심(curiosity)이 두 번째고, 자신의 세계관을 확장시키고 다른 사람들의 눈으로 세상을 보기 위해 필요한 열린 시야(perspective)가 세 번째다. 한편 반항아들은 기존의 사회적 역할에 반기를 드는 성향이 있는데, 이 재능이 바로 다양성(diversity)이다. 다섯 번째 재능은 있는 그대로의 자신, 약점을 기꺼이 인정하고 다른 사람들과 연결되며 그들로부터 배우기 위해 개방적인 사고방식을 유지하는 진정성(authenticity)이다.

나는 재능 하나에 한 장(章)을 할애해서 각각을 깊이 있게 탐구할 것이다. 하지만 그게 다가 아니다. 그런 재능들을 성공적으로 결합시키는 비법도 알려줄 것이다. 마치 각각의 재료로 훌륭한 레시피에 따라 요리를 하듯이 말이다. 차차 알게 되겠지만, 반항은 일부 특출한 사람들의 전유물이 아니다. 누구든 실천할 수 있는, 삶과 일에 대한 접근법이다. 규칙을 무시하거나 파괴한다고 반드시 곤란한 상황에 처하는 것도 아니다. 올바른 방식으로 적정 수준을 유지한다면 오히려 성공에 도움이 된다. 지금부터 이에 대한 실제 사례를 찾아서, 즉 반항아들의 활동무대를 찾아서 온 세상을 여행하게 될 것이다. 테네시 주의 한 패스트푸드 업체부터 알프스 산맥에 위치한 타자기 공장까지, 반항의 매혹적인 무대를 목격하게 될 것이다. 최고급 호텔, 토마토 농장, 컨설팅 업체, 할리우드 영화제작사에서 일하는 반항아들을 만나볼 것이다.

미자막으로 반항아들이 고수하는 8가지 원칙을 소개하고, 이를 실천해 긍정적인 변화의 주체가 될 수 있는 방법을 알려줄 것이다. 타고난 성격과 자질이 어떠하든 혹은 경력에서 어느 단계에 있든 우리 모두 반항아가 될 수 있다.

반항아들을 연구하면서 얻은 가장 뜻밖의 수확은 반항적 재능이 개인적인 삶에서도 중요하다는 사실을 깨달은 것이다. 이 프로젝트를 시작한 이유는 일터에서의 규칙 파괴에 대해 알기 위해서였다. 그러나 규칙을 무시하거나 파괴하는 것이 일뿐만 아니라 개인적인 삶

역시 풍요롭게 만들어준다는 사실을 알게 됐다. 반항아처럼 살아가면 삶의 활력이 생긴다. 이는 내 경험으로 증명된 효과다. 나는 일과 삶에서 반항아들의 접근법을 실천했고, 그것은 낯선 경험으로 가득한 새로운 세상을 가져다줬다. 그 세상에서 나는 온갖 색깔의 우유를 마실 수 있고 공식적인 자리에서도 빨간 운동화를 신을 수 있다.

내가 바라는 건 단순하다. 이 책이 밑거름이 돼 당신만의 반항적 재능을 발견하기를 바란다. 아울러 주변 사람들도 당신처럼 하도록 도움을 주기를 희망한다. 마치 자석처럼 자연스럽고 익숙하게 우리를 끌어당기는 강력한 습관들이 있다. 우리는 2천 년 전 한나라의 화병 같은 그런 습관을 깨뜨리는 법을 배울 필요가 있다. 그럴 때 당신은 비로소 성공을 창조할 준비가 된 것이다.

긍정적 일탈주의자 차례

시작하는 글—창조적 파괴자들 • 005

1장 / 저커버그가 후드 티를 입는 까닭은
규범을 무시할 때 일어나는 일   022

2장 / '핫' 이라는 이름의 도그
지루함은 죄악이다   052

3장 / 코끼리는 어떻게 사라졌을까
호기심이라는 엄청난 무기   082

4장 / 허드슨 강에 불시착한 보잉737
해야 할 일이 아니라 할 수 있는 일을 생각하라   126

5장 / 진실은 원래 불편하다
여성과 소수자가 많은 조직이 성공한다   166

REBEL TALENT **CONTENTS**

6장 / 농구 감독이 부르는 노래
진정성의 놀라운 힘

210

7장 / 처음부터 재미있는 영화는 없다
어떻게 몰입할 수 있을까

244

8장 / 해적 선장을 탄핵하라
반항하고 일탈하라

284

결론 / 결국 몰입이다
바쁠수록 자유롭게

318

맺는 글―지금 이 순간이 최고의 적기 • 328
감사의 말 • 332
주 • 342

REBEL TALENT

1장

저커버그가 후드 티를 입는 까닭은

규범을 무시할 때 일어나는 일

"반항아가 문제를 야기하는 게 아니라 문제가 반항아를 만든다."[1]

—루스 메싱어(Ruth Messinger),
미국의 전직 정치인이자 미국유대인세계서비스 회장

"진군하라! 저기 보이는 유적에서 4천 년 역사가 너희를 깔보고 있음을 명심하라."[2] 이집트의 이글거리는 태양 아래서 장장 12시간을 행군한 뒤라 프랑스 병사들은 피로와 갈증과 배고픔으로 지칠 대로 지쳐 있었다. 그러나 젊은 지휘관의 그 한 마디에 힘이 솟고 사기가 올랐다. 지휘관이 말한 유적인 피라미드는 16킬로미터나 떨어져 있어 지평선 너머로 어렴풋이 형체만 보였다. 오히려 나일 강 왼쪽 언덕에서 그들을 기다리는 적군이 더 잘 보였다.

운명의 그날은 1798년 7월 21일이었다. 나폴레옹 보나파르트 장군의 지휘 아래 프랑스 군대는 카이로에서 북서쪽으로 약 19킬로미터 떨어진 작은 요새 마을 엠바베(Embabeh)로 접근하고 있었다.[3] 그해 초 보나파르트는 프랑스 총재정부(總裁政府, directory)에 이집트 침략을 건의했다. 이집트를 손에 넣으면 국고를 채울 새 자금원을 확보하고 프랑스의 최대 적국이자 눈엣가시인 영국에 일격을 가할 수 있어 일거양득이라고 판단한 것이다. 영국은 주로 홍해를 지나는 바닷길로 인도와 교역했고, 따라서 이집트를 장악한다는 건 인도로 이어지는 영국의 주요 길목을 원천봉쇄한다는 뜻이었다.

프랑스의 침략은 이집트인에게도 유리했을지 모른다. 당시 이집트는 이슬람 노예 병사들의 후예인 맘루크(Mameluke)의 지배를 받고 있었다. 수세기 동안 맘루크의 잔혹한 통치에 시달렸던 이집트인은 프랑스가 자신들을 맘루크의 손아귀에서 해방시켜줄 수 있다고 믿었다. 알렉산드리아를 점령한 보나파르트는 다음 정복지로 수도 카이로를 점찍었고, 카이로만 점령한다면 이집트 전부를 손에 넣는 거라고 생각했다.

잠시 프랑스 군대를 기다리던 맘루크 진영을 살펴보자. 6천여 명의 맘루크 기병이 40문의 대포와 터키에서 파병한 소규모 병사들의 지원을 받으며 일전을 준비하고 있었다. 병사들이 올라탄 말들은 뙤약볕 아래서 위용을 과시하며 힝힝 울음소리를 냈다. 기병들은 머스킷 소총, 권총, 야자나무 가지로 만든 날카로운 투창으로 무장했고 다마스쿠스 흑철로 만든 휘어진 단검을 소지했다. 그리고 자신의 몸과 말안장에는 전투도끼, 단검, 끝에 날카로운 무기가 달린 철퇴 등 온갖 무기를 매달았다. 그들은 영광스러운 전투를 기려 머리에는 터번을 두르고 몸에는 카프탄(caftan, 터키, 아랍 등에서 입었던 민속 의상으로 긴 기장과 헐렁한 소매의 상의-옮긴이)을 걸쳤으며, 금화와 은화를 포함해 귀금속을 지니고 있었다.

　나일 강 근처의 엠바베 마을에는 강제 징집된 1만 5천여 명의 농민 병사가 주둔하고 있었는데, 대부분이 곤봉과 창이나 장총으로 무장했다. 나일 강 오른쪽 둔덕에는 무라드 베이(Murad Bey)와 더불어 맘루크의 두 실세 중 하나인 이브라힘 베이(Ibrahim Bey, 'Bey'는 영어로 족장을 뜻하는 'chieftain'으로 번역된다)가 이끄는 병사들이 진을 치고 있었다. 이브라힘 베이는 수천 명의 맘루크 병사들과 1만 8천여 명의 농민으로 이뤄진 보병을 이끌었다. 한편 나일 강에는 그리스 수병 출신의 용병들로 구성된 소형 함대가 포진한 채 '해전'에 대비했다. 전부 합쳐 맘루크가 동원한 병력은 4만이 넘었다.

　수적으로 보면 맘루크 군대가 프랑스 군대를 압도한 것이 분명했다. 나폴레옹 군대는 5개 사단 약 2만 5천 명의 병사와 포병대, 몇몇 기병대가 전부였다. 하지만 보나파르트는 맘루크 군대가 병사들을 배치한 위치 때문에 프랑스 군대에 승산이 있다고 봤다. 병사들을 나일 강 서쪽 둔덕에 위치시킨 건 무라드 베이의 치명적인 실수였다. 프랑스 군이 무라드 베이를 공격하기 위해 포화를 뚫고 무리하게 나일 강을 건널 필요가 없어진 것이다. 반대로 전세가 불리해져서 이브라힘 베이가 무라드 베이를 지원하려면 나일 강을 건너야 할 터였다. 보나파르트는 이런 지리적 장점을 토대로 이곳을 결전지로 선택했다. 병사들에게 1시간 휴식을 준 후에 무라드 베이의 군대를 향해 진군하라고 5개 사단에 명령을 내렸다.

　사실 보나파르트의 머릿속에는 또 다른 전술이 치밀하게 계산돼 있었다. 역대 전투에서 보면 맘루크는 기병대의 집단돌격을 주요 전술로 사용했다. 당대 최강이었던 맘루크 기병대가 기동작전으로 적군을 위협해 사기를 떨어뜨린 다음 측면이나 후면에서 집단돌격하는 전술이었다. 그리고 가끔은 동일 전투에서 이 전술을 반복 사용했다. 근접 전투에서 매우 노련한 맘루크의 기병대가 이처럼 집단으로 돌격할 때는 기병들이 촘촘한 밀집 대형으로 움직였다. 벽이 움직인다고 생각하면 이해가 쉬울 것이다.

보나파르트는 이를 염두에 두고 돌격을 효과적으로 막아낼 전술을 개발했다. 각 사단을 거대한 사각 방진으로 구성한 것이다. 엄밀히 말하면 사각이 아니라 사다리꼴이었다. 전면과 후면은 사단의 제1 반 여단(demi-brigade)과 제2 반 여단이 맡았고, 양 측면은 제3 반 여단이 책임졌다(나폴레옹 시절의 프랑스 군대는 1개 사단이 3~5개의 연대로 구성되고, 반 여단은 1803년에 여단으로 개칭됐다—옮긴이). 프랑스 군대는 일단 사각 방진의 중앙을 비워놓고 그 안에 기마병과 대포와 군수물자를 배치했다. 사각 방진의 독특한 대형 덕분에 맘루크 군대가 공격하면 대형을 신속하게 전환하면서 포병대가 포격을 가해 맘루크 병사들을 물리칠 수 있었다.

불과 1시간 만에 전투는 싱겁게 끝났다. 프랑스의 대승이었다. 맘루크 군대는 6천여 명의 병사를 잃은 반면 프랑스 군의 병력 손실은 30명에 불과했다. 훗날 보나파르트가 피라미드 전투라고 명명한 이 전투의 승리는 많은 유산을 남겼다. 맘루크 군대를 이집트에서 쫓아내 이집트인을 해방시켰고, 프랑스제국의 영토를 동쪽으로 더 확장했으며, 유럽에 대한 프랑스의 지배력을 강화했다. 게다가 보나파르트가 이집트 원정에 150명이 넘는 과학자, 기술자, 예술가를 동반한 덕분에 이집트의 과거와 현재에 대한 탐사와 학술연구가 촉발됐다. 이집트학은 피라미드에 얽힌 수많은 비밀은 물론 이집트 사회에 관한 많은 사실을 밝혀냈다. 뿐만 아니라 훗날 나폴레옹 법전(Napoleonic Code)을 채택한 사실에서 잘 드러나듯, 이집트는 프랑스와의 새로운 관계에서 큰 영향을 받았다.

보나파르트의 뛰어난 전투 전략은 서방 전역에서 군사교육의 토대가 됐다. 보나파르트는 철저하게 준비해서 예전 장군들의 실수를 되풀이하지 않겠다고 단단히 결심했다. 그래서 전쟁 계획을 세울 때는 적국의 역사와 지리학, 문화에 관한 다양한 책을 섭렵했다. 또한 보나파르트는 기습공격 기회를 엿보았다. 그는 적군이 방심할 때를 노려 결정적인 일격을 가했다. 당시의 보편적인 방식은, 대치하는 두 군대가 신사들의 결투처럼 질서정연한 대형을 유지하고 서로를 탐색하며 진군했다. 그렇지만 보나파르트는 재빠르게 전투 대형을 갖춰 적군이 알아차리기 전에 포위하도록 만들었다.

보나파르트는 군단체제를 도입해 전쟁방식에 일대 혁명을 가져왔다. 다른 국가들의 전술을 사실상 구닥다리로 전락시킨 프랑스의 군단체제는 군대를 소규모 집단으로 조직했고, 진군할 때는 집단별로 움직였지만 전투에 임할 때면 뭉쳐서 합동작전을 펼쳤다. 진군 시에 군단은 하루씩 임무를 바꿨다. 상황에 따라서 또 적군의 움직임에 따라서 각 군단은 후위대나 선봉대, 예비대로 신속하게 진영을 전환

했다. 프랑스가 1763년 7년 전쟁(Seven Year' War, 1756~1763년까지 7년 동안 오스트리아·스웨덴·프랑스·스페인·러시아 연합군과 영국·프로이센·포르투갈 연합군 사이에 일어난 전쟁-옮긴이)에서 승리한 이후 군사 전략가와 이론가들은 프랑스가 유럽의 패권을 장악할 방법을 고심했고, 나폴레옹은 프랑스의 구세주로 등장했다. 1798년 이집트 원정에서의 승리로 나폴레옹은 프랑스 국민의 더 큰 신임을 받았고 이는 그가 권력을 장악하는 도약대 역할을 했다.

1799년 나폴레옹은 전국적인 인기를 등에 업고 불과 30세의 나이에 쿠데타를 일으켜 정권을 잡았으며 공화정의 제1통령(First Consul)에 올랐다. 정치적으로 출세가도를 달리는 와중에도 보나파르트는 공적을 세운 장군과 전술가, 장교들의 저서와 업적을 주의 깊게 연구했다. 뿐만 아니라 그들의 아이디어를 전투에 적용했다. 예컨대 보나파르트의 중앙배치(central position) 전략의 근간이 되는 아이디어는 7년 전쟁을 포함해 여러 전쟁에 왕립군 참모총장으로 참전한 피에르 드 부르세(Pierre de Bourcet)에게서 빌려왔다. 중앙배치 전략에는 수적으로 우세한 적을 분열시켜 각개 격파하는 전술이 포함된다.

보나파르트가 자주 사용한 또 다른 전술은 혼합(ordre mixtre) 대형으로, 횡대와 종대를 유연하게 섞어 사용하는 전술이었다. 혼합 대형의 최대 장점은 위아래로 이어진 종대 진형의 보병 대대가 옆으로 늘어선 횡대로 편성된 대대의 측면을 효과적으로 지원할 수 있다는 점이다. 이런 개념들은 애초 보나파르트의 머리에서 나오지는 않았지만 그의 손을 거쳐 완벽해졌다. 그리고 급진적이고 전략적인 그의 사고방식은 근대 전쟁의 초석이 됐다.

보나파르트는 지휘관으로서도 매우 이례적인 행보를 보였다. 병사들과 함께 참호에서 싸우는 등 선봉에 나선 것이다.[4] 역사가들은 1796년 5월 이탈리아 아다(Adda) 강의 로디 다리(Lodi bridge)에서 벌어진 오스트리아 군대와의 전투에서 보나파르트의 병사들이 그에게 '꼬마 하사(little corporal)'라는 별명을 붙여줬다고 추정한다. 5척 단신의 보나파르트가 오스트리아 군대의 대포 사정권에서 공격을 지휘했는데, 그건 보통 하사의 임무였기 때문이다.[5] 적군의 직접 포화를 맞았을 때 대개는 그도 직접 전투에 뛰어들었다.

로디 전투가 있고 반년 뒤인 그해 11월 이탈리아에서 역시 오스트리아 군대를 맞아 결전을 벌였던 아르콜(Arcole) 전투가 좋은 예다. 전투 첫날 결정적인 순간이었다. 보나파르트는 한 대대의 군기를 들고 척탄병들과 함께 오스트리아 군의 집중 포화 속으로 뛰어들어 돌격의 일선에서 전투를 이끌었고, 보다 못한 한 참모가 그를 억지로 끌고나왔다. 치열한 전투가 끝나고 포성이 잠잠해진 후에 보면 대개 보나파르트는 땀으로 범벅이 되고 먼지와 화약을 하얗게 뒤집어쓴 상태였다. 뿐만 아니라 그는 병사들의 이름을 일일이 외우려 애썼고, 전투를 앞두고는 야영지를 직접 찾아가 병사들과 고향에 대해 한담을 나누고 승리에 대한 자신감을 표현했다. 보나파르트 군대에서는 딱히 내세울 배경이 없는 병사도 차근차근 진급해 장교가 될 수 있었다. 그 자신이 코르시카 출신의 하급 귀족으로서 말단 병사로 출발해 사령관이 됐듯이 말이다.

보나파르트는 정치개혁도 주도했다. 프랑스혁명 시절 법률이 불평등하게 적용되는 일이 왕왕 있었고, 심지어 성문화되지도 않았다. 나폴레옹 법전을 제정함으로써 보나파르트는 만인이 법 앞에 평등하다는 걸 전제로 하는 법률체계를 구축했다. 나폴레옹 법전은 생득권(birthright privilege)을 철폐했으며 종교의 자유를 허용했고 공무원은 계급이 아니라 능력에 따라 등용해야 한다고 명시했다. 훗날 수십 개 나라가 그 법전을 채택했다. 또한 보나파르트는 조세제도도 모든 국민에게 평등하게 적용되도록 했다. 뿐만 아니라 교육이 중요하다는 기치 아래 교육개혁을 단행했고, 이는 프랑스는 물론 오늘날 많은 유럽 국가에서 교육체계의 근간이 됐다. 심지어 보나파르트는 봉건제도를 폐지하고 법적 평등을 확립하는 것부터 타 종교를 존중하는 종교적 관용(religious tolerance)을 성문화하고 이혼을 합법화하는 것까지, 진보주의적인 다양한 민법개혁을 주도했다. 이렇듯 보나파르트는 프랑스를 넘어 유럽 전체에 막대하고 지속적인 공헌을 하게 된다.

보나파르트가 권력에 굶주리고 오만함에 눈먼 지도자라고 묘사하는 역사가들도 있다. 그렇지만 영국의 역사학자 앤드류 로버츠(Andrew Roberts)는 그들의 주장에 반론을 제기했다. 로버츠는 《나폴레옹의 생애(Napoleon: A Life)》에서 그런 부정적인 해석이 어째서 잘못된 것인지 설득력 있게 설명한다. 아울러 보나파르트가 패망한 원인은 그의 오만함 때문이 아니라 그가 저질렀던 몇몇 실수들이 결국 커다란 패배로 이어졌기 때문이라고 주장한다.

비록 보나파르트에 대한 평가는 엇갈리더라도 모두가 동의하는 점이 하나 있다. 전쟁 전략에서만은 보나파르트가 '아웃라이어 (outlier)' 같은 존재라는 것이다. 시쳇말로 '또라이'다. 유럽의 다른 군주들은 병사의 능력보다는 출신 성분에 따라 모병과 진급이 이뤄지는 엄격한 계급제도를 고수했다. 보나파르트 시대의 많은 귀족은 군내와 일정한 거리를 두었고 자신들은 참전하지 않고 대신 휘하의 장군들을 전장에 내보냈다. 보나파르트는 그들과 달랐다. 그는 제 발로 호랑이 굴에 들어갔다.

2월의 어느 아침 나는 눈보라를 뚫고 고생고생해서 학교에 출근했다. 보스턴에 있는 하버드경영대학원의 한 강의실에 환상적인 경력을 자랑하는 110명의 열정적인 경영자들이 삼삼오오 대화를 나누고 있었다. 내가 강의실에 들어가자 그들은 각자 자리를 찾아가 앉았다. 그날 강의 주제는 '인재경영'이었다. 나는 세계 최대 토마토 가공 업체 모닝스타와 내가 진행한 사례연구[6]에 대해 강의할 계획이었다.

사례연구란 특정 주제에 대한 광범위한 연구와 인터뷰에 기초한 10~15쪽짜리 보고서를 말한다. 캘리포니아에 본사를 둔 모닝스타에서 가장 눈에 띄는 점은 상사나 직함이 없다는 것이다. 모든 직원은 자신의 능력을 어떻게 사용할지 스스로 결정하고, 사명선언문을 작성한 다음 동료들과 상의해서 최종적으로 확정한다. 모닝스타 직원들은 장비를 업그레이드할 필요가 있거나 신규 장비가 필요해도 관리자를 통하지 않고 전문가와 직접 접촉한다. 새로운 장비를 사용할 당사자들 말이다. 또한 모닝스타에는 별도의 연구개발 부서가 없지만 혁신을 위한 강력한 유인책이 존재한다. 뭔가를 성공적으로 혁신하는 직원은 금전적인 보상과 더불어 동료들의 존경까지 거머쥘 수 있다. 그렇지만 세상에 완벽한 직장이 있을까? 모닝스타의 딜레마 중 하나는 핵심 경영 원칙인 자율적 관리와 일치하는 새로운 보상체계를 도입할지 결정하는 일이었다.

보통 나는 강의를 시작할 때 사례 기업이 직면한 어려움에 대한 질문으로 토론의 포문을 연다. 하지만 그날은 평소와 다른 방식으로 수업을 시작했다. 자유연상 게임을 한 것이다. "'규칙 파괴'라는 말을 들으면 무슨 생각이 가장 먼저 떠오릅니까?" 한 글로벌 레스토랑 체인의 CEO는 "혼돈"이라고 대답했고 누군가는 "무질서!"라고 크게 외쳤다. 나는 단어들을 칠판에 받아 적었다. 긍정적인 대답도 있었다. 혁신, 창의성, 융통성. 그러나 대부분은 부정적이었다. 범죄, 반란, 거부, 평판 하락, 부정, 불법, 불화, 벌금, 처벌, 싸움, 일탈.

한 학생은 미국 4대 은행 중 하나인 웰스파고(Wells Fargo)의 이름을 말했다. 웰스파고는 고객 명의를 도용해 수백만 개의 유령계좌를 만든 것이 적발되었다. 고객들은 계좌에서 생각지도 못한 수수료가 빠져나갔고 신청하지 않았는데도 신용카드와 체크카드가 발급됐으며 신용대출이 발생한 사실을 알게 됐다. 당국은 웰스파고에 1억 8,500만 달러(약 2,085억 8,750만 원)의 벌금을 부과했고, 웰스파고는 5,300명 이상의 직원을 해고했다. 또 다른 학생은 희대의 금융사기꾼 버니 메이도프(Bernie Madoff)를 언급했다. 헤지펀드 투자 전문가인 메이도프는 고수익을 미끼로 수천 명의 투자자로부터 자금을 끌어모았다. 그런 다음 규칙을 '창의적'으로 파괴해 헤지펀드라는 탈을 쓴 폰지(Ponzi, 투자자들의 수익금을 신규 투자자들의 원금으로 메우는 일종의 다단계 금융사기-옮긴이)를 벌여 투자자들의 자금을 공중분해시켰다. 피해액이 200억 달러(약 22조 5,040억 원)가 넘었다. 미국 역사상 최대 규모의 금융사기 중 하나를 저지른 혐의로 그는 150년 형을 선고받아 복역 중이다.

뭔가를 결정할 때 우리는 명확히 정의된 제도적 장치(institutional arrangement)를 따른다. 아파트 임대계약서에 서명하거나 보모를 고용하는 것처럼 비교적 간단한 것도 있는 반면 우리와 정부의 관계 혹은 우리와 기업의 관계 같은 것은 더 복잡하고 명백한 규칙들을 따른다. 예를 들어 조직에는 휴가 일수부터 복장까지 사내 규정이 있고 구성원들이 조직의 규칙과 행동강령을 따를 것으로 기대한다. 그러나 웰스파고 직원들은 고객에게 가장 유익하게 행동해야 하는 의무를 저버렸고, 메이도프는 당국에 허위 보고서를 제출하고 고객들을 속였다.

또한 우리는 사회 규범을 지킨다. 예컨대 학교에서는 수업시간을 지키고, 도서관에서는 조용히 하고, 다른 사람이 말할 때는 중간에 끼어들지 않고, 공공장소에서 옷을 입는다. 두세 살짜리 코흘리개도 많은 사회 규범을 이해한다.[7] 우리 대부분은 사회 규범을 내면화해서 규범을 어길 생각조차 하지 않는다. 규범을 어기는 걸 부끄럽게 여기거나 혐오하기도 한다. 규범을 어기는 사람은 남들 입방아에 오르고 조롱을 받으며 소문의 주인공이 되는 것으로 톡톡한 대가를 치른다. 이런 대가는 강력한 규제 수단으로써 우리의 행동에 영향을 미친다.

식민지 시대의 미국에서 도둑질이나 간통을 한 사람은 마을 중심가에서 스톡(stock, 앉은 상태에서 발목과 손목에 채우는 칼―옮긴이)이나 필로리(pillory, 선 상태에서 머리와 팔에 채우는 칼―옮긴이)를 쓰는 벌을 받았다.[8] 물론 스톡이나 필로리를 오랫동안 쓰고 있으면 불편했다. 하지만 그런 신체적 고통보다는 심리적 고통이 더 힘들었다. 자신이 아끼는 모든 사람에게 자신이 무슨 일을 저질렀는지 까발려지는 것이다.

구성원들이 공유하는 규칙은 사회가 원활히 굴러가도록 해주는 윤활유다. 군대에 입대하는 사람들은 상관의 명령에 복종하겠다고 엄숙히 선서한다. 수천 년 전부터 군대의 리더들은 생사가 오가는 전투의 압박 속에서도 질서를 유지하기 위해 엄격한 위계 구조를 유지해왔다. 그러나 보나파르트의 지휘 스타일은 좀 달랐다. 1793년 툴롱 포위전(Siege of Toulon)에서 스물네 살의 중위였던 보나파르트는 보병을 지휘할 기회를 얻었다. 남프랑스의 항구도시 툴롱은 중요한 해군기지였고, 당시는 반혁명파인 프랑스 왕당파를 지원하는 영국 군대가 점령하고 있었다. 만약 툴롱에서 혁명군이 승리하지 못한다면 프랑스는 영국의 해상 패권에 맞설 해군을 창설할 수 없게 될 터였다. 이는 프랑스혁명의 실패로 이어질 게 자명했다.

폭격에서는 고지대에 포대를 배치하는 것이 절대적으로 유리하다. 그러나 고지대는 적군의 반격에 가장 취약한 것도 사실이었고, 따라서 커다란 희생을 불러올 수 있는 가장 위험한 작전이었다. 게다가 상관들은 보나파르트의 작전을 탐탁하게 여기지 않았고, 어차피 그 포대에 자원하는 병사도 없을 거라고 말했다. 깊은 생각에 잠겨 야영지를 돌아다니던 중 보나파르트의 눈에 인쇄기가 들어왔다. 순간 아이디어 하나가 떠올랐다.

그는 '두려움 없는 병사들의 포대'라고 적힌 슬로건을 포대 옆에 세웠다. 이튿날 아침 그 슬로건을 본 병사들은 대포를 쏠 명예를 얻기 위해 앞다퉈 자원했다. 보나파르트도 포대에 자원해 포병들 곁에서 꽂을대(ramrod)를 들고 대포에 화약을 직접 넣었다. 충분한 포병을 확보한 덕분에 대포는 밤낮 없이 불을 뿜었고, 마침내 프랑스 군대가 승리했다. 무명의 보병 장교였던 보나파르트는 전투를 승리로 이끈 공로를 인정받아 군사 지도자로 비상할 수 있는 발판을 마련했다.

규칙을 파괴한다고 해서 반드시 이단자나 외톨이가 될 필요는 없다. 물론 메이도프의 범행은 징역형을 받아 마땅하고 웰스파고도 벌금으로 응분의 대가를 치르는 게 온당하다. 그러나 보나파르트는 당대의 규칙을 어겼지만, 전혀 다른 결과를 얻었다. 그는 자신의 반항적인 행동에 걸맞은 지위와 존경을 얻었다. 보나파르트는 반항아가 어떻게 영웅이 될 수 있는가에 대한 아주 좋은 사례다.

이번에는 19세기로 시간여행을 해보자. 당시 유럽과 미국 부자들 사이에는 다이아몬드가 박힌 보석으로 치장하는 것이 유행했고, 그들은 기름진 음식과 독한 술에 빠져 살았다. 그러나 미국 중산층의 사치는 그 부자들보다 심각했다. 대리석으로 만든 욕조, 식당 안에 설치한 폭포, 14캐럿의 금으로 만든 가짜 과일을 매단 정원수 등 사치가 도를 넘었다.[9] 그들은 마치 상류층 부자인 양 돈을 펑펑 써댔다.

노르웨이 이민자 2세로 미국 사회학자이자 경제학자인 소스타인 베블런(Thorstein Veblen)이 이에 주목했다. 당대의 숱한 경제 이론에 반론을 제기한 인물로 명성이 자자한 베블런은 그런 식의 소비는 돈을 낭비할 여력이 있음을 과시하는 것이며 그것에 숨은 핵심은 지위를 강화하는 거라고 결론지었다. 부자들의 무절제한 씀씀이는 "그들의 명예를 높여줬고, 이제 중산층도 돈으로 엘리트 지위를 사기 위해 새로 얻은 부를 사용하고 있다." 베블런은 이를 일컫는 유명한 용어를 만들었다. 바로 '과시적 소비(conspicuous consumption)'다. 더 저렴하고 기능적인 제품보다는 스포츠카나 명품 시계같이 오직 보여주기 위해 값비싼 물건을 선택하고 과시하는 행위 말이다.[10]

우리는 종종 이처럼 과시적인 행동을 한다. 왜일까? 헌신, 열정, 협동심, 끈기 등 남들에게 보여주고 싶은 긍정적인 자질은 눈으로 식별되지 않고, 그래서 그런 자질을 보여주기 위한 가시적 포장이 필요한 탓이다. 가령 정말로 요가가 좋아서가 아니라 자신이 수양에 얼마나 열심인지 보여주기 위해 요가를 배우느라 많은 시간과 노력을 들인다. 학비가 비싼 경영대학원에 진학하는 것도 비슷한 이유일지 모른다. 미래의 고용주에게 지성과 끈기를 보여주고 싶어서일 수도 있다.

스포츠카, 고급 의류, 보석 등에는 중요한 공통점이 있다. 저렴하지 않다는 것이다. 하지만 요가는 그렇지 않다고? 맞다, 경제적으로 큰 부담은 없다. 그렇지만 요가수업에는 드러나지 않는 은밀한 폐해가 있다. 정말로 좋아하는 활동에 쓸 수 있는 시간과 노력을 앗아가는 것이다. 또한 남에게 보여주기 위한 신호들은 위험을 수반할 가능성이 있다. 가령 고가의 보석을 착용하면 부러움을 살 수도 있지만 동시에 도둑의 관심을 끌 수도 있다. 강함을 보여주기 위해 폭력배처럼 무시무시한 문신을 한다면 경찰의 주의를 끌지도 모른다.

이런 식으로 눈길을 끌려는 행위는 동물계에서도 흔하다.[11] 이스라엘 출신의 생태학자 아모츠 지하비(Amotz Zahavi)에 따르면, 동물들은 용기를 과시해 짝짓기 상대를 유혹하며 지위가 높아지기 위해 요란하고 심지어 생존에 위험한 튀는 행동을 한다.[12] 가령 수컷 공작이 화려한 꼬리깃을 활짝 펴는 이유 중 하나는 암컷에게 자신이 무거운 꼬리깃을 감당할 수 있을 만큼 강하다는 걸 보여주기 위해서다. (길고 거추장스러운 꼬리깃 때문에 수컷 공작은 행동이 느려져 포식자들로부터 도망가기 어려워진다.) 또한 영양은 종종 뜀뛰기 같은 독특한 행동을 한다. 굶주린 치타가 추적해올 때 앞만 보고 질주하는 것이 생존에 더 유리한데, 굳이 곡예를 하듯 공중으로 뛰어오르는 식으로 달리는 것이다. 에너지 소비가 많고 생존에 불리한 이런 위험한 행동을 하는 이유는 치타에게 강인함을 보여주기 위해서다. "감히 덤빌 생각도 하지 마." 비슷한 맥락에서 담수어 구피는 포식자의 코앞을 알짱거리며 헤엄을 치다가 줄행랑을 놓는다.

지휘관인 보나파르트가 '두려움 없는 병사들의 포대'에 자원한 것이 어리석은 결정처럼 보이기도 한다. 당대의 사회적 규범에 따르면 그는 자신의 신분에 걸맞지 않게 행동했다. 그는 지위가 낮은 사람들처럼 행동했고, 자신의 목숨을 위험에 노출시켰다. 그러나 자진해서 이런 부담을 떠안음으로써 보나파르트는 값비싼 신호를 발산하고 있었다. 과연 그는 무슨 신호를 보냈던 걸까? 자신에게는 규칙을 무시하고 돌격의 최선봉에 서서 전투를 승리로 이끌 재능이 있다는 메시지였다. 이것은 반항아적 사고방식에서 핵심적인 면이다.

2012년 5월 7일 오후 1시 직전이었다. 뉴욕 맨해튼 쉐라톤호텔에 검은색 SUV 차량 한 대가 도착했다. 그러자 구름같이 몰려든 파파라치들이 연신 셔터를 눌러댔다. 주인공은 페이스북 창업자이자 CEO인 마크 저커버그였다. 그는 차에서 내려 경호원들에게 둘러싸인 채 호텔로 들어갔다. 페이스북이 기관 투자자들에게 기업공개를 홍보하는 첫 번째 로드 쇼에 참석하기 위해서였다. 그날 행사를 시작으로 그는 전국 각지를 돌며 로드 쇼를 열 계획이었다. 로드 쇼는 비상장 기업에서 상장 기업으로 도약하는 기업공개의 통과의례이자 전초전이다. 페이스북의 최고재무책임자(CFO) 데이비드 에버스먼(David Ebersman)과 최고운영책임자(COO) 셰릴 샌드버그(Sheryl Sandberg)가 저커버그와 함께 무대에 올라 페이스북의 기업공개에 대해 토론을 벌였다.

페이스북 기업공개에 대한 높은 기대를 반영하듯 약 50명의 은행가와 550명의 투자자가 모여들었다. 미처 호텔에 들어가지 못한 사람들은 도로 한 블록에 걸쳐 꾸불꾸불 기다란 줄을 만들었다. 경찰, 클립보드를 휴대한 진행요원, 기자들이 그들의 일거수일투족을 지켜봤다. 대부분이 말쑥한 정장 차림이었고, 엄격한 표정의 보안요원들이 초대장을 가진 사람만 행사장으로 들여보냈다. 아마도 기술산업 역사상 가장 기대되던 기업공개였지 싶다.

페이스북은 몇 년간 급속한 성장을 이루었다. 특히 2012년에는 온라인에서 공유되는 모든 콘텐츠의 56퍼센트를 차지했고 15퍼센트로 2위를 차지한 이메일을 상당한 격차로 따돌렸다. 페이스북의 기업공개는 저커버그에게 여러 가지 의미가 있었다. 무엇보다 자신의 위치를 공고히 하고, 자신을 믿고 자금을 대준 투자자들에게 보상할 수 있을 터였고 많은 소셜네트워크 사이트가 줄줄이 실패하는 와중에 오직 자신만이 강력한 인터넷 기업을 구축하는 공식을 찾았음을 기정사실화할 수도 있을 터였다.

그날의 설명회는 많은 이들의 기대에 충분히 부응했다. 그런데 주요 매체를 장식한 헤드라인 가운데 흥미로운 기사가 하나 있었다. 저커버그의 복장에 관한 내용이었다. 스티브 잡스와 알베르트 아인슈타인과 마찬가지로, 저커버그도 의상으로 자신을 과시하는 데 한 방울의 에너지도 쓰지 않았다. 대신 그는 평소처럼 전형적인 소프트웨어 엔지니어의 유니폼인 캐주얼복 차림으로 무대에 올랐다. 회색 티셔츠, 검은색 후드 티, 편안한 청바지, 평범한 검은색 운동화. 머리부터 발끝까지 합쳐도 아마 150달러를 넘지 않았을 것이다.

"그의 상징인 후드 티에 대한 내 생각을 말씀드리죠. 저커버그는 후드 티를 입음으로써 투자자들에게 크게 신경 쓰지 않는다는 메시지를 전한 셈입니다." 웨드부시증권(Wedbush Securities)의 애널리스트 마이클 패치터(Michael Pachter)가 블룸버그TV와의 인터뷰에서 말했다.[13] "나는 공식석상에 후드 티를 입은 것은 그가 성숙하지 못했음을 보여주는 처사라고 생각합니다. 저커버그는 중요한 사실을 잊고 있습니다. 자신이 지금 새로운 투자자들을 모으고 있는 처지라는 겁니다. 투자를 요청하는 자리인 만큼 그들에게 합당한 존경심을 보여야 했다고 봅니다."

솔직히 말해 저커버그가 중요한 비즈니스 자리에서 난감한 복장으로 눈살을 찌푸리게 만든 첫 번째 IT 천재는 아니었다. 빌 게이츠의 유명한 일화가 있다. 1986년 마이크로소프트가 기업공개를 앞두고 있을 때였다. 당시 서른한 살이던 빌 게이츠는 후줄근한 스웨터를 즐겨 입었다. 한 홍보 컨설턴트는 빌 게이츠의 전매특허인 그 스웨터를 벗기고 말쑥한 정장을 입히기 위해 거의 육탄전을 벌일 뻔했다. 스티브 잡스도 복장에서 독자노선을 걸은 것으로 유명하다. 애플 초창기에는 중요한 자리에 정장을 입고 참석하기도 했지만, 애플이 수많은 이들을 부자로 만들어준 후에는 미련 없이 벗어버렸다. 대신 자신의 트레이드마크였던 검은색 터틀넥으로 돌아갔다. 이들 리더에게 편안한 옷차림은 복장에 대한 사회적 규범을 무시하는 것을 의미했다. 그들은 관습에 반기를 들기로 선택했다.

우리는 사회적 맥락에 맞춰 행동하는 법을 명확히 안다. 가령 교향악단의 연주회에서는 조용히 하고 록 콘서트에서는 크게 소리 지를 것으로 기대된다. 규범은 질서와 예측 가능성을 제공한다. 하지만 우리가 인습에 얽매이지 않고 파격적이거나 예상치 못한 방식으로 행동할 때 따라오는 이점이 있다.

내가 이탈리아의 패션 수도 밀라노를 방문할 때마다 빼먹지 않는 일이 하나 있다. 패션 콰드릴라테랄(Fashion Quadrilateral) 거리를 천천히 산책하는 것이다. 유명한 패션가인 그곳은 비아 만조니(Via Manzoni), 비아 몬테 나폴레오네(Via Monte Napoleone), 비아 델라 스피가(Via della Spiga), 코르소 베네치아(Corso Venezia)로 이뤄진다(via와 corso는 거리를 말한다─옮긴이). 패션 콰드릴라테랄 거리를 걷다 보면 보데가베네타, 아르마니, 발렌티노, 프라다 같은 이탈리아 브랜드부터 샤넬, 버버리, 디오르, 겐조, 에르메스 같은 해외 브랜드 매장을 볼 수 있다. 당신이 무슨 옷을 입고 있든 그런 매장 앞을 지나다 유리창에 비친 자기 모습을 보면 초라하게 느껴지기 십상이다. 게다가 인근에는 담쟁이로 뒤덮인 높다란 벽과 격자 문, 분수, 아름다운 정원으로 꾸며진 으리으리한 주택이 즐비하다. 이 모든 것이 합쳐져 그곳은 밀라노에서 가장 고상한 동네가 됐다.

2012년 나는 실험을 위해 동료들과 밀라노를 방문했다. 우리는 짐을 풀기 무섭게 패션 콰드릴라테랄 거리로 달려가 명품 매장의 판매원들을 대상으로 설문조사를 했다. 삼십대 여성이 명품 매장에 들어가는 두 장의 사진─드레스와 모피 코트로 한껏 치장한 사진과 간소한 운동복 차림의 사진─중 하나를 보여준 다음, 그 여성이 고객이 될 가능성을 평가해달라고 요청했다. 또한 판매원들에게 그 여성이 유명인이거나 VIP일 가능성에 대해서도 평가해달라고 부탁했다. 조사 결과, 모피 코트를 입은 고상한 여성은 운동복을 입은 여성보다 지위가 낮을 것으로 예상됐다. 판매원들은 수수한 차림의 고객이 사회 규범을 의도적으로 무시한다고 강하게 확신했다. "부자들은 우월함을 드러내기 위해 가끔 패션 테러리스트처럼 옷을 입어요"라고 한 판매원이 말했다. "옷을 아주 대충 입고 명품 매장에 당당히 들어오는 손님은 열이면 열 뭔가를 구입합니다." 그러나 맥락에 따라 다른 결과가 나오기도 한다. 밀라노 중앙역에서 행인들에게 비슷한 조사를 했을 때는 사람들은 옷을 잘 차려입은 여성이 대충 걸친 여성보다 지위가 높을 거라고 대답했다.

이것은 고급 패션에서만 나타나는 현상이 아니다. 우리는 미국의 대학생들을 상대로 설문조사를 진행했다. 한 명문대 교수에 관한 내용이었다. 일부 학생에게는 마흔다섯 살의 교수가 티셔츠를 입고 턱수염을 길렀다고 설명했고, 다른 학생들에게는 말끔하게 면도하고 넥타이를 맸다고 묘사했다. 결과는? 학생들은 티셔츠를 입은 교수의 지위가 더 높다고 평가했다.

우리는 검정 나비넥타이가 불문율인 컨트리클럽의 파티를 대상으로 흥미로운 실험을 했다. 실험에 자원한 일부에게는 검정 나비넥타이를, 나머지에게는 빨강 나비넥타이를 매고 파티에 참석하라고 요청했다. 그런 다음 사람들에게 그들에 대한 평가를 부탁했다. 응답자들은 검정 나비넥타이를 맨 사람보다 빨간색 나비넥타이를 한 사람의 지위가 더 높다고 — 심지어 그들이 골프를 더 잘 친다고 — 생각했다. 요컨대 빨간 나비넥타이를 맨 골퍼는 자기 분야에서 높은 경지에 오른 전문가로 여겨졌다.

몇 해 전 일이었다. 하버드경영대학원이 도심 경쟁력 제고 구상, 즉 ICIC(Initiative for a Competitive Inner City)의 일환으로 경영자들에게 90분짜리 강의 두 개를 맡아달라고 내게 요청했다. ICIC는 1994년 하버드경영대학원 교수이자 세계적인 경영전략가인 마이클 포터 (Michael Porter)가 낙후된 도심의 경제 발전이라는 기치를 내걸고 설립한 비영리 조직이다. 미국 전역에서 도심 빈민가의 경제에 대한 연구를 실시하고 자문 서비스를 제공하는 ICIC는 빈곤율이 20퍼센트를 넘고 실업률이 높은 동네에 초점을 맞춘다. 그날 강의에는 12곳 이상의 도시에서 활동하는 비즈니스 단체와 자선 단체, 정부의 리더 100여 명이 참여할 예정이었다.

최고경영자 과정을 가르치는 하버드경영대학원 교수들에 대한 기대는 매우 높다. 그리고 교수들은 학생의 시간이 귀중하다는 사실을 잘 알고 그들의 시간을 낭비하고 싶어 하지 않는다. 게다가 학생들은 시간관념이 철저하고 경험 많은 백전노장들로, 여간해선 만족시키기가 힘들 때도 있다. 교수로서 나는 학생들에게 하나라도 더 알려주고 싶다. 동시에 그들이 나를 존경해주길 원한다. 어쨌건 학생들이 나를 영향력 있고 지위가 높다고 생각한다면, 내 수업을 더 진지하게 듣고 수업 내용을 기억할 가능성이 더 클 것이다.

최고경영자 과정 수업은 준비하는 데 여러 시간이 걸린다. 학생들을 가르치려면 내가 먼저 수업 내용을 정확히 이해하고 그 분야의 전문가가 돼야 했다. 복장도 적절히 갖춰야 했다. 스커트를 그다지 좋아하지 않는 나는 최고경영자 과정 수업에 들어갈 때는 대개 블라우스나 셔츠에 보수적인 바지 정장을 입고 가죽구두를 신는다.

두 강의에서 학생들에게 가르칠 내용은 똑같았다. 그래서 나는 작은 실험을 해보기로 했다. 첫 번째 수업이 끝나고 쉬는 시간에 나는 가죽구두를 벗고 끈으로 묶는 빨간색 컨버스 운동화를 신었다. 짙은 감색 휴고보스 정장과 흰 실크 블라우스를 입고 발에는 빨간색 운동화를 신었으니 얼마나 어색했을까. 두 번째 수업을 위해 강의실로 돌아가던 길에 마주친 동료들은 이상한 눈길로 나를 쳐다봤다.

학생들이 수업에 몰입하고 수업시간을 즐기는지 가늠하기 어려울 때가 간혹 있다. 그러나 빨간 운동화를 신은 그 수업시간에 학생들은 보다 관심을 보이고 참여도가 높았으며 웃음도 많았다. 확실히 앞선 수업과 차이가 있었다. 무엇이 그런 차이를 만들었을까? 나는 두 가지 이유를 짐작해본다. 첫째는 당연히 빨간 운동화였다. 그리고 그들이 내게 미치는 효과도 무시할 수 없는 이유였다. 나를 이상한 눈길로 쳐다보던 동료들의 반응에도 불구하고 나는 평소보다 사람들의 시선을 덜 의식하게 된 것이다. 도리어 자신감이 커졌다. 한 번도 다뤄본 적 없는 교재로 가르치는데도 수업이 성공적일 거라는 확신이 강해졌고 평소보다 더 침착하게 토론을 진행했으며 더 노련하게 주제를 바꿀 수 있었다.

그날 각각의 수업이 끝날 때마다 학생들에게 교수로서의 내 지위와 능력을 평가하는 짧은 설문지를 작성해달라고 요청했다. 예컨대 학교 내에서의 내 지위가 어떨지, 그리고 내 연구가 〈하버드 비즈니스 리뷰〉에 실릴 가능성이 얼마나 될지 예상해달라고 했다. 그러자 흥미로운 결과가 나왔다. 빨간 운동화를 신고 했던 수업의 학생들이 내 지위가 더 높다고 생각했고 컨설팅 수수료도 더 많을 거라고 예상했다. 이 모든 게 빨간 운동화 덕분이었다.

수업이 끝난 후 연구실로 돌아가는 중에 빨간 운동화 실험은 확대할 가치가 있다는 생각이 들었다. 그래서 새로운 실험을 설계했다. 나는 학생들에게 친구들 앞에서 저니(Journey)의 히트곡 〈믿음을 버리지 말아요(Don't Stop Believin)〉를 부르도록 했다.[14] 사실 대부분은 남들 앞에서 노래하는 깃에 스트레스를 받는다(최소한 술기운을 빌리지 않고 맨 정신일 때는 그렇다). 한 집단의 학생들에게는 두건을 쓰도록 했는데(머리에 쓰는 빨간 운동화인 셈이다) 예상대로 학생들은 두건을 쓰고 사람들 앞에 나서는 걸 거북해했다. 다른 한 집단 학생들은 두건을 쓰지 않았다.

학생들이 노래를 부르는 동안에는 심장박동수와 자신감은 물론 노래방 기계의 도움을 받아 음정의 정확도를 측정했다. 결과부터 말하면, 두건을 쓴 학생들이 노래를 더 잘 불렀고 심장박동수가 훨씬 적었으며 학생들도 자신감이 생겼다고 말했다.

규범에 순응하지 않는 행동으로 자신감을 높일 수 있다는 사실이 또 다른 연구에서도 증명됐다. 나는 다양한 회사에 근무하는 수백 명의 직장인들을 모집해 세 집단으로 나눴다. 첫 번째 집단에게는 3주간 회사에서 비순응적으로 행동해달라고 요청했다. 반대 의사를 분명히 밝히거나 자신의 진짜 감정과 생각을 솔직하게 표현하고, 규범에 어긋난다고 여겨질 수 있는 아이디어를 제안하는 등등의 행동 말이다. 두 번째 집단에게는 반대 의견이 있어도 표현하지 않고 고개를 끄덕이는 것같이 순응적으로 행동하도록 요청했다. 마지막 세 번째 집단에게는 별다른 주문 없이 평소처럼 행동하도록 부탁했다.

3주가 흐른 후 첫 번째 집단은 다른 두 집단에 비해 자신감과 업무 몰입도가 증가한 것으로 드러났다. 또한 후속연구의 일환으로 내가 제시한 과제를 수행할 때도 창의성을 더 많이 발휘했고, 상사들도 그들의 혁신성과 업무 성과를 더 높이 평가했다.

비순응성은 직업뿐만 아니라 개인적인 삶도 풍성하게 만들 수 있다. 친구들과 있을 때 어떻게 행동하는지 잠시 생각해보자. 의견을 주고받으며 토론하는 내내 우리는 연방 고개를 끄덕인다. 심지어 동의하지 않을 때도 그렇게 한다. 가끔은 오직 사람들을 기쁘게 해주고 싶은 마음에 본심을 숨기고 거짓 감정을 표현한다. 혹은 어떤 집단에 참여할 때는 그곳에 어울리는 옷을 입거나 데이트할 때 정말로 먹고 싶은 음식이 아니라 상대와 같은 음식을 주문할 수도 있다.

나는 또 다른 실험을 진행했는데, 대학생과 경영대학원 학생들에게 몇 주간 개인적인 삶에서 순응적/비순응적 방식으로 행동하라고 요청했다.[15] 결과는 앞의 실험과 다르지 않았다. 비순응적 행동은 학생들의 개인적인 삶에 유익한 영향을 미쳤다. (다수의 의견을 따르기보다 소신을 분명히 표현하는 것 같은) 비순응적 행동은 학생들의 행복감을 증가시켰다. 이것은 참으로 재미있는 현상이다. 실험을 시작하기 전에 학생들은 정반대의 결과를 예측했기 때문이다.

누구나 행복해지고 싶어 한다. 내 연구 결과로 알 수 있는 것은, 반항아가 됨으로써, 다시 말해 비순응적으로 행동함으로써 삶에 즐거움을 불어넣을 수 있다는 점이다. 빨간 운동화처럼 지극히 단순한 것이 큰 차이를 만들어낼 수 있다.

삼십대로 보이는 한 남자가 암스테르담의 어느 카페 야외 테이블에 앉아 있다. 그의 등 너머 커다란 유리창으로 카페 안 풍경이 보인다. 벽에 걸린 메뉴판, 커다란 에스프레소 기계, 손님들에게 음료와 음식을 나르느라 부산한 직원들. 그 남자는 암스테르담대학교 심리학 교수인 거벤 반 클리프(Gerben Van Kleef)가 실험을 위해 제작한 짧은 동영상의 주인공이다.[16] 그 동영상은 두 버전으로 제작됐다. 첫 번째 버전에서 그 남자는 공공장소에서의 규범이라 할 만한 것들을 철저히 무시한다. 의자에 발을 올리고 담뱃재를 바닥에 버리며 메뉴판을 본 후 제자리로 돌려놓지 않는다. 직원이 주문을 받으러 왔을 때도 퉁명스럽게 내뱉는다. "채식주의자용 샌드위치와 달콤한 커피요." 직원이 "바로 갖다드리겠습니다"라고 말할 때는 감사인사는커녕 대꾸조차 하지 않는다. 두 번째 버전의 동영상에서 그는 앞의 동영상과는 정반대로 행동한다. 다리를 얌전히 꼬고 앉아 테이블 위에 놓인 재떨이에 담뱃재를 털고 메뉴판을 본 뒤에 제자리에 돌려놓는다. 직원에게도 "채식주의자용 샌드위치와 달콤한 커피, 부탁합니다"라고 아주 정중하게 주문하고 "바로 갖다드리겠습니다"라는 말에 고맙다고 인사한다.

첫 번째 동영상에서 당신이 카페 직원이라면 어떤 기분이 들었을까? 젊은 시절 식당에서 일한 경험이 있어서 나라면 기분이 크게 상했을 거라고 확실히 말할 수 있다. 어쨌건 상대방을 존중하고 예의바르게 행동하는 데는 큰 노력이 필요하지 않다. 의자에 바르게 앉는 것도 별다른 노력이 들지 않는다. 하지만 안타깝게도 우리는 불쾌한 행동들을 자주 마주친다. 버스에 딱 하나 남은 자리에 가방을 떡하니 올려놓는 바람에 가방을 옮겨달라고 말하게 만드는 사람이 있는가 하면, 전화를 하고 있는데 노크는 고사하고 인기척도 없이 불쑥 들어와 통화를 방해하는 상사도 있다. 또한 극장에서 큰소리로 대화하는 사람들 때문에 영화에 집중하지 못할 때도 있고, 함께 식사하면서 휴대전화만 들여다보는 친구도 있다. 이처럼 규범을 무시하는 행동은 우리를 불쾌하게 만든다. 하지만 반 클리프의 연구 결과는 인간의 이율배반적인 면을 고스란히 드러냈다.[17] 우리는 규범을 무시하는 사람들 때문에 화가 날지언정 그들을 힘 있는 사람으로 생각한다.

반 클리프는 실험을 위해 모집한 사람들을 두 집단으로 나눠 각각 다른 동영상을 보여줬다. 그런 다음 문제의 주인공을 얼마나 힘 있는 인물로 생각하는지 등등 몇 가지 질문을 했다. 결과는 어땠을까? 무례한 남자의 동영상을 본 사람들은 공손한 남자의 동영상을 본 사람들보다 그 남자를 강력한 인물로 생각할 가능성이 더 컸다.

힘은 제약을 적게 받고 통제를 덜 당하는 것과 관련 있다고 여겨진다. 우리는 힘 있는 사람들은 자기 마음대로 행동할 자유가 있다고 생각한다. 당신도 경험했겠지만, 실제로 강한 힘을 가진 사람들과 스스로를 강하다고 생각하는 사람들은 결과를 두려워하지 않고 스스럼없이 행동한다. 어떤 연구에서 보면, 스스로를 강하다고 생각했던 사람들은 그렇지 않았던 사람들보다 집중력이 필요한 과제를 할 때 시끄러운 소리를 내는 선풍기를 끌 가능성이 더 높았다. 그들은 연구진이 어떻게 생각할지 크게 신경 쓰지 않았던 것이다.[18]

실제로 힘이 있든 아니면 힘이 있다고 생각하든, 힘은 더 많은 위험을 감수하고 더 강력하게 감정과 의견을 표현하며 타고난 성향과 충동에 따라 행동하고 압박적인 상황을 무시하게 만든다.[19]

우리는 남의 말을 끊는 사람을 더 소신 있고 자기주장이 강하다고 생각한다. 또한 분노를 표현하는 사람은 사회적으로 너욱 용인되는 감정[20]인 슬픔을 표현하는 사람보다 더 강하다고 여긴다. 힘을 거머쥐면, 사회적 통념을 거스를 수 있는 더 큰 자유를 느낀다. 통념에 반하는 행동이 힘을 손상시키기는커녕 그 힘을 더욱 강화한다. 힘이 있으면 규칙을 더 잘 파괴하고 그러면 더욱 힘이 생기는 순환이 생긴다. 문제는, 버니 메이도프 같은 사람처럼 그 순환이 극단으로 치달을 위험이 있다는 것이다. 비순응성과 힘의 관계는 더 깊은 질문을 하게 만든다. 경력 사다리를 올라가면서 우리가 얻게 되는 힘과 지위를 어떻게 사용해야 할까?

이탈리아 북부 도시 모데나에 가면 비아 스텔라(Via Stella)라는 그림같이 아름다운 거리가 있고, 자갈이 깔린 그 거리의 22번지에 차분한 산호색 레스토랑이 하나 있다. 미쉐린 3스타 레스토랑 오스테리아 프란체스카나다. 잠시 그곳의 아침 풍경을 그려보자. 9시 즈음 직원들이 하나둘 출근하면 생동감이 돌면서 주변이 부산해진다. 직원들이 출근하고 이내 검은색 두카티 오토바이의 요란한 엔진소리가 거리를 가득 메운다. 레스토랑의 오너 셰프 마시모 보투라다. 몇 분 지나지 않아 보투라가 새하얀 요리사복으로 갈아입고 나와 레스토랑 앞 보도를 빗자루로 쓸기 시작한다.

채소, 생선, 고기 같은 신선한 식재료가 도착하기를 기다리는 것도 보투라의 몫이다. 보투라는 배달 트럭 짐칸으로 올라가 커다란 상자를 열고 식재료의 신선도를 일일이 확인할 뿐 아니라 배달원에게 식재료에 대해 꼼꼼하게 질문한다. 만족스런 대답을 듣고 나면 이제 트럭에서 상자를 내리는 일을 돕는다. 이런 아침 일상은 프란체스카나 직원들이 누리는 즐거움 중 하나다. 모든 직원에게는 행동을 제약하는 정해진 역할이 없다. 프란체스카나에는 내 일 네 일이 따로 없다. 다른 레스토랑이라면 특정 직원에게 할당됐을 일들을 자유롭게 해도 상관없다. 가령 거의 모든 레스토랑에서 트럭에서 식재료를 내리는 일은 배달원의 몫이고 파티시에는 디저트만 준비하지만 프란체스카나에서는 전혀 다른 풍경이 펼쳐진다. 모든 직원이 자신의 아이디어를 실험하고 리더에게 자신의 의견을 피력하면서 당당히 반기를 들 자유가 있다.

보투라 자신도 전통적인 역할에 거의 신경을 쓰지 않는다. 심지어는 그런 역할을 경멸하는지도 모른다. 영업을 시작하기 직전에 그는 직원들과 함께 식사를 하고, 휴식시간에는 청소를 돕거나 밖에서 직원들과 축구를 한다. 하나같이 전형적인 셰프의 행동이 아니다. 보투라의 직원들은 매우 헌신적인데 보투라가 솔선수범하는 것을 직접 눈으로 보기 때문이다. 그들은 보투라를 보면서 자신도 위대한 셰프가 되겠다는 자극을 받고 영감을 얻는다.

REBEL TALENT

2장

'핫'

이라는 이름의 도그

지루함은 죄악이다

"첫 키스는 마법 같고 두 번째는 친밀감을 주지만 세 번째는 지겨워지지." [1]

—레이먼드 챈들러(Raymond Chandler), 《기나긴 이별》에서

흰색 민소매 셔츠와 헐렁한 청바지를 입은 한 남자가 작은 무대의 중앙으로 나가 갈색 가죽의자를 끌어당겨 앉는다. 나는 남편 그레그와 무대 바깥에 나란히 앉아 있고, 우리 말고도 여남은 명이 더 있다. 우리가 있는 방은 낮엔 지역 공립학교 교실로 사용된다. 한쪽에는 아이들이 그림 그리기와 색칠놀이, 책 읽기, 레고 조립 같은 활동을 할 수 있는 공간들이 꾸며져 있다. 그리고 조명을 약하게 켜서 주변이 어둑어둑하다.

무대의 남자는 상상의 운전대를 잡고 양손을 뻗어 운전을 하기 시작한다. 나는 자리에서 일어나 무대로 가서 다른 의자를 끌어와 그의 옆에 앉는다. 그 남자가 말한다. "엔터프라이즈에 오신 걸 환영합니다. 새로운 유니폼 제작 기계에 대해 들어보셨나요?" "물론

이에요." 내가 대답한다. "솔직히 그 기계에 대해 들었을 때 실망했어요. 지난번 만남 이후 나는 우리 사업의 첫 아이템으로 다른 걸 생각했거든요. 줄무늬 속옷이 대박 상품이 될 거라고 우리가 의견 일치를 봤다고 생각했었는데, 아닌가요?"

보고 있던 여남은 명 사이에서 웃음이 터져나온다. 레이철이 자리에서 일어나 내 어깨를 가볍게 툭 친다. 나는 자리로 돌아가고 공연은 계속된다. "무슨 말을 해야 할지 모르겠더라고." 나는 남편에게 속삭인다. "그래도 사람들이 내 말을 재미있다고 생각해줘 다행이야." 그레그가 미소를 짓는다. "정말 몰랐던 거야? 당신, 완전히 헛다리 짚었어. 〈스타트렉〉에 나오는 대사잖아. 에릭이 커크 선장역할을 하고 있었어. 당신이 상황을 엉뚱한 방향으로 전개시켰어." 아뿔싸, 에릭은 가상의 자동차를 운전하는 게 아니었다. USS 엔터프라이즈 호를 지휘하고 있었다.

무슨 상황이냐고? 그레그와 나는 집에서 멀지 않은 케임브리지 센트럴스퀘어에서 즉흥극 초급반 수업을 듣고 있었다. 10주간 매주 월요일마다 2시간씩 열리는 수업이었다. 그날의 주제는 '돌아가며 연기하기(actor switch)'로, 누군가가 한 장면을 시작하면 다른 사람이 다음 장면을 이어받아 연기하는 훈련이었다. 한 번에 한 사람씩 무대에 나가고, 새로 무대에 오른 사람은 이미 무대에 있는 사람의 어깨를 툭 쳐서 바통터치를 한다. 사전에 정해진 건 하나도 없지만, 몇 초만 지나면 모두가 힘을 모아 이야기 얼개를 만들었다. 그리고 한 장면이 끝나고 나면 우리는 더욱 복잡한 (그리고 상당히 재미있는) 새로운 장면을 생각해냈다.

즉흥극에서는 흐름을 따라간다. 앞사람이 했던 선택이 마음에 안들 수도 있지만 뒷사람은 어깃장을 놓으며 독자노선을 가기보다 기존 설정에 살을 붙인다. 가령 앞사람이 "이것은 사과입니다"라고 말한다면 "아뇨, 내가 보기엔 작은 멜론인데요"라고 말해서는 안 된다. 그런 대사가 사람들의 웃음을 끌어낼지는 몰라도, 전체 극을 망치게 만들 것이다. 오히려 '네, 맞아요. 그리고(yes, and)' 원칙을 따르는 것이 훨씬 효과적이다. "네, 맞아요. 그리고"는 즉흥극의 핵심이다. "네, 맞아요. 그리고 사과 안에 독을 넣어 여왕에게 줄 수도 있어요."

〈스타트렉〉 일화 말고도, 나는 종종 상대방의 대사를 전혀 이해하지 못하고 극을 엉뚱한 방향으로 전개시키곤 했다(고백하자면 나는 아직도 〈스타트렉〉을 보지 않았다). 하지만 괘념치 않고 흘러가는 대로 하겠다는 마음이 없었더라면 나는 이 수업을 크게 즐기지 못했을 것이다.

즉흥극의 본질은 사전 준비와 대본 없이 연기하는 것이다. 그저매 순간 다른 사람들에게 반응하고 내면의 목소리에 귀를 기울이며무슨 말이든 머리에 떠오르는 대로 말하는 것이다. 영국에서 태어나캐나다에서 활동한 감독이자 극작가이며 배우였고 자타 공인 즉흥연기의 개척자인 키스 존스턴(Keith Johnston)이 했던 유명한 말이 있다. 즉흥연기란 백미러를 보면서 자동차를 운전하는 것과 같다. 어디로 가는지는 모르고 어디를 지나왔는지를 알 수 있을 뿐이다.

즉흥극 수업은 2011년 내가 남편을 위해 준비한 크리스마스 선물이었다. 그때는 아이가 없어 평일 밤에 함께 외출하기가 어렵지 않았다. 나는 우리 부부가 새로운 활동을 규칙적으로 하면서 시간을 함께 보낼 수 있을 것이므로 그 수업이 좋은 선물이 될 거라고 생각했다. 또한 그 활동이 요즘 말로 셀프 디스를 해서 많이 웃을 수 있는 시간이 될 거라고도 기대했다. 그러나 다른 속내도 있었다. 최근의 한 연구 결과를 보면, 연인이든 부부든 남녀관계에 참신함을 주면 서로에게 계속 헌신하고 장기적으로 큰 만족감을 경험할 수 있다. 물론 그레그와 나는 행복했다. 보스턴 로건국제공항 보안검색대에서 줄을 서서 기다리다가 처음 만났을 때부터 우리 관계는 언제나 자연스럽고 순조로웠다. 나는 이탈리아 출신이고 그레그는 동유럽 조지아(Georgia)에서 태어났기 때문에 가끔 문화적인 차이로 인해 의견 충돌이 있었지만, 그런 순간에도 우리 관계는 한결같았다. 하지만 나는 단조로운 일상으로 결혼생활이 얼마나 쉽게 위험에 노출될 수 있는지 잘 알았다. 그런 점에서 우리가 매주 아무것도 정해지지 않은 무계획의 데이트를 한다면 어떻게 될지 궁금했다.

모든 결정이 끝났다. 2009년 6월 27일 그레그와 나는 내 고향에서 결혼식을 올릴 예정이었다. 나는 이탈리아 북부 산악지대에 위치한 인구 3천 명의 티오네 디 트렌토(Tione di Trento)에서 나고 자랐다. 잠시 결혼식 장면을 떠올려보자. 따뜻한 여름날 오후, 데이지와 장미 향기가 공기 중에 떠돌고 고풍스러운 교회의 아치형 천장 사이에서 시원한 산들바람이 부드럽게 춤을 춘다. 교회 문이 하객들을 맞이하기 위해 활짝 열려 있고, 클라리넷과 트롬본과 플루트로 구성된 작은 오케스트라가 부드러운 음악을 연주하는 가운데 신랑이 초초하게 신부가 입장하기를 기다린다…….

그레그와 나는 몹시 들떠 있었다. 하지만 신랑신부보다 더 들뜬 사람이 있었다고 장담한다. 바로 내 엄마였다. 자식들이 전통을 따르면서 교회에서 결혼하기를 학수고대했는데, 드디어 자식 셋 중 하나가 당신의 소원을 풀어드리게 된 것이다. 나중에는 결혼해서 아이 둘을 낳았지만 당시 오빠는 비혼주의자였다. 그리고 언니 부부는 결혼식을 올리지 않고 시청에서 혼인신고만 했다.

결혼식 몇 달 전에 나는 흰색 웨딩드레스를 구입했다. 또한 신부의 혼수 일부를 가져가는 사람에게 행운이 찾아온다는 오랜 전통에 따라서—14세기로 거슬러 올라간다—스타킹이 흘러내리지 않게 해주는 가터밴드도 샀다. 그레그도 아내가 되기 전의 여자친구에게 마지막 선물로 부케를 주는 것을 포함해 전통적인 예를 갖추기 위해 나름의 의식들을 치렀다. 하객에게 나눠줄 콘페티(confetti), 즉 설탕을 입힌 아몬드 사탕도 빠뜨리지 않고 준비했다. 이탈리아의 전통 결혼식에서 하객에게 나눠주는 아몬드는 반드시 백설탕을 입혀야 하고 또한 반드시 홀수로 나눠줘야 한다. 왜냐고? 결혼은 두 사람의 결합이므로 사탕 개수는 절대로 숫자 2로 나눠져서는 안 되기 때문이다. 결혼식이 끝나면 우리는 루나 디 미엘레(luna di miele), 즉 허니문을 떠날 예정이었다. '달'을 뜻하는 luna와 '꿀'을 일컫는 miele

가 합쳐진 루나 디 미엘레는 고대 로마에서 신혼부부들이 결혼 후 한 달간 식사 때마다 꿀을 먹은 데서 유래한다.

당연한 말이지만 이탈리아인만 전통을 존중하는 건 아니다. 오늘날까지도 많은 신부가 순백의 웨딩드레스를 선택하듯 전통을 지키는 문화가 많다. 가령 인도의 결혼식에서는 신랑신부가 서로에게 지켜야 하는 7가지 서약을 하고 또한 성화(聖火) 주변을 돌며 7걸음을 걷고 그런 다음 기혼 여성 7명으로부터 축복을 받기 전까지는 부부로 인정받지 못한다.[2] 베트남에서는 숫자 7이 불운을 가져온다는 믿음에서 신부 가족과 신랑 가족은 무슨 수를 쓰든 7을 피한다. 라틴 아메리카에서는 열다섯 살을 맞이하는 소녀의 성인식인 퀸시네라 (quinceanera)에 종종 아버지가 딸의 신발을 플랫슈즈에서 하이힐로 바꿔주는 의식이 포함된다. 일본은 전통적인 성인식 중에 부모가 딸에게 나막신 게다를 선물한다.

가정부터 직장과 스포츠 팀의 탈의실까지, 의식과 전통이 영향을 미치지 않는 영역이 없다. 가령 인디애나 주에 있는 가톨릭계 명문 사립대 노트르담대학교의 풋볼 팀은 홈경기를 시작하기 전에 교내 대성당부터 경기장까지 똑같은 길로 이동하는 의식을 치르고, 월마트와 뉴발란스 같은 기업의 직원들은 구호와 가벼운 운동으로 하루를 시작한다. 내 연구에 따르면, 그런 의식은 집단의 성과를 끌어올린다.[3] 가령 보스턴의 거리 곳곳에서 보물찾기를 했을 때 함께 의식을 치른 집단은 그렇게 하지 않은 집단보다 보물을 더 잘 찾아냈다.

다양한 산업의 다양한 직종에 근무하는 200여 명을 대상으로 진행한 또 다른 연구에서는, 사내 의식에 규칙적으로 참여할 때 업무 만족도가 더 높은 것으로 나타났다. 그런 의식이 반드시 대단한 건 아니었다. 동료들과 독특한 규칙으로 빙고게임을 하고, 토요일 근무 때는 반나절이 지났을 즈음 "하프타임!"을 큰소리고 외치고 '해피 댄스'를 추는 것 같은 의식이었다.

의식과 전통의 주요 목적은 가치를 전파하고 육성하는 것이다. 매일 가족이 함께 기도하는 것은 신앙의 중요성을 강조하고, 함께 저녁식사나 어떤 활동을 정기적으로 하는 것은 가장 중요한 가족애를 굳건히 해주며, 아이들이 잠자리에 들 때 동화책을 읽어주는 것은 교육과 독서, 평생학습의 가치를 체화시켜준다. 그리고 이런 시간들이 쌓이면 돈으로 환산하기 어려운 추억이라는 힘이 생긴다. 이렇듯 친밀감을 강화한다는 점에서 볼 때 전통을 깨뜨리는 것은 실망으로 이어질 수 있다. 그레그와 나는 그 교훈을 직접 경험했다. 이탈리아 전통을 완벽히 따르는 결혼식을 하기 1년 전쯤 일이다. 2008년 우리는 노스캐롤라이나 주의 대학도시 채플힐(Chapel Hill)에 살고 있었다. 9월 초의 어느 화창한 아침, 베란다에 나와서 커피를 마시던 중에 우리는 차일피일 미뤄온 일을 해치우자고 결정했다. 바로 엄마에게 전화를 드려 폭탄선언을 하는 것이었다. 2주 전에 나는 이탈리아인이 미국에서 미국인과 결혼할 때 수반되는 몇 가지 법적 문제를 해결하기 위해 시청에서 간단한 결혼식을 올렸다. 그런데 아직까지 엄마에게 그 사실을 알리지 않았다. 시청에서 결혼한 사실을 알게 되면 엄마가 어떻게 나올지 불을 보듯 빤했다. 엄마는 노발대발하며 나를 크게 나무랄 터였다.

"별일 없을 거야"라고 그레그가 나를 안심시켰다. 우리의 진짜 결혼식은—하나부터 열까지 아주 신중하게 계획했던 이탈리아 전통 결혼식은—이듬해 여름 이탈리아에서 열릴 예정이었다. 나는 용기를 내 전화를 걸었고, 매도 일찍 맞는 게 낫다는 생각에 엄마가 전화를 받자마자 말했다.

"엄마, 굉장한 소식이 있어요."

"임신했니?"

"아뇨, 결혼했어요."

딸칵. 엄마가 전화를 끊었다.

며칠 후 엄마와 다시 전화가 연결됐을 때 예상대로 엄마한테 크게 혼이 났다. 인생에서 가장 의미 있는 순간 중 하나인데도 마치 고아처럼 축하해줄 가족도 없이 혼자 결혼했다는 사실에 엄마는 크게 화를 냈다. 엄마는 내 결혼식에서 가족사진 한 장 찍지 못했고 평생 소중히 간직할 추억도 만들지 못했다. 하지만 몇 달 지나지 않아 엄마의 섭섭한 마음이 풀렸다. 나는 가족과 지인을 몽땅 초대해 이탈리아 전통 결혼식을 올렸고, 모든 것이 좋게 마무리됐다.

의식은 동전의 양면 같다. 의식은 우리를 단결시키고 깊은 의미를 부여하여 삶을 충만하게 만든다. 그러나 그런 만큼 귀중한 뭔가를 앗아가기도 한다. 스스로 어려운 결정을 함으로써 얻을 수 있는 소중한 경험이다. 이탈리아 결혼식을 준비하는 과정은 비교적 쉬웠다. 선택 대부분이 이미 내게 맞춰져 있었기 때문이었다(가장 어려운 결정은 결혼식 날짜를 정하는 것이었다). 결혼식 준비 과정에는 나 자신에게 도전하고 나 자신을 깜짝 놀라게 해줄 기회가 부족했다. 전통에 얽매이면 우리는 참신함을 놓치고, 그리하여 각본 없이 일할 때의 짜릿한 흥분을 느낄 기회가 없다. 지루함 혹은 그것보다 더 심한 뭔가가―아무 생각 없이 현실에 안주하는 것이―우리를 야금야금 갉아먹을 수 있다. 그럴 바에는 반항아가 되는 것이, 즉 즉흥극 수업에서 그랬듯이 언제나 새로운 뭔가를 시도하는 것이 낫다.

뭔가를 할 때 우리는 기존의 방식과 전통을 고수한다. 그런 방식과 전통에 좋은 점이 분명 있다고 생각하기 때문이다. 가령 예일대학교 연구 팀이 진행한 연구를 보면, 아이들은 어른을 아주 충실하게 모방하기 때문에 결국 어른의 실수까지 따라 한다.[4]

연구 팀이 실시한 실험 중 하나에서, 공룡 장난감을 투명 플라스틱 통에 담아 세 살에서 다섯 살짜리들 앞에 놓았다. 그런 다음 연구진은 다양한 방법으로 장난감을 꺼냈다. 바로 뚜껑을 열어 꺼내는 것처럼 효율적인 방법도 있었고, 장난감을 꺼내기 전에 깃털로 통을 두드리는 것처럼 불필요한 단계가 포함된 방법도 있었다. 연구진은 아이들에게 어떤 방법이 어리석고 어떤 방법이 적절한지 구분하도록 했다. 그리고 어리석은 방법을 알아맞힌 아이들을 칭찬해줬다. 그 어른을 믿을 수 없고 그가 사용한 불필요한 단계는 무시해도 좋다는 걸 보여주기 위해서였다.

나중에 같은 아이들을 대상으로 또 다른 실험을 했다. 먼저 어른들이 불필요한 행동을 하면서 거북이 장난감을 꺼내는 걸 지켜보도록 했다. 그런 다음 직접 거북이 장난감을 꺼내도록 시켰다. 결과는 어땠을까? 앞선 실험에서의 교훈에도 불구하고 아이들은 어른들이 했던 방식을 그대로 따라 하느라 시간과 노력을 낭비했다. 아이들은 통을 '올바르게' 여는 방법을 생각해내는 능력을 상실하는 것처럼 보였다. 어른이 잘못 행동하는 걸 보는 아이들은 올바른 방법을 생각해내지 못한다.

그런 문제는 경험이 쌓이면 자연스럽게 해결될 거라고? 아니, 여러 연구에 따르면 정반대다. 과잉 모방은 나이를 먹을수록 심화된다. 성인들은 타인의 부적절한 행동들을 미취학 아동들보다 훨씬 충실하게 모방한다.[5] 믿기 어렵다고? 그렇다면 스스로에게 다음의 질문을 해보라. 컴퓨터처럼 복잡한 어떤 기기의 사용법을 익힐 때, 당신은 전문가들의 설명을 철석같이 믿고 그대로 따라 하는 경우가 얼마나 많은가? 당신도 나와 다르지 않다면 그런 경우가 아주 많을 것이다. 그러다가 나중에 누군가가 더 간단한 사용법을 제시할 때 자신이 어리석었음을 깨닫게 될지 모른다(혹은 여전히 모를 수도 있다). 우리가 '아는' 것의 상당 부분은 누군가의 지식을 맹목적으로 신뢰하는 것에 지나지 않는다. 어쨌건 특정한 행위가 오랫동안 지속됐다면 충분한 이유가 있을 거라고 우리는 생각한다. 그렇지 않은가?

나도 실험을 통해 이 현상을 직접 연구했다. 일단 직업 배우들을 고용해서 4명으로 구성된 여러 집단이 보는 앞에서 티셔츠를 접도록 시켰다.[6] 어떤 집단에겐 효율적으로 티셔츠를 접는 과정을 보여줬고, 다른 집단에겐 불필요한 행동 몇 가지를 추가해서 티셔츠를 접는 모습을 보여줬다. 티셔츠를 접기 전에 서너 개씩 쌓아놓거나 소매를 접었다 폈다 반복하는 식이었다. 한편 실험을 시작하기 전에 참가자들에게 정해진 시간 안에 접은 티셔츠 개수에 따라 보수를 받게 될 거라고 말해두었다. 배우들이 2분간 티셔츠를 접는 과정을 지켜본 다음 참가자들은 혼자서 10분간 티셔츠를 접었고, 그 후에 또 다른 참가자들이 들어와서 몇 분간 그들이 작업하는 것을 지켜보다가 교대를 했다. 4명으로 구성된 집단을 교대로 투입하면서 이 과정을 총 여섯 번 반복했다.

티셔츠를 비효율적으로 접는 걸 지켜본 참가자들 가운데 87퍼센트가 그대로 따라 했고, 결과적으로 효율적인 과정을 지켜본 경우보다 적은 돈을 받았다. 맨 처음 배우들이 티셔츠를 비효율적으로 접는 과정을 지켜본 것은 겨우 2분이었지만 실험이 진행되는 동안 그 행동은 다른 집단에 계속 전파됐다. 총 336명 중 비효율성에 대해 구체적으로 질문하거나 우려를 표한 참가자는 겨우 3명이었다. 현실에서도 종종 그렇듯이, 대부분이 아무 이의나 의문을 제기하지 않은 채 비합리적인 방법을 무조건 받아들였다.

우리가 마주치는 전통과 의식 중에는 신중하게 생각한 결과라기보다 그저 관례적인 일상으로 지속되는 것들이 있다. 이런 현상을 부르는 용어가 있다. 바로 '현상 유지 편향(status quo bias)'이다. 이 편향은 1988년 경제학자 윌리엄 새뮤얼슨(William Samuelson)과 리처드 제크하우저(Richard Zeckhouser)의 연구에서 처음으로 증명됐다. 연구 결과, 사람들은 비합리적인 선택일 때조차 현상 유지를 선호한

다는 사실이 드러났다.[7]

전통을 당연하게 받아들이는 경우가 너무 많다. 현재의 상황이 익숙하고 편안해질 때 우리는 그런 현상에서 벗어나는 걸 상실로 생각하고, 잠재적인 이득보다는 당장의 상실을 훨씬 중요하게 여긴다.[8] 이기거나 질 확률이 똑같이 반반인 게임에 사람들을 참여하게 하려면 잠재적 이득이 잠재적 상실의 가치보다 두 배여야 한다. 잃는 것에 대한 두려움을 극복할 수 있을 때만 우리는 이길 수 있는 기회를 붙잡을지도 모른다. 그러나 두려움이 우리의 손발을 꽁꽁 묶는다. 그래서 변화가 가장 유익한 선택임이 분명할 때조차 현상 유지를 고수하게 만든다.

즉흥극의 유구한 역사를 따라가다 보니 자연스럽게 내 고국으로 이어졌다. 즉흥극의 직접적인 조상은 정형화된 등장인물들이 나오는 이탈리아의 전통극 코메디아 델라르테(Commedia dell' Arte)다.[9] 1500년대 유럽에서 배우들은 이 도시 저 도시를 옮겨 다니며 광장에서 공연을 했다. 이런 유랑극단은 정해진 '시나리오'를 벗어나지 않는 선에서 즉흥적으로 대사를 주고받았다. 그들의 공연은 처음부터 주류 연극의 전통에서 벗어나 있었고, 배우들에게 순간적으로 반응하는 매우 이례적인 능력을 요구했다.

즉흥극은 코메디아 델라르테가 사라지고 오랜 세월이 흐른 후 1950년대에 들어서 영국계 캐나다인 극작가 키스 존스턴과 미국인 연기 지도자 비올라 스폴린(Viola Spolin)에 의해 재창조됐다. 존스턴과 스폴린은 각자의 고유한 방식으로 무대에 참신함을 주어 즉흥극의 발전에 기여했다. 먼저 존스턴 이야기부터 해보자. 무대 공연이 가식적으로 변했을 뿐 아니라 지식인과 상류층만 만족시킨다고 생각했던 존스턴은—당시 런던에서 희곡을 집필하고 연기를 가르치고 있었다—평범한 사람들도 즐길 수 있는 무대예술을 창조하고 싶었다. 당시 사람들이 좋아하던 오락거리는 야구와 권투였다. 그래서 그가 찾은 대답은? '자발적 즉흥연기'라는 새로운 연기 방법론 그리고 (팀, 심판, 점수, 경쟁 같은) 스포츠 요소를 즉흥극에 적용한 '극장 스포츠(theatresports)'였다. 팀들은 심판이 주는 점수를 따기 위해 경쟁을 벌이고, 관객은 좋아하는 장면이 나오면 큰소리로 응원하고 심판을 야유하도록 ("심판을 죽여버려!") 장려된다.

존스턴은 배우들과 작업할 때, 그들이 순간순간 잘 반응하고 생기 있게 연기하도록 하는 데 초점을 맞췄다. 그는 어린 시절의 경험을 통해 획일화된 교육 시스템이 창의성을 죽인다는 믿음을 갖게 됐다. 흔히들 아이는 미성숙한 어른이라고 생각한다. 하지만 그는 오히려 어른이 덩치만 컸지 심리적으로 위축된 아이라고 여겼다. 존스턴은 '선생님들이 내가 못하게 막았던 것들' 목록을 작성해 자신의 학생들에게 그 목록과 정반대로 해야 한다고 가르쳤다. 관습에 얽매이지 않는 그의 청개구리식 접근법과 전략은 배우들의 자발성을 키우는 데 매우 큰 도움이 됐다.

스폴린은 1920년대와 30년대에 고향인 시카고에서 존스턴과 똑같은 열정을 품었다. 대중을 위한 극장을 만들겠다는 포부였다. 스폴린은 공공 서비스 프로젝트의 일환으로 이민자 가정 아이들에게 드라마를 가르쳤는데, 아이들은 게임 형식으로 가르칠 때 연기 공부를 좋아하고 즐겼다. 그녀는 창의적 표현 능력을 자극하기 위해 어른들에게도 똑같은 기법을 사용할 수 있다는 사실을 깨달았고, 어른들에게 연기를 가르치는 독특한 방법론을 개발했다. 스폴린의 아들 폴 실즈(Paul Sills)는 1950년대 중반 어머니가 발견한 통찰을 더욱 발전시키고 시카고대학교를 중심으로 즉흥극 운동을 확산시키는 데 일조했다. 실즈가 창립한 더 컴퍼스(The Compass)는 티나 페이(Tina Fey)와 빌 머리(Bill Murray)를 비롯해 많은 코미디 거장을 배출한 유명 즉흥극단 세컨드 시티(Second City)로 발전했다.

3주째 즉흥극 수업에서 우리는 바닥에 둥글게 둘러앉아 '한 단어 이야기(one-word story)'라는 게임을 했다. 연기 선생님이 이야기의 제목을 알려주고 첫 번째 단어를 말할 사람을 지목한다. 그리고 그의 왼편에 앉은 사람이 다음 단어를 말하고, 그렇게 시계 방향으로 돌아가면서 한 바퀴를 죽 돈다. 이 게임의 핵심은 한 번에 한 단어씩 일관성 있고 독창적인 이야기를 하는 것이다.

"주제를 알려줄게요"라고 선생님이 게임을 시작했다. "털북숭이 강아지가 난로 위에 앉아 있다." 우리는 돌아가면서 한 단어씩 말했다. "강아지 - 이름은 - 홀트이고 - 빨간색과 - 노란색이 - 섞인 - 난로 - 위에 - 앉는 - 것을 - 좋아한다. - 하루는 - 그 - 강아지가 - 난로가 - 켜 있는 - 것을 - 알지 - 못했고 - 그래서 - 엉덩이가 - 평소보다 - 더 - 따뜻하게 - 느껴졌다." 이야기는 계속 이어지다가 앵무새가 소리를 지르는 것으로 끝났다. "엉덩이에-불이-붙었다!"

즉흥극의 묘미는 바로 예측 불가능성이다. 파트너가 다음에 무슨 말을 할지, 다른 사람들이 어떻게 반응할지, 심지어 장면이 언제 끝날지도 모른다. 다른 배우들이 우리가 전혀 모르는 주제를 꺼낼 수도 있다. 그래도 괜찮다. 즉흥극의 목표는 언제나 오직 순간적으로 반응하는 것이다. 체스와 탁구를 생각해보자. 체스를 둘 때는 몇 수를 미리 생각할 필요가 있다. 당신은 당신의 전략을 따르는 것은 물론 상대의 전략을 예측하는 데 초점을 맞춘다. 반면 탁구를 칠 때는 순간에 반응해야 한다. 다음 공격을 어떻게 막아낼지 예상하려고 노력할 순 있어도, 더 나은 방법은 매 순간 공이 어디로 움직이는지 집중하는 것이다. 즉흥연기도 탁구와 똑같다. 상대가 "핑" 하고 공을 칠 때까지는 "퐁" 하고 공을 받을 수 없다.

예측 불가능성은 우리를 불안하고 초조하게 만드는 동시에 참신함에 대한 욕구를 부채질한다. 사실 그런 욕구는 놀랄 만큼 깊이 뿌리 내리고 있다. 1860년대에 독일 동물학자 알프레드 브레엠(Alfred Brehm)은 원숭이 몇 마리가 있는 우리에 뱀들이 들어 있는 상자를 갖다놓았다. 원숭이들은 상자 뚜껑을 열었다가 기겁을 했다. 사실 어떤 원숭이라도 (그리고 대부분의 인간도) 뱀을 보면 그런 반응을 보였을 것이다. 그런데 원숭이들은 약간 이상한 행동을 했다. 뚜껑을 다시 열고 뱀들을 살펴본 것이다.[10] 브레엠이 이런 실험 결과를 발표한 이후, 과학자들이 100여 종이 넘는 파충류와 포유류가 생전 처음 보는 뭔가에 어떤 반응을 보이는지 조사했다. 결론을 말하면, 눈앞의 광경이 아무리 끔찍해도 그들은 호기심을 억누르지 못하고 또다시 그것을 봤다.

새로운 것, 참신함에 대한 인간의 강렬한 욕구는 진화에서 기인한다. 그것은 아군과 적군 모두를 계속해서 경계하도록 만듦으로써 생존 가능성을 높인다.[11] 부모들이 이내 알게 되듯, 아기들은 새로운 뭔가를 끊임없이 쳐다보고 귀를 쫑긋 세우며 가지고 논다.[12] 갓난아기였던 내 아들이 자신의 손을 처음 봤을 때가 지금도 눈앞에 생생하다. 그 기억은 내가 좋아하는 초보 엄마 시절의 경험이다. '위대한' 발견을 한 아들은 곧바로 학습을 시작했다. 요상하고 굉장한 그 신체기관이 무얼 할 수 있는지 관심을 보였고, 그 기관을 통제하는 법을 배웠다. 참신함을 추구하는 것은 미성숙한 인지체계가 정보를 효율적으로 처리할 수 있게 하며, 유아가 내면의 탐험가를 세상 속으로 풀어놓기 전에 주변에서 일어나는 변화에 대처하는 데 도움이 된다.

참신함을 추구하는 성향으로 초기 인류는 아주 먼 지역까지 이동할 수 있었다. 최근 발표된 연구 결과들에 따르면, 아프리카로부터 가장 멀리 이동한 집단들은 참신함을 추구하는 것과 관련 있는 유전자가 더 풍부했다.[13] 고향으로부터 가장 멀리 이동한 사람들은 신비로운 미지의 장소를 경험하고자 하는 강력한 생물학적 성향을 가지고 있었을지 모른다. 하지만 선천적으로 타고났음에도 불구하고 참신함을 추구하는 성향은 시간이 흐를수록 약화된다. 나이를 먹을수록 예측 가능성에 대한 선호가 강력해진다. 조직은 이를 고스란히 보여준다. 정해진 날짜에 지급되는 급여, 정해진 과정을 따르는 업무 평가, 정해진 활동을 포함하는 업무 등등.

낯선 도시에서 우연히 만난 옛 친구, 새로 구입한 자동차, 승진 등 참신함에서 비롯하는 전율이 영원히 지속되지는 않는다. 친구와는 헤어져 각자 제 갈 길을 가고, 새 차 특유의 냄새가 빠지고 나면 평범한 자동차에 지나지 않고, 승진은 새로운 책임감에 따르는 스트레스를 유발한다.

팔스서든서비스(Pal's Sudden Service)는 테네시 주 북동지역과 버지니아 주 남서지역에 29개의 매장을 운영하는 패스트푸드 체인이다.[14] 대부분 드라이브 스루로 운영되는 매장은 약 1,000제곱미터 넓이의 상자 모양으로, 지붕에는 햄버거와 감자튀김 모형이 올려져 있다. 속도는 팔스의 생명이다. 직원들은 그에 맞게 훈련돼 있다. 햄버거 두 개, 사이드 메뉴 두 개, 음료 두 개로 이뤄진 전형적인 주문의 경우, 고객이 주문하고 음식을 받기까지 약 43초가 걸린다. 업무는 고도로 표준화돼 있다. 주문을 받건 패티나 빵을 굽건 혹은 햄버거를 포장하건, 직원들은 가장 바쁜 시간대에도 한 건의 실수 없이 표준화된 과정을 따르도록 교육받는다. 업무구역은 15개로 나눠져 있으며 직원들은 시험을 치른 후에야 그중 한 구역에 배치된다. 그리고 합격 커트라인은 100점이다.

사실 모든 기업이 공통적으로 직면하는 어려운 문제가 있다. 사람들에게는 늘 새로운 도전이 필요하다는 딜레마다. 팔스는 업종의 특성상 지루함이 지속적인 위협 요소다. 하지만 점주들이 고도로 표준화된 업무에서 비롯된 지루함을 물리칠 영리한 방법을 생각해냈다. 직원들은 매일 출근한 후에야 그날 어떤 구역을 담당할지 알게 된다. 가령 월요일 오전에는 셰이크 만드는 일을 하다가 오후에는 프렌치프라이를 담당하고, 화요일에는 비스킷 굽는 일을 하다가 고객에게 음식을 전달하는 일을 맡는다. '자동 조종' 모드에서 기계적으로 일할 가능성이 높았다가 '수동 조종' 모드로 바뀌면서 업무에 집중할 가능성이 커진 것이다.

팔스서든서비스 드라이브 스루 매장에서 주문 1건당 처리시간은 18초에 불과하고(경쟁 업체들은 더 많은 시간이 걸린다) 주문 실수는 3,600건당 1건 꼴이다(업계 평균은 15건당 1건이다) 고객 만족도는 98퍼센트에 달하며 위생검사 점수도 97점 이상이다. 관리자와 직원 모두 이직률이 매우 낮고 매출액 역시 매장당 연 200만 달러(약 22억 원)에 달한다. 경쟁이 아주 치열한 데다 맥도날드, 버거킹, 웬디스 같은 거대 글로벌 업체들이 시장을 장악하는 업종임에도 불구하고 팔스서든서비스는 놀라운 성과를 내고 있다. 1제곱미터당 매출, 이익, 매출수익률, 자산수익률, 고객 만족도 등등 대부분의 척도에서 경쟁 업체들을 크게 앞지른다.

지방의 작은 패스트푸드 업체인 팔스가 증명하듯, 가장 단조롭고 반복적인 일에서도 참신함을 불어넣을 수 있다. 노스캐롤라이나대학교 채플힐캠퍼스 경영대학원 교수인 브래드 스타츠(Brad Staats)와 함께 어느 일본 은행의 주택담보대출 담당직원들이 2년 반 동안 처리한 데이터를 분석한 적이 있다.[15] 그들은 대출신청서 스캔하기,

스캔한 사본을 원본과 대조하기, 컴퓨터 시스템에 신청 데이터 입력하기, 신청 데이터를 대출 승인 기준에 따라 평가하기, 신용조사하기 등등 모두 17가지 업무를 처리해야 했다. 한 직원이 하나의 업무를 끝내면 시스템이 자동적으로 새로운 업무를 할당했다. 우리는 직원들에게 훨씬 다양한 업무를 배정할 때 (각 업무 처리시간으로 측정한) 생산성이 향상됐다는 사실을 발견했다. 이 경우에서는 다양함이 강력한 동기부여 요인이었다.

참신성은 업무 만족도, 창의성, 성과 모두를 끌어올린다. 또한 자신감을 높이고 능력을 성장시킨다. 심리학자인 애슐랜드대학교(Ashland University)의 브렌트 매팅리(Brent Mattingly)와 몬머스대학교(Monmouth University)의 게리 루언다우스키(Gary Lewandowski)는 한 가지 실험을 했다.[16] 참가자들에게 목록을 제공했는데 한 집단에는 재미있고 신기한 사실들("나비는 발로 맛을 본다")을 제공한 반면, 다른 집단에는 지루한 정보("나비는 애벌레에서부터 성장을 시작한다")를 제시했다. 흥미로운 사실들을 읽은 집단은 지루한 정보에 노출된 집단보다 더 자신이 박식하다고 믿게 됐다. 갑자기 전문가가 된 기분이 들었고 새로운 일들을 성취할 수 있는 능력에 대한 자신감도 커졌다.[17] 실제로 새로운 과제를 주었을 때 그들은 과제를 더 열심히 수행했다.

우리의 뇌에서 참신성과 기쁨은 밀접하게 연결돼 있다. 참신함은 놀라움을 유발하고, 놀라움은 기쁨으로 이어진다. 버지니아대학교 사회심리학 교수 팀 윌슨(Tim Wilson)이 이끌었던 일련의 연구 결과에 따르면, (깜짝 선물처럼) 뜻밖의 친절을 경험할 때 느끼는 행복감은 낯선 사람이 베푼 친절일 때 가장 오래 지속됐다.[18] 또 다른 연구에서는 참가자들에게 실화를 바탕으로 한 밝고 따뜻한 영화를 보도록 했다. 그런 다음 영화에 나오는 사건을 설명하는 문장 두 개를 제시했다. 두 문장 모두 긍정적인 내용이었지만 하나는 진짜 있었던 일이고 다른 하나는 거짓 이야기였다. 그리고 한 집단에는 어떤 이야기가 진짜인지 알려준 반면 다른 집단에는 알려주지 않았다. 결과는 어땠을까? 어떤 이야기가 진짜인지 몰랐던 집단이 영화를 보고 난 후의 긍정적인 기분을 훨씬 오래 유지했다.[19]

참신성이 불러일으키는 또 다른 강력한 감정이 있다. 바로 흥분이다. 1993년에 발표돼 지금은 고전이 된 논문에서 심리학자 아서 애런(Arthur Aron)과 동료들은 중상층의 중년 부부 53쌍에게 결혼생활의 질에 관한 설문조사를 진행했다. 아울러 외식, 영화·연극·콘서트 관람, 스키, 하이킹, 댄싱 등 부부가 함께할 수 있는 60가지 활동 목록을 제공했다.[20] 부부들은 각 활동을 배우자와 함께한다면 얼마나 흥분되고 즐거울 거라고 생각하는지 따로따로 점수를 매겼다. 당연한 말이지만 어떤 활동들은 남편과 아내의 점수가 크게 차이가 났다. 가령 한 사람은 좋아하는 TV 프로그램에서 새로 시작하는 에피소드에 기대가 높은 반면 배우자는 또다시 TV를 보며 밤을 보낸다는 생각에 벌써부터 지루함을 느낄지도 모른다. 마찬가지로, 한 사람은 놀이공원에서 롤러코스터 타기를 정말 좋아하지만 배우자는 그런 생각을 하는 것만으로도 거의 공황발작을 일으킨다.

그런 다음 부부들을 무작위로 세 집단으로 나눠 과제를 내줬다.

첫 번째 집단에는 둘 모두가 '흥분' 되지만 즐거움은 보통 수준이라고 평가한 활동을 10주간 매주 한 번씩 1시간 30분 동안 하도록 했다. 두 번째 집단은 첫 번째 집단과 조건은 동일하되 둘 모두가 '매우 즐겁지만' 흥분되지 않는다고 평가한 활동을 하도록 했다. 마지막 세 번째 집단에는 특별한 활동을 주문하지 않았다. 10주의 실험 기간이 끝난 후 연구진은 매우 흥분되지만 크게 즐겁지 않은 활동을 했던 첫 번째 집단에서 부부관계의 질이 극적으로 향상됐음을 알았다. 반면 (즐겁지만 흥분되지는 않는 활동을 하거나 특별한 활동을 하지 않았던) 나머지 두 집단은 아무 변화가 없었다. 이런 결과를 종합해서 심리학자들은 짜릿한 경험이 되려면 참신함 이상의 자극적인 요소가 필요하다고 결론 내렸다.

애런의 연구가 발표되고 20여 년이 흐른 후, 100쌍의 부부를 대상으로 자기보고(self-reporting) 형식으로 진행된 한 연구가 있었다. 연구 결과, 아내와 남편 모두 흥분될 거라고 생각했던 활동을 최소 4주간 매주 1시간 30분씩 했던 부부들은 행복감과 부부관계 만족도가 더 높았다.[21] 그리고 그 효과는 아무리 짧아도 4개월간 지속됐다. 게다가 장기간에 걸친 추적연구에 따르면, 참신한 활동이 부부관계에 놀랄 만큼 긍정적인 영향을 미치는 반면 그런 활동이 없을 경우 부부관계는 참담한 결과를 맞았다. 참신성이 부족하면 관계가 지루하게 여겨지고, 결과적으로 관계에 심각한 피해를 입힌다. 한 종단연구는 더욱 구체적인 결과를 발표했다. 부부 사이에서 참신성의 요소가 부족하면 9년 후에 만족감이 급격히 감소한다는 것이다.[22]

새로운 요리법을 찾아보고 영화 예고편을 보고 탱고 춤동작을 해보고 특정한 주제를 선택해 대화를 나누는 등등 단순하되 참신한 활동을 함께하는 것만으로도 관계의 질이 향상된다. 미국에서 274쌍의 부부를 대상으로 실시한 조사에서, 결혼 10년차 이상의 40퍼센트가 아직도 "열렬히 사랑"한다고 응답했다. 그런 상태는 그들 부부가 참신한 활동을 함께했다는 사실과 관련 있었다.[23] 재미있는 사실은 흥분되는 활동을 함께할 때 파트너 자체는 물론 그와의 관계도 흥분되고 자극적이라고 생각한다는 점이다.[24] 그렇다고 행글라이딩을 배워야 한다는 말은 아니다. 거창할 필요 없다. 주변의 낯선 동네를 산책하고 새로운 맛집을 찾아가고 즉흥극을 해보는 것 같은 단순한 활동으로도 충분하다.

놀랍게도 참신성은 안정성보다 훨씬 중요하다. 어느 기업의 신입 직원 300명을 대상으로 조사를 한 적이 있는데, 입사 후 몇 주간(새로운 기술을 배우거나 새로운 동료를 만나고 혹은 업무에 도전의식을 가졌기 때문에) 참신성을 자주 경험했을수록 업무 만족도가 높았다. 또한 업무로 인해 활기가 북돋워지고 조직에서 오랫동안 일하고 싶은 마음이 생겼다. 반면 안정성은 그런 효과를 유발하는 것 같지 않았다. 업무가 "매일 똑같다"고 느낀 직원들은 만족도가 낮았고 이직하고 싶은 마음이 더 컸다.

나는 참신성과 남녀관계에 관한 애런의 연구에서 영감을 받아 6주짜리 연구를 했다. 우선 미국의 다양한 조직에서 일하는 500여 명의 직장인을 모집해 각자에게 3가지 과제 중 하나를 무작위로 제시했다. 첫 번째 과제는 (최소한 일주일에 한 번씩) 다른 부서 직원과 시간을 보내거나 새로운 기술을 배우고 익숙하지 않은 프로젝트를 수행하는 것처럼 참신하거나 자극적인 활동을 하는 것이었다. 나는 첫 번째 집단이 이 과제를 잊지 않도록 5주 동안 매주 한 번씩 과제를 상기시켜줬다. 한편 두 번째 과제는 즐거움이었다. 두 번째 집단은 근무 중에 가능한 한 짬을 내서 좋아하는 일을 하도록 했다. 마지막 집단에는 아무 과제도 내주지 않았다.

실험기간인 6주가 흐른 후 나는 모두에게 업무 만족도, 업무 몰입도, 직장에 대한 헌신, 혁신적 행동 등에 관한 온라인 설문조사를 했다. 아울러 상사들에게도 그들의 업무 성과를 평가해달라고 부탁했다. 그 결과, 첫 번째 집단이 모든 척도에서 점수가 가장 높게 나왔다. 나는 인도의 대기업 직원들을 대상으로도 동일한 결과를 얻었고, 유럽의 직장인들로 구성된 대규모 표본에서도 똑같은 결과를 확인할 수 있었다.

다시 팔스서든서비스 이야기를 해보자. 매장 관리자들은 정기적으로 새로운 도전을 고안해낸다. 가령 한 관리자는 직원들과 내기를 즐겨 했다. 한 번은 그가 주문을 받는 직원에게 드라이브 스루 고객 100명이 무슨 주문을 할지 정확히 알아맞힌다면 100달러짜리 선불카드를 주겠다고 제안했다. 그 직원은 내게 이 얘기를 해주면서 처음에는 불가능하다고 생각했다고 말했다. 나도 그렇게 생각한다고 맞장구를 쳤다. 그런데 그녀가 말하기를, 드라이브 스루 고객은 대부분 단골이어서 일주일에 세 번에서 많으면 다섯 번씩 점심이나 저녁에 매장을 찾았다. "얼마 지나지 않아 그들의 얼굴을 기억할 수 있었어요. 게다가 매번 똑같은 음식을 주문하는 것 같아요. 그래서 무얼 주문할지 알아맞힐 수 있죠." 그래서 내기의 결과는? 그녀가 선불카드를 획득했다.

2011년 나는 크리스마스트리 밑에 남편을 위한 선물을 놓아뒀다. 빨간 리본으로 묶인 상자를 열어본 그레그는 틀림없이 실망했을 것이다. IT기기들을 워낙 좋아하니 커다란 상자를 보는 순간 아마도 최신기기가 들어 있을 거라고 기대했을 것이다. 그런데 상자를 열어보니 즉흥연기 수업 안내문 한 장만 달랑 들어 있었으니 실망할 만도 했다. 즉흥연기를 배운다는 생각은 꿈에서조차 해본 적이 없을뿐더러 눈곱만큼도 관심이 없었던 게 확실하니까. 하지만 나는 그레그가 즉흥연기를 시작하기만 하면 좋아하게 될 거라고 믿어 의심치 않았다. 그런데 예상은 보기 좋게 빗나갔다. 첫 수업이 끝난 후 그레그는 수업이 싫었다고 대놓고 말했다. 낯선 사람들 앞에서 취약한 입장에 놓이는 것이 심히 불편한 탓이었다. 게다가 그는 본인이 재미있는 사람이라고 생각하지 않았다.

두 번째 수업도 그의 마음을 바꾸는 데 도움이 되지 못했다. '3가지를 말해!(three things)' 라는 훈련 중에 그의 표정이 어땠는지 지금도 생생히 기억난다. 다들 자리에서 일어나 빙 둘러 서서 탁자를 내리치듯 주먹을 쥐고 흔들며 "3가지를 말해!"라고 외쳤다. 규칙은 단순하다. 누군가가 옆 사람을 쳐다보며 주제를 말하면 게임이 시작된다. 가령 첫 번째 사람이 "옷장 구석에서 찾게 될 3가지 물건!"이라거나 "3가지 브랜드의 시리얼!" 혹은 "모임에 늦은 어처구니없는 3가지 변명!"이라는 식으로 주제를 던진다. 그러면 옆사람은 가능한 한 빨리 단호한 목소리로 3가지를 말해야 한다. 그런 다음 다시 "3가지를 말해!"라고 다 같이 외치고 다음 사람이 주제를 말한다. 주제에 어울리는 대답이 나올 때도 있고 그렇지 않을 때도 있다. 하지만 주제에 맞는 대답인지 아닌지는 중요하지 않다. 마음속에 가장 먼저 떠오르는 생각이 정답이다. 그 훈련의 목적은 신속한 반응을 유발하고 그것을 가치 있게 생각하는 데 있다.

나는 그레그의 바로 건너편에 서 있었다. 그레그의 옆사람이 그를 쳐다보면서 "당신의 콧속에 숨길 수 있는 3가지!"라고 소리쳤다. 그레그는 곧바로 대답하지 못했다. 그가 입술을 깨물며 몇 초를 더 머뭇거리자 사람들이 미소를 보내며 용기를 북돋아줬다. 마침내 그레그가 입을 열었다. "손가락, 건포도, 1센트짜리 동전." 수업이 끝나고 건물을 빠져나올 때까지도 그의 머릿속에는 '3가지'가 여전히 맴돌았다. "되게 어색했어"라고 그가 말했다. 그는 정말 비참해했다.

그런데 얼마 지나지 않아 상황이 변하기 시작했다. 그는 다른 사람들이 어떻게 생각할지 신경 쓰지 않고 수업을 최대한 활용하는 법을 배웠다. 또한 순간에 온전히 집중했고 자신의 반응에 스스로도 깜짝 놀랐다. 나도 그랬지만 그도 각각의 훈련에서 얻는 교훈과 경험에 매혹됐고, 결과적으로 즉흥연기를 진정으로 즐기게 됐다. 수업에서 느꼈던 기쁨이 다음 날 그리고 그다음 날까지 이어지곤 했다. 뿐만 아니라 우리 부부는 스스로도 깜짝 놀랐던 장면을 소개하거나 새로 알게 된 농담을 알려주는 등 즉흥연기에 대한 우리의 열정을 친구들과 공유하기 시작했다. 가령 어떤 농담을 했는데 내가 문화적인 차이로 이해하지 못할 경우, 그레그는 어린아이마냥 낄낄거리며 좋아했고 그러면 대개는 나도 같이 낄낄거렸다.

즉흥연기를 배움으로써 우리 둘 모두에게 나타난 재미있는 일이 또 있다. 새로운 뭔가에 능숙하다는 기분을 갖게 된 것이다. 그레그와 나는 절대로 훌륭한 배우가 될 소질은 없지만, 사람들 앞에 나서고 우리의 강점과 약점을 더욱 편안하게 받아들이며 서로를 지지하는 법을 배웠다. 그리고 나자 우리는 '셀프 디스' 하는 데 아무 부담이 없어졌다. 그리고 나중에 "3가지를 말해!" 게임을 다시 했을 때 우리 입에서는 조금의 망설임도 없이 대답이 술술 흘러나왔다. 요컨대 우리는 즉답을 생각해내는 데 달인이 됐다. 어떤 대답이 나올지 전혀 알 수 없었지만 확실한 것 하나는 우리가 십중팔구 웃게 될 거라는 점이었다.

심리학자들은 이런 경험을 '자기확장(self-expansion)'이라고 부른다. 참신한 활동에 참여하고 새로운 기술을 배울 때 우리가 어떤 사람인가에 대한 인식이 확장될 뿐 아니라 성격 특성의 수가 늘어난다.[25] 이것은 다시, 심지어 안전지대를 벗어나 불확실성의 영역에 있을지라도 목표를 달성할 수 있다는 자신감을 높인다. 뿐만 아니라 아무리 길이 험해도 반드시 목적지에 도달하겠다는 의지를 강하게 만든다.[26]

맨 처음 애런은 자기확장이란 서로 유익하고 만족스러운 관계에 따라오는 부산물이라고 정의했다. 즉 우리는 파트너와 더 가까워짐으로써 파트너로부터 새로운 뭔가를 배우고 우리 자신을 '확장'시키며 지식의 폭과 관심사의 영역을 확대시킨다.

즉흥연기 수업을 받기 전에 그레그도 나도 우리가 즉흥적인 유머에 소질이 있을 거라고는 전혀 생각하지 못했다. 물론 우리가 인기 코미디 프로그램 〈새터데이 나이트 라이브〉에 출연할 만큼 유머감각이 뛰어나다고 생각하는 바보가 아니다. 그래도 우리는 어떤 사람인가에 대한 자기인식이 확장된 건 분명하다. 이제 우리는 낯선 사람들 앞에서도 스스럼없이 바보 같은 짓을 할 수 있고, 그럼으로써 취약한 입장에 놓이는 것을 기꺼이 감수한다. 우리는 때때로 전율이 도는 이런 경험을 공유하고 서로를 새로운 눈으로 바라봄으로써 더욱 가까워진다. 애런은 자기확장이 성장하고 변화하고자 하는 타고난 욕구라고 설명했다. 우리가 잘 알고 또 잘할 수 있는 뭔가를 넘어 나아가도록 스스로를 자극할 때, 우리는 현상 유지라는 안전한 보호막에 저항하고 파트너와 동료와 조직에 더 많이 기여할 수 있다.

셋째 주부터는 수업을 시작하기 전에 '핫스폿(hot spot, 분쟁지역이나 곤란한 상황. 반대로 활기 넘치는 장소라는 뜻이 있다-옮긴이)'이라는 게임으로 워밍업을 했는데, 나는 그 게임이 정말 불편했다. 모두가 빙 둘러선 가운데로 나가 노래를 불러야 했기 때문이다. 순서는 없었고 자발적으로 나가 노래를 불렀는데, 처음으로 가운데로 나가서 노래를 불렀을 때 얼마나 어색하고 불편했는지 모른다. 예나 지금이나 나는 노래를 잘 못 부르고, 내 목소리는 가늘고 힘없게 들렸다.

하지만 그 경험에도 장점이 있었다. 불편한 감정에 초점을 맞출 여력이 전혀 없었다. 오히려 외부적인 것에 초점을 맞춰야 했다. 또한 다른 수강생들이 중앙에서 노래를 부르느라 어색해할 때 그들이 무사히 차례를 마치도록 도와줘야 했다. 또한 나는 그들을 도와주기 위해 굳이 대단한 일을 할 필요는 없다는 사실도 깨달았다. 그저 격려의 미소를 보내거나 같이 노래를 부르고 혹은 힘들어할 때 재빨리 교대해주는 것만으로도 충분히 도움이 될 수 있었다. 게임이 몇 주간 계속되면서 처음에 느꼈던 초조함과 불편함은 봄눈 녹듯 사라졌다. 오히려 새로운 노래를 부르는 것에 따라오는 흥분과 짜릿함에 집중하게 됐다. 여전히 음치에 박치였지만 내 목소리는 갈수록 힘이 생겼고 자신감도 더해졌다.

즉흥연기는 불편하고 어색해도 괜찮다는 교훈을 가르쳐준다. 사실 편안함은 과대평가된다. 편안함은 우리가 생각하는 것만큼 우리를 행복하게 만들어주지 않는다. 편안함이 지나치면 다음에 무슨 일이 생길지 기대하지 않게 된다. 그보다는 산타클로스를 기다리는 아이처럼 미래가 어떤 선물을 가져다줄지 궁금해하면서 불편함을 감수하며 온몸으로 부딪히는 삶을 살아내는 편이 훨씬 낫다.

REBEL TALENT

3장

코끼리는 어떻게 사라졌을까

호기심이라는 엄청난 무기

"이 인생을 보아라. 온갖 미스터리와 마법으로 가득 차 있다."[1]

—해리 후디니(Harry Houdini), 20세기 가장 유명한 마술사이자 탈출곡예사

1905년 뉴욕에 히포드롬 극장(Hippodrome Theater, 고대 그리스어로 말을 뜻하는 '히포'와 길 혹은 경주를 의미하는 '드로모스'를 합친 히포드로모스를 영어식으로 읽은 것. 본래 뜻은 경마장이다—옮긴이)이 문을 열었다. 극장을 지은 건축가들은 세상에서 가장 크고 웅대한 극장이라고 대대적으로 광고했다. 지붕에는 첨탑들이 얹혔고 성조기가 나부껴 마치 거대한 성처럼 보였다. 안으로 들어가면 세 개 층에 걸쳐 6,500개가 넘는 객석이 부채꼴로 빼곡히 배치돼 있었다. 당시 대중 잡지들은 반원형의 그 극장이 "6번 가에 위치한 거대한 극장"으로 "규모와 화려함 면에서 세계 최고"라고 극찬했다.[2]

1918년 1월 7일 유명 마술사인 해리 후디니[3]가 아래위로 검은 의상을 입고 히포드롬 무대에 올랐다. 그리고 객석을 가득 메운 관중

의 눈은 그의 일거수일투족을 따라 움직였다. 헝가리에서 태어난 탈출곡예사이자 마술사인 후디니는 전 세계를 돌며 공연을 한 지 20년이 넘었고 수갑과 밧줄과 구속복과 사슬에서 죽음 직전에 탈출하는 묘기로 사람들의 간담을 서늘하게 만들었다. 특히 그는 감방부터 커다란 우유통과 밀폐된 관에 이르기까지, 잠금장치를 풀고 탈출하는 묘기로 유명했다. 그의 가장 유명한 탈출 묘기 중 하나는 '중국 물고문 통'이라고 불리는 것이다. 그 묘기를 선보이기 위해 후디니는 발목을 틀에 묶은 채 거꾸로 매달렸고, 물이 가득 채워진 통 속으로 머리부터 들어갔다. 그에게 허락된 시간은 단 2분이었다. 그 시간 안에 탈출하지 못할 경우를 대비해서 조수가 유리를 부수기 위한 도끼를 들고 통 옆에 서 있었다. 그러나 도끼를 사용할 일은 한 번도 벌어지지 않았다. 후디니는 매번 극적으로 탈출에 성공했다.

신기에 가까운 후디니의 묘기는 놀라운 탈출극이 다가 아니었다. 그는 100개의 바늘과 약 18미터의 실을 오직 물로만 삼키는 묘기도 선보였다. 그런 다음 텅 빈 입속을 보여준 후 입속으로 손을 집어넣어 바늘을 전부 빼냈다. 놀라기는 아직 이르다. 그의 입에서 나온 바늘들이 실에 온전하게 꿰어 있었다. 가끔은 실의 길이가 무대 길이와 맞먹었다. 눈으로 보고도 믿기 힘든 그 광경에 순간 멍해져 관객은 박수치는 걸 잊기 일쑤였다.

1918년 겨울 히포드롬을 가득 메운 관객은 후디니가 세상에서 가장 믿기 힘든 묘기를 펼쳐주기를 기대하고 있었다. 후디니는 무대 중앙에 자리를 잡았고, 그의 옆에는 바퀴가 달린 거대한 나무상자가 놓여 있었다. 한 변의 길이가 약 2.5미터였다. "신사 숙녀 여러분!" 그가 소리를 쳤다. "제니를 소개합니다. 세상에서 유일한, 사라지는 코끼리입니다." 그가 소개를 마치자 다 자란 아시아코끼리가 무대 위로 어슬렁거리며 걸어나왔다. 약 2.5미터의 키에 몸무게가 2.7톤이 넘고 목에 잉증맞은 파란색 리본을 묶은 제니가 코를 들어 인사를 했다. "제니가 한껏 차려입었네요"라고 후디니가 말했다. "마치 신부 같습니다."

12명의 조수가 나무상자를 빙그르르 돌리며 모든 문을 활짝 열어 탈출구가 없음을 확인시켜줬다. 그런 다음 앞쪽만 빼고 문을 모두 닫았고, 조련사의 지시에 따라 제니가 상자 주변을 천천히 걷다가 상자 안으로 들어갔다. 이제 후디니가 상자의 문을 다시 한 번 꼼꼼히 닫아 바깥에서 자물쇠로 잠갔다. 그의 몸짓 하나하나에서 자신감이 배어나왔다.

후디니는 마술에 일찌감치 소질을 보였다. 꼬마였을 때부터 어머니가 구운 파이와 달콤한 간식거리를 숨겨두고 열쇠로 잠가놓은 찬장 문을 여는 법을 터득했다. 가정 형편이 넉넉지 않아 구두닦이와 신문팔이로 나서면서도 체조에 푹 빠져 지냈고 곡예 묘기를 연습했다. 후디니는 아홉 살에 생애 첫 곡예 공연을 했으며 스스로를 '공기의 왕자'라고 불렀다. 어머니가 만들어준 빨간 스타킹을 신고 나무에 매달린 공중그네를 타고 곡예사로 데뷔한 것이다. 열일곱 살 때는 마술사로서의 경력을 시작했고 시민 행사, 사이드 쇼(side show, 손님을 끌기 위해 따로 보여주는 소규모 공연−옮긴이), 보드빌 극장(Théâtre du

Vaudeville, 보드빌은 노래와 춤을 섞은 대중적인 희가극으로 19세기 후반에서 20세기 초 사이에 유행했다—옮긴이), 뉴욕 코니아일랜드에 있는 놀이공원 등에서 마술 쇼를 공연했다. 특히 코니아일랜드 놀이공원에서는 하루에 스무 번까지 무대에 오르기도 했다. 이후 자물쇠와 수갑에 매료된 후디니는 '수갑의 왕'이라는 별명에서 알 수 있듯 자물쇠와 수갑 마술의 달인이 되었다. 새로운 도시를 찾을 때마다 후디니는 자신이 벗어날 수 없는 수갑을 만드는 사람에게 100달러를 주겠다는 약속을 내걸었지만 그가 100달러를 주는 일은 일어나지 않았다.

북소리가 실내를 가득 채우며 분위기를 고조시켰고 이윽고 클라이맥스를 알리는 총성이 울렸다. 조수들이 상자의 문을 양쪽에서 잡아 활짝 열었다. 텅 비어 있었다. 거대한 코끼리가 감쪽같이 사라졌다. "보시다시피 코끼리가 흔적도 없이 사라졌습니다." 우레와 같은 박수 속에서 후디니는 선언했다. 1926년 후디니가 세상을 떠나고 90년 넘게 흐르도록 그 묘기의 비밀은 어느 마술사도 해결하지 못한 수수께끼로 남아 있었다.

18세기에 활동한 스코틀랜드 출신 경제학자이자 윤리철학의 대가 애덤 스미스는 자본주의 이론들을 정립한 덕분에 근대 경제학의 아버지로 일컬어진다. 그런데 스미스는 사후 출간된 《천문학의 역사(The History of Astronomy)》에 포함된 한 논문에서 신기함(wonder)에 대해 흥미로운 관찰 결과를 내놓았다. 그는 "매우 새롭고 유일무이한 무언가가 나타날 때 (……) 기억을 아무리 더듬어도 낯선 그 모습과 비슷한 이미지조차 떠올릴 수 없을 때" 신기함을 느낀다고 썼다.[4] 또한 스미스에 따르면 신기함은 특수한 신체적 감각과 관련 있다. "멍하니 바라보고 가끔은 눈이 휘둥그레지며 숨이 멈춰지고 가슴이 벅차오르는" 느낌이다.

고대인은 대낮에 개기일식으로 해가 사라졌을 때 신기함과 경외를 느꼈다. 심지어 개기일식이 왜 발생하고 언제 나타나며 얼마나 지속될지 정확히 아는 오늘날에도 그 우주 쇼는 여전히 사람들을 매혹한다. 2017년 8월 21일 북미 전역에서 개기일식이 나타났을 때, 태양이 달에 완벽히 가려 대낮에 어둠이 내려앉는 광경을 보려고 수많은 이들이 명당을 찾아 이동하는 진풍경이 벌어졌다. 개기일식을 보고 눈물을 흘린 사람들도 있었고 신기함에 말문이 막힌 사람들도 많았다. 자연은 온갖 신기함으로 가득하다. 새로운 생명의 탄생이나 사파리에서 사자와 코끼리를 직접 보는 것은 물론 자나방 유충인 자벌레(inchworm, 몸을 움츠렸다 폈다 하면서 나아가는 것이 마치 손마디로 한 뼘 두 뼘 길이를 재는 것 같다 하여 자벌레라는 이름이 붙었다—옮긴이)가 손가락 위를 지나가는 모습을 보는 것까지도 신기함을 안겨준다.

모든 걸 생전 처음 경험하는 신생아와 아이들은 신기함으로 가장 충만한 생명체다. 4년 6개월 된 아들 알렉산더를 볼 때마다 그 사실을 새삼 깨닫는다. 최근 아들이 가장 좋아하는 단어가 "왜?"이다. "하늘은 왜 파란색이에요?" "엄마는 왜 계산할 때마다 영수증을 받아요?" "왜 계속 놀면 안 돼요?" "왜 항상 옷을 입어야 해요?" 내가 완벽하게 만족스러운 대답을 해줬다고 확신할 때마다 아들은 또 다른 질문을 퍼붓는다. 대부분의 어린아이처럼, 알렉산더도 모든 걸 다 알아냈다고 생각하거나 뭔가를 모른다는 사실을 부끄럽게 여기지 않는다. 알렉산더는 이해할 수 없는 뭔가에 대해 그 작은 머리로 한참을 고민할 뿐 아니라 말도 안 되는 아이디어라도 절대 무시하지 않는다.

어린아이들의 특권이랄 수 있는 신기함 느끼기가 후디니의 핵심적인 성격 특성이었고, 숨을 거두는 순간까지 그는 그 감정을 간직했다. 후디니가 일곱 살이었을 때 한 서커스단이 그의 고향 마을인 위스콘신 주 애플턴(Appleton)을 찾아왔다. 그는 외줄타기 곡예사에 온 마음을 빼앗겼다. 곡예사는 몸에 꼭 끼는 옷을 입고 약 6미터 높이까지 기어올라가 작은 발판에 선 다음 두 개의 기둥에 묶여 팽팽하게 당겨진 외줄로 발을 내디뎠다. 관객은 환호했지만 후디니의 머릿속에는 호기심이 똬리를 틀었다. 저 남자는 왜 목숨을 걸고 저런 위험한 묘기를 할까? 저렇게 줄 위를 걷기 위해 얼마나 많이 연습해야 했을까? 곡예사가 이로 줄을 물고 공중에 대롱대롱 매달렸을 때 후디니는 다시 궁금해졌다. 어떻게 저렇게 할 수 있지? 이제까지 저 묘기를 얼마나 많이 했을까? 떨어지면 어떡하지? 이가 상하지 않을까?

이런 모든 질문은 대답이 필요했다. 서커스가 끝나고 후디니는 집으로 곧장 달려가서 밧줄을 찾아내 두 나무 사이에 묶었다. 밧줄 위에서 균형을 잡기가 영 쉽지 않았다. 처음 시도했을 때는 당연히 쿵 떨어졌다. 그러나 포기하지 않고 끈기 있게 연습한 덕분에 팽팽한 밧줄 위에서 걷는 법을 터득했다. 이로 밧줄을 물고 매달리는 묘기도 시도했지만 끝내 성공하지 못했다. 후디니는 줄타기 곡예사가 마우스피스를 하고 있었다는 사실을 몰랐다. "앞니 두 개가 나갔다." 후디니가 당시를 회상하며 말했다.[5] 호기심의 대가를 치른 것이다.

1900년대 초 포드자동차의 창업자 헨리 포드는 대중을 위한 자동차를 만들기 위해 생신 원기를 낮출 방법을 찾기로 결심했다.[6] 1908년 10월 1일 모델T를 출시함으로써 헨리는 그 꿈을 이뤘다. 22마력의 4기통 경량 엔진을 장착한 모델T는 최고 시속이 64킬로미터였고, 대마 씨앗에서 추출한 기름이나 휘발유를 연료로 사용했다. 포드의 엔지니어들은 상호 호환이 가능한 부품 시스템을 개발했다. 덕분에 시간을 절약하고 낭비 요소를 줄일 수 있었을 뿐 아니라 기술이 있건 없건 노동자들은 자동차를 쉽게 조립할 수 있게 됐다. 당시의 모든 자동차 회사들보다 훨씬 앞선 시스템이었다. 포드가 모델T를 위해 능률 향상과 비용 절감에 초점을 맞춘 것은 엄청난 성공으로 돌아왔고, 1921년이 되자 포드자동차는 미국에서 생산되는 모든 승용차의 56퍼센트를 차지했다.

하지만 시간이 흐르면서 소비자들은 다양한 종류의 자동차에 갈증을 느끼기 시작했다. 호시탐탐 기회를 엿보던 제너럴모터스(General Motors, GM) 같은 경쟁사가 그걸 놓칠 리 없었다. 1924년 GM의 사장 앨프리드 슬론 주니어(Alfred Sloan Jr.)는 자동차시장을 공략할 새로운 전략을 생각해냈다. 우선 미국의 자동차시장을 가격대와 목적에 따라 세분화했다. 그리고 각 부문별 자동차는 소비자가 원하는 것과 그들의 주머니사정에 맞춰 각기 다른 기능과 외양을 갖추게 됐다. 반면 포드는 계속해서 모델T를 개선하는 데 집착했다.

모델T의 인기가 주춤해진 사이에 경쟁사들이 무서운 기세로 치고 나갔다. 1920년대 말이 되자 포드는 선두를 빼앗겼다. 시장점유율 1위는 GM이 차지했다. 그 후로도 몇 년간 포드는 GM에 시장점유율을 계속 빼앗겼고 소비자가 자동차에서 무얼 원하는지 모른다는 비판에 직면했다. GM의 슬론은 포드를 빗대 "원로가 변화를 마스터하는 데 실패했다"[7]라며 희희낙락했다. 포드는 머스탱(Mustang), 매브릭(Maverick), 핀토(Pinto) 같은 신차를 출시했지만, 신차조차도 외양과 스타일에서 여전히 GM을 따라가는 신세를 면치 못했다. 성공적인 일부 모델도 있었지만, 포드는 GM과의 정면승부에서 패배했고 오늘날까지도 헨리 포드 시절의 화려했던 선두 지위를 되찾지 못했다.

포드와 GM의 교훈은 해리 후디니를 떠올리게 만든다. 만약 회사를 효율적으로 운영하고 싶다면 후디니 같은 사람은 이상적인 직원이 아닐지도 모른다. 하지만 포드의 경쟁사들처럼 후디니는 자신의 호기심이 생각을 지배하도록 허용했다. 그 과정에서 앞니 몇 개를 잃었을지 몰라도 언제나 자신의 기량을 향상시켰다.

나는 헨리 포드에 대해 비판적인 사람 중 하나다. 그렇지만 가끔 나도 그와 똑같은 성향을 보일 때가 있음을 인정하지 않을 수 없다. 우리 집의 평소 이른 아침 풍경을 엿보자. 해가 뜬 직후인 아침 6시 30분이다. 15개월짜리 둘째 올리비아는 해가 뜨기도 전에 일어났다. 나는 잠이 덜 깬 상태로 파자마를 입은 채 커피를 내린다. 비몽사몽인 나와는 달리 올리비아는 기운이 펄펄 넘친다. 찬장을 뒤지다가 소쿠리를 발견하고 꺼내더니, 모자처럼 머리에 뒤집어썼다가 가면처럼 얼굴을 가렸다가 하면서 논다. 내가 미처 알아차리기도 전에 올리비아는 주방 반대편으로 가서 또 다른 찬장을 열고 그 안에 있던 양념통들을 이리저리 옮기느라 분주하다. 그런 다음에는 기다란 플라스틱 쌀통에 온 정신이 팔리고 아예 바닥에 철퍼덕 앉아서 쌀통을 흔든다. "이 하얀 작은 알갱이들을 통에서 어떻게 꺼내지?"라고 조그마한 머리로 고민하는 듯하다. 이제는 작은아들 알렉스까지 일어나 주방으로 오고 동생의 주방 탐험에 동참한다. 두 꼬마는 연신 낄낄거리며 버튼을 죄다 눌러보고 서랍을 다 꺼내보며 해작질 삼매경에 빠진다.

나는 찬장을 열었다 닫았다 반복하는 장난을 못하게 하려고 올리비아를 안아든다. 하지만 이처럼 아이의 즐거운 탐험을 훼방해서는 안 된다. 아이들은 스펀지처럼 정보를 흡수하고 배움의 속도도 아주 빠르다. 하지만 아이들은 자라면서 다른 사람들, 특히 어른들이 자신을 어떻게 생각하는지 의식하게 되고 결과적으로 호기심을 억누르기 시작한다. 연구에 따르면, 호기심은 네다섯 살 때 가장 왕성하다.[8] 나이를 먹을수록 우리는 자의식이 비대해지고 남들에게 자신의 전문성을 자랑하고 싶은 욕구도 커진다. 그러나 반항아들은 아이 같은 호기심을 유지하는 법을 배우고 "왜?"라는 질문을 절대 중단하지 않는다.

얼마 전 아침에 있었던 일이다. 그레그가 알렉스의 아침식사로 시리얼에 우유를 부어줬다. 알렉스는 부엌 조리대 의자에 앉아 있었는데, 뭔가를 골똘히 생각하는 것 같았다. "아빠, 저번 부활절 때 샀던 식용색소 기억해요? 부활절 달걀을 색칠할 때 사용한 거요. 그 색소가 아직 남았어요?" 그레그는 제빵용품을 보관하는 찬장을 열고 식용색소를 찾아내 알렉스의 시리얼 그릇 옆에 놓아줬다. "여기 있다. 그런데 그걸로 뭘 할 거니?" 알렉스는 우유에 식용색소를 섞을 거라고 당당히 말했다. 그레그가 적잖이 당황한 눈길로 알렉스를 쳐다보면서 말렸다. "알렉스, 우유에 색소를 타지 않는단다." "아빠, 왜 안 되는데요?" 그레그가 지원사격을 바라는 듯 나를 쳐다보면서 얼버무렸다. "그냥 그렇게 하지 않는단다. 엄마도 그렇게 생각하지?"

그러는 동안 알렉스는 작은 빨강색 병의 뚜껑을 열었고, 이내 시리얼이 분홍색 우유 속에서 행복하게 헤엄을 쳤다. 그레그가 인상을 찌푸렸다. 커피를 마시면서 아무 말도 하지 않았지만 나는 그의 속내가 충분히 짐작됐다. 부엌을 헤집고 다니는 올리비아를 볼 때 내가 느끼는 것과 똑같은 충동과 싸우고 있는 듯싶었다. 남편은 식용색소 병의 뚜껑을 닫고 알렉스에게 '흰' 우유를 새로 부어주고 싶은 충동을 억지고 참고 있었다. 동시에 그는 자신에게 묻고 있었다. "우유가 분홍색이면 안 되는 이유가 뭔데?" 어쩌면 이런 생각까지 했을지도 모르겠다. "아침식사에 어울리는 다른 색깔은 뭐가 있을까?"

2000년 영국공영방송(British Broadcasting Corporation, BBC)은 다방면에서 도전에 직면해 있었다. 1922년 민영 기업으로 출범한 BBC는 초기에 라디오 프로그램을 송출했다. BBC의 초대 총국장 존 리스(John Reith)에게는 명백한 비전이 있었다. 영국 국민에게 "교육, 정보, 오락을 제공"한다는 것이었다. 개국 후 몇 년간 BBC는 성장을 이어갔고 마침내 TV방송을 시작했다. 또한 새로운 사업에 진출했고, 나중에는 24시간 뉴스 서비스와 BBC 온라인 같은 디지털 서비스를 제공하기에 이르렀다. 그러는 동안 BBC는 세계에서 가장 유명한 영국 브랜드 가운데 하나로 확실히 자리매김했다.

그러나 1980년대 말부터 시작된 방송시장의 변화가 90년대까지 이어졌고, 미디어산업은 급격한 시각 변동을 겪었다. 90년대에 케이블이라고 불리는 새로운 디지털방송 기술이 나타나면서 케이블, 즉 유선방송은 시청자들에게 훨씬 더 많은 채널을 제공했다. 아날로그 기술에 비해 채널이 두 배나 많았고 양질의 서비스를 제공했으며 인터넷 접속도 가능했다. 상업 채널들은 케이블에 시청자들을 빼앗길 위험에 처했다. 이는 광고 매출이 줄어든다는 뜻이었다. 그런 사면초가 상황에서도 BBC는 새로운 환경에 어떻게 적응할지 전략이 부재했다. 설상가상으로 내부적으로도 심각한 어려움에 직면했다. 성장 활력을 잃었고 방송 콘텐츠의 품질이 저하됐다. BBC 내부에는 168개의 사업부가 있었는데, 그로 말미암아 한때 잘 조직된 기업으로 유명했던 BBC가 복잡함과 혼란함의 온상으로 변했다. 직원들은 BBC의 분위기를 이 세 단어로 묘사했다. "실망, 우울, 당혹."

2000년 BBC는 그레그 다이크(Greg Dyke)를 신임 총국장으로 맞아들였다.[9] 다이크는 기자 출신으로 1987년 지역 상업방송인 런던위크엔드텔레비전(London Weekend Television, LWT)에 PD로 입사했다가 훗날 LWT 그룹 회장에 올랐고, 1995년에는 피어슨텔레비전(Pearson Television) CEO에 취임했다. 그는 환상적인 실적을 거두며 '시청률의 귀재'라는 별명과 더불어 '카리스마 리더'라는 명성을 착실히 쌓았다. 예를 들어 LWT에서 새로운 아침 프로그램인 TV-am의 PD로 일할 때 그는 어린이 시청자들을 끌어들이기 위해 만화를 포함시키고 롤런드 랫(Roland Rat)이라는 꼭두각시가 등장하는 인형극을 정규 코너로 편성함으로써 LWT를 부진의 늪에서 구해냈다. 만약 어린이들이 롤런드 랫을 좋아하고 TV-am을 시청한다면 아이 엄마들이 채널을 고정할 거라고 다이크는 예상했다. 예상은 적중했다. TV-am의 시청률이 치솟았을 뿐 아니라 20만 명이던 LWT 시청자가 단 한 달 만에 40만 명으로 증가했고, 그가 TV-am을 맡은 지 1년이 됐을 때는 150만 명으로 급증했다.

그런 다이크에게 BBC는 확연히 다른 도전이었다. 규모가 훨씬 큰 데다 공영방송이었다. 정부와 독립적으로 운영됐지만, 그래도 둘은 깊이 연결돼 있었다. 영국 정부는 칙허장(royal charter, 영국 왕이 내리는 설립 허가증 같은 것으로, BBC의 법적 존립 기반이다. BBC의 설립 목적과 공적 목표부터 재원과 조직 형태, 규제체계 등을 규정하며 BBC의 헌법이라고도 불린다-옮긴이)을 발부했고 BBC의 최고 의결기구이자 내부 감독기구인 BBC 트러스트(BBC Trust)의 회장 임명권도 행사했다.

사실 다이크는 전임 총국장인 존 버트(John Birt)와 5개월간 임기가 겹쳐 그 시간을 BBC를 이해하는 데 온전히 투자했다. 버트는 런던의 본사 사무실에서 진두지휘하는 리더라면 다이크는 발로 뛰는 리더십을 선보였다. 다이크는 취임 초기부터 웨일스와 북아일랜드부터 스코틀랜드까지, 잘 알려진 BBC 시설부터 가장 외진 곳까지 영국 전역을 돌아다녔다. 주요 지사는 물론 총국장이 방문한 적 없는 작은 지사까지 일일이 찾아가 전 직원을 만났다. 직원들은 신임 총국장인 그가 BBC를 어떻게 변화시킬지 장황한 프레젠테이션을 늘어놓을 걸로 예상했다. 하지만 그는 직원들의 기대를 무색하게 만들었다. "여러분의 상황을 개선하기 위해 내가 해야 할 한 가지는 무엇입니까?" 그런 다음 다이크는 직원들과 마주앉아 그들의 대답에 귀를 기울였고, 이어서 추가적인 질문을 했다. "시청자와 청취자에게 더 유익한 환경을 만들기 위해 내가 해야 할 한 가지는 무엇입니까?"

영국 방송산업에서 가장 강력한 자리 중 하나의 주인으로서 다이크가 선보인 첫 행보는 매우 이례적이었다. 대개 사람들은 질문을 하면 바보처럼 보일까 두려워한다. 특히 얼마 동안 지속돼온 큰 문제를 해결하기 위해 도움을 요청할 때는 더욱 그렇다. 무릇 리더라면 질문이 아니라 대답을 내놔야 하는 것 아닌가? 어떤 조직의 구성원이든 신임 CEO에게 기대하는 것은 똑같다. 다이크와 같은 처지에 있는 리더들은, 즉 심각한 어려움에 직면한 조직에 구원투수로 영입된 리더들은 질문하기보다는 말을 하는 입장에 있다.

다이크의 유별난 행보는 또 있었다. 그는 임원식당에서 점심을 먹지 않았다. 직원식당에서 식판에 음식을 담아 직원들과 함께 밥을 먹으며 끊임없이 질문을 해댔다. 그런 시간을 통해 다이크는 여러 중요한 사실을 알게 됐는데, 특히 전임 총국장이 직원들의 의사는 묻지도 않고 상명하달식으로 추진했던 여러 변화에 직원들이 실망했다는 사실을 알았다. 직원들은 무기력과 무력감에 빠져 있었으며, BBC가 창의적인 불꽃이 완전히 꺼졌다고 생각했고, 시설과 장비가 노후해 업그레이드가 절실하다고 불평했다.

임기 첫날, 그러니까 공식적으로 첫 발언을 하는 날이 됐을 때 다이크와 직원들 사이에는 이미 공감대가 형성돼 있었다. 직원들은 BBC의 미래를 위한 계획을 듣고 그와 함께 그 계획들을 구현하고 싶은 마음이 간절했다. 다이크는 BBC의 목표를 바꾸겠다고 했다. 전 총국장의 슬로건이었던 "공공부문에서 가장 효율적인 조직"이 아니라 "가장 혁신적이고 가장 위험을 감수하는 기업"이 되겠다고 했다. 다이크는 직원들에게 노란색 경고카드를 나눠줬다. 축구 경기에서 주심이 꺼내 보이는 옐로카드와 비슷하게 생긴 것이었다. 그 카드는 언제 어떻게 사용하는 것일까? 바로 "그만 떠들고 직접 해보자(Cut the crap and make it happen)"라는 메시지를 전하고 싶을 때 사용한다. 누가 창의적인 아이디어를 방해하려 할 때 카드를 꺼내 자신의 의견을 주장할 수 있도록 말이다.

다이크의 비정통적인 접근법은 매우 성공적이었다. 취임한 지 1년이 채 안 됐을 때 BBC1과 BBC2의 시청률이 동반 상승했을 뿐 아니라 BBC1 시청자 만족도는 10점 만점에 6점이었다가 6.8점으로 10퍼센트 이상 증가했다. 취임하고 2년 반이 흐른 2002년 7월에는 드디어 BBC의 대표 방송사인 BBC1의 시청률이 몇 년 만에 최대 경쟁사인 ITV의 시청률을 앞질렀다. BBC 라디오도 사상 최고의 청취율을 기록했다. 또한 BBC는 간접비용을 크게 삭감해 2억 7,000만 파운드(약 3,930억 원)를 절약해서 새로운 프로그램에 투자할 여력이 생겼다. 직원들이 고대했던 장비 업그레이드도 효과적으로 이뤄졌다.[10]

우리는 질문을 하면 사람들이 우리가 아는 게 없다고 생각할까봐 두려워한다. 하지만 진실은 정반대다. 무엇보다 질문은 관계를 굳건하게 한다. 질문은, 상대방에 대해 알고 싶고 상대방의 아이디어를 듣고 싶으며 상대방과 가까워지고 싶은 마음을 보여주는 것이기 때문이다. 질문을 하면 무능하게 보일까봐 걱정한다면, 그런 걱정도 전혀 할 필요 없다. 오히려 모르는 것에 대해 질문할 때 상대방은 우리를 더 똑똑하다고 생각한다.

나는 동료들과 함께 질문의 효과를 증명할 실험을 진행했다.[11] 우리는 170명의 대학생을 모집한 다음, 그들을 컴퓨터 앞에 앉게 했다. 그리고 다른 사람과 짝을 지어 실험에 참가하게 될 거라고 말했지만 짝이 누구인지는 알려주지 않았다. 사실 그들의 짝은 컴퓨터가 창조한 가상인물이었다. 우리는 실험의 진짜 목적을 숨기기 위해, 인터넷 메신저가 단답형 문제를 푸는 데 어떤 영향을 미치는지 아는 것이 목적이라고 거짓말을 했다. 학생들은 빠듯한 시간에 문제를 풀어야 했다. 우리는 그들의 짝도 동일한 문제를 풀게 될 거라고 말했고, 정답을 맞힌 개수에 따라서 보수를 지급할 것이므로 점수가 중요하다고 덧붙였다.

짝이 실존인물이라고 생각하도록 우리는 실험을 시작하면서 짝에게 메시지를 보낼 수 있는 기회를 줬다. 컴퓨터가 창조한 가상인물은 메시지에 "안녕, 행운을 빕니다"라는 간단한 답을 보냈다. 학생들은 문제를 전부 푼 다음 짝으로부터 또 다른 메시지를 받는데 "좋은 결과가 있길 바랍니다"와 "좋은 결과가 있길 바랍니다. 그런

데 내게 해줄 조언이 있을까요?" 가운데 하나였다. 이제부터가 진짜 실험이었다. 우리는 학생들에게 짝이 얼마나 유능하다고 생각하는지 평가하도록 했다. 나중에 비슷한 문제를 풀게 된다면 짝에게 조언을 요청할 것인지도 물었다.

결과부터 말하면, 조언을 요청받은 학생들은 짝이 더 유능할 거라고 생각했다. 또한 짝에게 조언을 요청할 가능성도 더 높았다. 일반적인 생각과는 달리, 조언을 요청하면 상대방은 우리의 능력을 낮게 평가하는 게 아니라 오히려 높게 평가한다. 또한 우리는 조언을 요청받을 때 기분이 얼마나 좋아지는지도 과소평가한다. 질문을 함으로써 우리는 상대방에게 경험과 지혜를 공유할 수 있는 기회를 제공하고, 이는 그들의 자존심을 세워준다.

호기심은 세상에서 반항아가 될 수 있는 하나의 방법이다. 반항아들은 타인의 도움이 필요하다는 걸 보여줄 때 생기는 불편한 마음을 극복하기 위해 노력한다. 두려움이 느껴질 수도 있다. 그렇지만 질문에는 그런 두려움조차 잊게 만들 온갖 혜택이 따라온다.

낯선 사람과 처음으로 상호작용할 때 호기심을 가지면 더 긍정적인 감정과 더 친밀함을 느낄 수 있다. 나와 동료들은 대학생들을 모집해서 두 집단으로 나눈 다음 다른 학생과 대화하도록 했다. 한 집단에게는 가능한 한 많은 질문을 하도록 했고 다른 집단에게는 몇 가지만 간략히 질문하도록 했다.[12] 실험 결과, 질문을 더 많이 받은 학생들이 상대를 더 좋아했다. 이유는 단순했다. 질문을 받음으로써 자신에 대해 알려주고 자신의 얘기를 해줄 기회를 얻을 수 있기 때문이다.[13] 우리의 다른 연구를 보면, 질문을 많이 하는 사람들은 호감도가 올라가고 스피드 데이트(speed date, 여러 이성을 돌아가며 잠깐씩 만나보게 하는 행사—옮긴이)에서 두 번째 데이트 신청을 받을 가능성이 높아진다.

또 다른 연구에서는 서로를 모르는 대학생들에게 두 종류의 대화를 나누도록 했다. 한 집단에세는 "당신의 인생에서 가장 감사하게 생각하는 것은 무엇입니까?" 같은 질문을 통해 친밀감을 만드는 대화를 나누도록 했고 다른 집단한테는 일상적인 잡담을 나누도록 했다. 그 결과, 일상적인 잡담을 나눈 집단보다 친밀감을 만드는 대화를 한 집단이 상대에게 더 깊은 친밀감을 느꼈을 뿐 아니라 본인도 더 행복한 기분이 들었다고 응답했다.[14] 그러나 우리는 꼬치꼬치 캐묻는 것 같은 질문을 꺼린다. 상대방의 사생활에 간섭하는 것 같고 차라리 그런 에너지를 자기 일에 쓰는 게 낫다고 생각하기 때문이다.

호기심이 새로운 관계뿐만 아니라 기존 관계에서도 만족감과 사회적 지지감을 높인다는 연구 결과도 있다.[15] 가령 남편/아내가 퇴근 후 집에 돌아왔을 때 직장에서 어떤 일이 있었는지 호기심을 보여준다면 남편/아내와 더 깊은 연결감을 느낄 것이다. 사귄 지 얼마 안 된 관계에서 상대의 이야기를 더 많이 이끌어내는 질문을 한다면 데이트를 더욱 즐길 수 있을 뿐 아니라 다음 데이트 신청을 더 기분 좋게 받아들일 것이다. 질문을 해서 호기심을 보여줄 때 상대방은 당신과 더 많은 걸 공유하고, 당신에 대해 질문함으로써 보답한다. 이것은 다시 친밀감을 높이는 기브 앤 테이크의 선순환을 만든다.

호기심을 받아들이면 상황을 긍정적인 방식으로 재구성하기가 더 쉽다. 가령 호기심은 업무상의 어려운 문제를 시도해볼 만한 흥미로운 도전으로 받아들이게 만들 공산이 크다. 또한 상사와의 불편한 회의도 배울 수 있는 기회가 되고, 신경이 곤두서는 첫 데이트도 새로운 사람과의 즐거운 밤 외출로 여겨지며, 소쿠리가 모자로 변신한다. 호기심은 스트레스가 많은 상황을 위협이라기보다 도전으로 생각하고, 어려움에 대해 솔직히 말하며, 새로운 문제 해결법을 시도하게끔 동기를 부여한다. 호기심은 스트레스에 덜 방어적으로 반응하고 그리하여 도발에도 덜 공격적으로 반응하게 만들어주는 연쇄 효과가 있다.[16]

4주에 걸친 다이어리 연구(diary study, 매일의 생각, 느낌, 행동을 일기로 쓰게 한 뒤 자료를 수집하는 연구—옮긴이)에서, 불확실성에 높은 인내심을 보여준 사람들은 친구들과 갈등을 빚는 횟수가 더 적었고 수동적 공격형(passive aggressive, 불만이나 분노 같은 부정적인 감정을 소극적이고 간접적인 방법으로 표현하면서 직접적인 충돌을 피하는 것—옮긴이) 반응을 나타낼 가능성이 더 낮았으며 타인의 잘못을 용서해주려는 마음이 더 컸다.[17] 요컨대 호기심은 탐색하고 배우도록 하며 그리하여 세상과 더욱 깊은 관계를 맺도록 만든다.[18]

호기심을 어떻게 표현하는가는 어린 시절의 경험에 의해 결정되고, 성장하면서 받는 교육도 모종의 역할을 한다. 일단의 연구진이 여덟 살에서 아홉 살짜리 초등학생들에게 튀어오르는 건포도, 즉 베이킹 소다를 녹인 식초에 건포도를 넣은 다음 건포도가 유리 뚜껑까지 튀어오르는 모습을 보여줬다.[19] 그런 다음 한 집단에게 "나는 건포도 대신 (탁자에서 스키틀 캔디 하나를 집어들며) 이걸 넣으면 어떻게 될지 궁금해"라고 말했다. 다른 한 집단에게는 "정리를 좀 해야겠네. 잠깐 물건들을 여기에 올려놓을게"라고 말한 다음 주변을 청소했다. 두 상황 모두에서 연구자는 "내가 다시 올 때까지 너희들이 하고 싶은 걸 마음껏 해도 좋아. 실험 도구들을 더 사용해봐도 좋고 크레용으로 그림을 그려도 돼. 아님 아무것도 안 하고 있어도 괜찮아"라고 말한 다음 방을 나갔다.

연구자가 자신의 호기심을 충족시키기 위해 실험을 약간 변형하는 걸 봤던 첫 번째 집단은 건포도와 스키틀은 물론 다른 것들도 넣어보면서 실험 도구를 가지고 노는 경향이 훨씬 컸다. 반면 청소하는 것을 본 두 번째 집단은 아무것도 하지 않고 기다리고 있을 가능성이 더 높았다. 여기에서 우리는 무엇을 알 수 있을까? 교사의 행동이 학생의 탐구 성향에 강력한 영향을 미친다는 사실이다. 비슷한 맥락에서 관리자의 행동은 직원의 호기심과 창의성에 영향을 미친다. 재무관리 소프트웨어 개발 업체 인튜이트(Intuit)는 직원이 호기심을 바탕으로 창의적인 아이디어를 낼 때 창업자의 이름을 딴 스콧 쿡 혁신상(Scott Cook Innovation Award)을 수여한다.[20] 인튜이트에는 독특한 포상제도가 또 있다. 최고실패상(Greatest Failure Award)이다. 좋은 결과로 이어지지 못했지만 중요한 학습 기회를 제공한 호기심에 주는 상으로, 특별히 실패 파티(failure party)가 부상으로 주어진다.

튀어오르는 건포도 실험을 진행했던 연구진은 또 다른 연구를 했다. 학생들의 호기심과 탐구심의 표현에 교사들이 어떻게 반응하는

지 알아본 것이다. 교사들에게는 튀어오르는 건포도 실험을 해달라고 요청하고 학생들에게는 (교사들 몰래) 특정한 방식으로 행동해달라고 미리 준비시켰다. 한편 절반의 교사들에게는 학생들이 과학을 배우는 데 수업의 초점을 맞추도록 했고 나머지 교사들에게는 학습지도안을 작성하는 데 집중하도록 미묘하게 조장했다.

교사들은 튀어오르는 건포도 실험을 보여주는 것으로 수업을 시작했다. 그리고 학생들은 연구진의 요청대로 용액에 스키틀을 넣었다. 만약 교사가 왜 그러냐고 물으면 "그냥 스키틀을 넣으면 어떻게 되는지 보고 싶었어요"라고 대답하도록 연구진과 입을 맞췄다.

결과는 아주 놀라웠다. 학생들이 과학을 배우는 게 수업 목표라고 생각한 교사들은 학생들의 행동에 "어머, 무슨 실험을 하는 거니?" "이걸 넣으면 어떻게 되는지 선생님이랑 같이 보자꾸나" 하며 관심과 격려로 반응했다. 그러나 학습지도안 작성을 중요하게 여긴 교사들은 이런 식으로 반응했다. "아, 잠깐만. 그건 지도안에 없는데." "세상에, 그건 넣으면 안 돼."

우리의 반응은 우리의 동료나 학생이 호기심을 추구하는 데 직접적인 영향을 미친다. 또한 실패 파티를 열어주는 직장에서는 능률을 최고로 치는 직장에서보다 창의성을 훨씬 더 발휘하게 될 것이다.

포드자동차가 모델T에 가졌던 애착이나 아이들이 세상을 탐험하느라 지저분한 놀이를 할 때 말리고 싶은 부모의 마음에서처럼, 나는 학교가 학생들의 호기심을 저해하는 방식으로 공부를 가르치는 데 혹은 시험을 준비하는 데 초점을 맞추게 될까 두렵다. 알렉스가 다닐 유아원을 알아보던 중에 나는 어떤 수업 광경을 보고 기겁을 했다. 교사가 아이들에게 삼각형과 사각형, 원을 그리고 색칠하는 방법을 가르치고 있었다. 교사는 아이들이 도형을 완벽하게 그리는 데 관심이 많은 듯했다. 더군다나 아이들이 도형에 색칠을 할 때는 "색이 선 밖으로 나가면 안 된다"라고 끊임없이 말했다.

실수를 하지 않거나 시험에서 좋은 성적을 거두거나 예의 바르게 행동하는 법을 가르치는 데 초점을 맞춘다면, 교육의 본질을 망각하게 된다. 세상에 대해 끊임없이 질문할 수 있도록 학생들의 타고난 호기심을 부추기는 데 교육의 참뜻이 있다.

나는 일터도 구성원들의 호기심을 다루는 방식이 교육 현장과 다르지 않은 것 같아 걱정스럽다. 구성원들은 업무를 수행할 때 규칙과 지시를 맹목적으로 따름으로써 독특한 능력을 잃는다. 바로 신기함을 느끼는 능력이다. 신기함을 느낄 때 우리는 새로운 접근법을 생각해낼 수 있다.

마시밀리아노 자나르디(Massimiliano Zanardi)는 관리자로서 조직을 효율적으로 운영하기 위해 자신의 호기심은 물론 직원들의 호기심을 활용하는 방법을 잘 안다. 그는 "순수 이탈리아인의 피가 흐르는 반 터키인"이라고 자신을 소개하는 것을 좋아한다. 이탈리아에서 태어났지만 오랜 세월 터키에서 살았기 때문이다.[21] 많은 이탈리아인이 그렇듯 자나르디도 열정적으로 말하고 손동작을 많이 사용한다. 그는 이스탄불의 리츠칼튼호텔에서 몇 년간 총지배인으로 일했다. 특히 호텔 오픈에 핵심적인 역할을 했고 고객 경험을 개선하기 위해 열심히 노력했다. 2015년 이스탄불의 리츠칼튼은 비즈니스 여행 잡지 〈비즈니스 데스티네이션(Business Destinations)〉이 선정하는 권위 있는 상, 트래블 어워드(Travel Award)에서 터키 최고의 호텔에 뽑혔다. 선정 이유는 혁신과 최고의 시설 그리고 업무에 대한 직원들의 열정이었다.

이스탄불 리츠칼튼의 로비에 들어서면 호텔이 특별히 주문 제작한 향수가 뿜어내는 미묘한 향기를 음미할 수 있고, 호텔의 모든 공공장소에서는 신중하게 선택된 음악이 흘러 저도 모르게 미소가 나오거나 심지어 흥에 겨워 몸을 약간 들썩이게 된다. 이스탄불 리츠칼튼 직원들은 자신들이 일에 열정을 가질 수 있는 이유가 자나르디가 언제나 질문을 하도록 장려한 덕분이라고 생각한다. 자나르디 스스로도 "왜?" "~한다면 어떨까요?"라는 질문을 규칙적으로 했다. 예를 들어보자. 예전에는 해마다 호텔 레스토랑에 붙어 있는 테라스에 꽃을 심었다. 그날도 꽃을 심는 날이었다. 직원들이 무슨 꽃을 심을지 고민하고 있을 때 자나르디가 말했다. "왜 우리는 항상 꽃만 심는 걸까요? 채소를 심으면 어떻겠습니까? 허브도 좋지 않을까요?" 이 질문은 결국 호텔의 명성 높은 레스토랑인 아틀리에 리얼 푸드(Atelier Real Food)가 사용하는 허브와 에일룸 토마토(heirloom tomato, 여러 세대를 거치며 형질이 변화한 재래종 토마토로 최고급이다−옮긴이)로 가득한 테라스 정원으로 이어졌다. 이 모든 건 간단한 질문에서 시작됐다.

1908년 10월 29일, 이탈리아 알프스 산맥 기슭의 그림 같은 마을에

카밀로 올리베티(Camillo Olivetti)가 자신의 이름을 딴 타자기 공장을 세웠다. 이탈리아 최초의 타자기 공장이었다. 유능한 엔지니어이면서 다방면에 조예가 깊은 카밀로 올리베티는 타자기 수입을 위해 미국을 방문했다가 깊은 영감을 받았고, 이를 계기로 20명의 직원과 함께 사업을 시작해 일주일에 약 20대의 티지기를 만들었다. 줄여서 올리베티라고 불리는 이 타자기 회사는 급속도로 성장해 1920년대 초에 직원이 250명으로 불어나 연간 2천 대 이상의 타자기를 생산했다.

1924년 올리베티의 아들 아드리아노(Adriano)가 대학을 졸업하고 생산직 근로자로 입사했다.[22] 아드리아노는 직원들이 하는 작업이 아주 단조롭고 작업 환경도 열악하다는 사실을 깨달았다. 충분한 조명 시설도 없었고 충분한 휴식시간도 없었다. 게다가 직원들 사이도 서먹서먹해 보였다. 각자 다른 작업을 담당하는 데다 근무시간이 너무 길기 때문이지 싶었다. 아드리아노는 직원들이 포디즘(Fordism, 헨리 포드가 창안한 대량생산 방식으로 포드주의라고도 불린다―옮긴이) 방식으로 단순화된 작업을 하다 보니 생각 자체를 안 한다는 사실을 깨달았다. 아드리아노는 일이란 기쁨의 원천이어야 하고 삶을 더 좋게 만들어줘야 한다고 생각했다. 또한 기업이 직원에게 져야 하는 도덕적 의무가 있다고 생각했다. 기업을 성장시키는 원동력은 직원들의 신체적ㆍ지적 기여에서 나오기 때문이다. 아드리아노는 직원들에게 월급만 주는 게 아니라 그들과 그들의 가족이 회사의 동반자로 함께 번성할 수 있도록 문화적ㆍ사회적 이니셔티브(initiative, 문제 해결이나 목표 달성을 위한 전략적 실천 프로그램―옮긴이)를 촉진해야 한다고 믿었다.

조직 내 능률과 혁신 사이의 상충관계(tradeoff)를 처음으로 공론화한 사람은 조직 이론의 대가인 제임스 마치(James March)였다.[23] 마치는 1991년에 발표한 책에서 조직 내부에서의 '활용(exploitation)'과 '탐색(exploration)'의 차이를 강조했다. 탐색은 새로운 아이디어와 새로운 작업방식을 찾고 확인하는 것으로 위험 감수, 실험, 유연성, 놀이, 발견, 혁신 등을 포함한다. 반면 활용은 효율성, 선택, 구현, 실행 등을 통해 기존의 제품과 프로세스를 개선하고 발전시키는 것을 포함한다. 마치는 활용 활동과 탐색 활동에는 각기 다른 역량과 과정과 문화가 요구된다고 주장했다. 탐색을 중심으로 하는 조직은 유연한 구조가 특징이고 즉흥성, 자율성, 혼돈, 새로운 사업, 기술 등과 관련이 있다. 반면 활용을 목적으로 하는 조직은 표준 과정, 통제, 관료주의, 안정적인 시장과 기술 등과 관련이 있다. 특히 마치는 활용 욕구가 종종 탐색 욕구를 밀어낸다고 강조했다.

아드리아노는 포드 생산방식의 특징인 효율에 초점을 맞추는 데서 벗어나, 탐색과 활용을 적절히 균형 맞출 수 있었다. 1932년 아드리아노는 공장장이 됐고 1938년에는 사장에 취임해 효율적인 생산 시스템을 채택했다. 이는 포드의 선례를 따른다는 뜻이었다. 그러나 포드와는 달리 직원들에 대한 투자도 아끼지 않았다. 당시로서는 매우 이례적인 방식이었다. 가령 이탈리아 북서지방의 작은 도시 이브레아(Ivrea)에 새로운 공장을 세웠는데, 사면이 유리로 돼 있었다. 덕분에 직원들은 일하면서 유리창 너머로 산과 계곡을 볼 수 있었고, 바깥에서도 사람들이 무슨 일을 하는지 볼 수 있었다.

세련되고 문화적 소양을 갖췄으며 공동체의식이 투철했던 아드리아노는 예술과 디자인, 건축에 지대한 관심을 가진 엔지니어였고, 이런 관심을 적극적으로 활용했다. 가령 아드리아노의 주도로 디자인 전략이 제품 개발 과정에 통합됐다. 특히 1937년에는 그래픽디자인 부서를 기업 구조에 통합시킴으로써 그런 조치를 취한 초대 회사 중 하나가 됐다. 이런 혁신적인 조치로 엔지니어들이 제품을 개발한 다음에야 디자이너들이 외양을 설계하는 관행에서 벗어나 올리베티 디자이너들은 제품 개발 시작 단계부터 동등한 파트너로 참여했다.

1940년대에 올리베티는 창의적인 신제품을 연달아 선보였다. 대표적인 제품은 1948년에 출시해 선풍적인 인기를 끈 디비숨마(Divisumma) 전자계산기로, 키가 10개이고 나눗셈 기능을 장착한 인자식(印字式) 계산기였다. 한편 1969년에 출시된 휴대용 타자기 발렌타인(Valentine)은 타자기를 사람들의 필수품으로 만들었다. 올리베티는 현대적인 소재, 새로운 제조 과정, 기발한 디자인으로 시장을 공략하는 새로운 제품 카테고리를 만들었다. 아울러 제품 다양화 노력도 기울이기 시작했다. 특히 1세대 기계식 계산기와 전자기기를 다양화하는 데 주력했다. 디자이너들이 그 과정에 깊이 관여한 덕분에 올리베티 제품은 기능적인 동시에 디자인이 독특하다는 평판을 얻었다. 예를 들어 유려한 몸체와 감각적인 색상으로 – 빨간색, 흰색, 초록색, 파란색 – 시선을 강탈했던 발렌타인은 무생물인 제품에 생동감을 불어넣고 오랫동안 지나치게 심각했던 영역, 즉 사무공간에 개성을 입혔다. 동시에 올리베티는 해외로 사업을 확대하면서 중남미와 유럽 전역에 자회사를 설립했다.

올리베티는 국내 지사 10개와 해외 지사 11개를 통틀어 8만여 명이 일하는 다국적 기업으로 성장했다. 1970년대가 되자 올리베티는, 80년대에 스티브 잡스가 애플을 어떤 기업으로 성장시키고 싶은지에 대해 말할 때 자주 썼던 말마따나 "산업디자인 분야에서 명실상부한 리더"가 됐다.

아드리아노가 포드의 효율적인 생산 시스템에 깊은 인상을 받았던 건 분명하다. 그러나 아드리아노에게는 그 너머를 보는 눈이 있었다. 아드리아노는 다른 기업들보다 높은 임금을 지급했을 뿐 아니라, 직원들이 다양한 분야의 지식과 문화에 계속 노출되고 관심과 호기심을 유지할 수 있도록 상당한 노력을 기울였다. 아드리아노의 지휘 하에 새로운 공장들은 직원 자녀들을 위한 운동장, 수만 권의 도서와 잡지로 꽉 채워진 도서관, 영화관, 토론실 등을 구비했다. (오늘날에는 구글과 페이스북 같은 기업이 비슷한 직원복지를 제공하지만, 당시에는 매우 이례적인 것이었다.) 또한 아드리아노는 작가와 시인을 포함해 다양한 분야의 지식인들을 채용했다. 일례로 1950년대에는 소설가이자 심리학자 오티에로 오티에리(Ottiero Ottieri)가 채용 업무를 감독했고, 시인 조반니 기우디치(Giovanni Giudici)가 올리베티 도서관을 관리했다(아드리아노는 사내 도서관을 '문화공장'이라고 불렀다). 직원들에게는 점심 때 2시간의 휴식시간이 주어졌는데, 1시간은 점심을 먹는 데, 나머지 1시간은 도서관에서 책을 읽거나 올리베티가 초청한 유명 지식인들과의 간담회에 참석하거나 콘서트를 관람하는 등등 문화를 '섭취' 하는 데 사용했다. 또한 기계를 다루는 엔지니어들은 음악이나 프랑스혁명에 관한 수업을 들었다. 경영진은 크리스마스가 되면 직원들에게 특별한정판 도서를 선물하거나 신예 화가의 작품이나 명화를 넣어 제작한 달력을 선물했다. 심지어 올리베티는 레오나르도 다빈치의 〈최후의 만찬〉을 포함해 위대한 예술삭품의 복원 작업도 후원했다.

안타깝게도 아드리아노는 자신의 방법이 얼마나 효과적인지를 증명해줄 객관적인 데이터가 없었다. 그래서 그가 "아까운 시간을 낭비"하고 있다고 생각한 경영자들이 더러 있었다. 하지만 아드리아노는 확신을 갖고 소신을 밀어붙였다. 결과적으로 올리베티는 직원들의 웰빙과 호기심에 과감히 투자함으로써 지속적으로 혁신할 수 있었을 뿐 아니라 성공적인 제품을 꾸준히 출시할 수 있었다. 올리베티는 타자기 외에 새로운 제품들을 개발했는데, 1964년에 출시된 인류 역사상 최초의 개인용 컴퓨터 프로그라마101(Programma101, 줄여서 P101이라고 부름)이 대표적이다.

혁신은 올리베티의 생산 전략에서 핵심이었다. 아드리아노는 직원들을 자극하는 매우 창의적인 환경을 만들었다. 그는 올리베티의 성공이 효율적인 생산 이상의 뭔가와 관련 있다고 믿었다. 즉 직원들을 위해서 했던 모든 일과 깊은 관련이 있다고 믿었다. 그는 직원들에게 주인의식을 심어줬고 직원복지에 투자했으며 직원들이 호기심을 갖도록 장려했다.

오늘날 올리베티는 이탈리아에서 가장 오래된, 그리고 가장 큰 기술 기업이다. 심지어 1990년대 중반에는 유럽에서 두 번째로 큰 컴퓨터 제조사였다. 올리베티의 성공 비결은 대량생산된 최초의 개인용 컴퓨터와 타자기부터 팩스, 금전등록기, 잉크젯 프린터에 이르기까지 다양한 제품을 만든 것과 훌륭한 디자인 그리고 아드리아노가 이끈 혁신이었다.

오늘날에는 디자인 회사 IDEO가 올리베티와 비슷한 전략을 사용한다.[24] IDEO는 특정 분야에 정통하면서도 다양한 분야의 폭넓은 지식을 갖춘 T자형(T-shaped) 인재를 채용하기 위해 노력한다. ('T자형 인재'는 세계 최대 경영컨설팅 업체인 맥킨지의 사내 인재 육성법에서 유래한 것으로 보인다.) T자의 세로 획은 직원들의 전문 지식과 기술의 깊이, 가로 획은 협업하고자 하는 직원들의 성향을 나타내는데, 협업 성향은 공감과 호기심으로 이뤄진다. 공감은 문제를 해결할 때 다른 사람의 관점을 고려하고 경청하도록 해준다. 호기심은 다른 사람들의 활동에 대한 관심을 말한다. 단순한 관심이 아니라 그런 것들을 활용할 만큼 깊은 관심이다. 가령 아드리아노는 타자기를 디자인하기 위해 유명한 디자이너들을—뛰어난 전문기술을 가진 사람들을—영입했을 뿐 아니라 그들의 공감과 호기심을 키우도록 작업장을 구조화했다. '디자인계의 맥킨지'로 불리는 IDEO의 리더들과 마찬가지로, 아드리아노는 사람들이 최고의 기량을 발휘하는 건 그들이 전문가여서가 아니라 지적 호기심이 전문지식에 더해지기 때문이라고 믿었다. 요컨대 최고의 성과는 깊은 전문지식과 지적 호기심의 합작품이다.

호기심과 혁신 사이의 상관관계를 증명하는 연구 결과가 아주 많다.[25] 파리 근교에 있는 세계적인 경영대학원 인시아드(INSEAD)의 스펜서 해리슨(Spencer Harrison) 교수와 그의 동료들은 수공예품을 판매하는 한 웹사이트를 통해 호기심과 혁신의 관계를 연구했다.[26] 2주에 걸쳐 공예가들은 작업장에서 경험하는 호기심의 수준에 관한 질문에 답했다. 그런 다음 연구진은 각 공예가가 2주간 웹사이트에 올리는 새로운 공예품의 수로 생산성을 계산했다. 결론을 말하면, 호기심은 생산성과 정비례했다. 즉 호기심은 창의적 생산성을 크게 끌어올렸다. 호기심 점수가 1점 상승했을 때 생산성이 34퍼센트 증가했다.

호기심은 모든 종류의 일에서 성과를 높인다. 업무가 고도로 구조화된 콜센터를 예로 들어보자. 콜센터는 이직률이 매우 높은 데다 통화가 전부 모니터링되고 근무 성적은 1건당 통화시간으로 평가된다. 해리슨과 동료들은 콜센터 10곳의 신입직원들을 상대로 설문조사를 했다.[27] 먼저 입사 전의 호기심 수준을 측정하기 위한 설문조사를 했다. 입사하고 4주가 흐른 후에는 업무를 얼마나 잘 배우고 있는지, 정보를 얻기 위해 동료들에게 도움을 받는지 등등을 설문조사했다.

그 결과, 호기심이 가장 많은 직원들이 동료에게 정보를 가장 많이 요청했다. 그들은 그 정보를 최대한 활용해 창의성을 발휘하고 높은 성과를 낼 수 있었다. 후속 인터뷰도 진행했다. 호기심이 가장 왕성한 직원들은 업무를 "머릿속의 조립라인"이라기보다 고객을 돕기 위해 새로운 방법을 찾아야 하는 퍼즐로 생각할 가능성이 더 컸다. 당연한 말이지만 그런 직원들의 업무 성과가 가장 높았다.

나와 동료들이 진행한 연구에서도 비슷한 결과를 얻었다. 호기심이 큰 사람들은 조직에서 최우수 성과자가 된다. 그들은 더 넓은 인맥을 구축하고, 질문을 어려워하지 않으며, 동료들과의 관계를 쉽게 맺고 노련하게 발전시킨다. 다른 직원들과의 관계는 성공에 결정적인 역할을 한다. 호기심이 많은 직원은 조직에도 이롭다. 그들은 문제를 해결하는 데 도움을 줄 사람들과 깊이 연결되고 업무에 최선을 다하는 데 동기부여가 잘되기 때문이다.

아드리아노가 올리베티 사장에 취임했을 즈음의 일이다. 한 직원이 쇳조각과 공구를 가득 넣은 가방을 들고 퇴근하다 발각됐다. 그를 붙잡은 직원들은 그가 공장 물품을 훔쳤다고 비난했고 회사는 그를 해고해야 한다고 주장했다. 한편 문제의 직원은 도둑질이 아니라 근무시간이 충분하지 못해 집에 가져가서 주말 동안 일할 생각이었다고 주장했다. 아드리아노는 그를 직접 만나 알아보기로 했다. 그는 자신이 새로운 기계, 즉 신제품 계산기를 개발하는 중이라고 설명했다. 흥미가 생긴 아드리아노는 그를 해고하기는커녕 그 신제품 개발 총책임자로 임명했다. 얼마 지나지 않아 전혀 새로운 유형의 계산기가 탄생했다. 사칙연산이 모두 가능한 디비숨마였다. 1950년대와 60년대에 디비숨마는 전 세계에서 인기 있는 제품이었고 올리베티에게 금전적으로나 브랜드 평판 면으로나 막대한 성공을 안겨준 복덩어리였다. 아드리아노는 그 직원을 기술담당 이사로 승진시켰다. 요컨대 아드리아노는 그를 해고하는 대신 호기심을 마음껏 펼치고 탐색하고 활용할 기회를 줬고, 이는 놀라운 결과로 돌아왔다.

2004년, 샌프란시스코 남쪽 실리콘밸리의 심장부를 가로지르는 101번 고속노로에 광고판이 들어섰다. 광고판에는 수수께끼 같은 문구가 적혀 있었다. "{e의 연속하는 자릿수 중에서 맨 처음에 나오는 10자리의 소수}.com(first 10-digit prime found in consecutive digits of e}.com)" 매사추세츠 주 케임브리지에서도 비슷한 광고판이 하버드 스퀘어 지하철역에 등장했다.

학창 시절 배운 수학이 기억나지 않아서 나는 온라인으로 약간 조사한 다음에야 '오일러의 수(Euler number)'라고 불리는 'e'가 자연로그의 밑(base)이며 근삿값이 2.71828이라는 사실을 알게 됐다. 사실 e는 무한히 연속되는 숫자지만, 결국에는 그 수의 연속하는 자릿수 중에서 맨 처음에 나오는 10자리 소수를 찾을 수 있다. 정답은 7427466391이다. 이 문제를 풀고 싶은 호기심이 발동해 웹사이트 7427466391.com을 방문한 사람들은 이 문제보다 더 어려운 문제를 발견했다. 마침내 어려운 관문을 통과한 몇몇 지원자가 면접을 위해 구글 본사를 방문했다.[28]

기술 기업들은 호기심이 왕성한 인재를 채용하기 위해, 적어도 1950년대부터 수학적이고 논리적인 난해한 문제를 활용했다.[29] 이런 채용 방법을 널리 유행시킨 마이크로소프트는 1차 면접에서 지원자들에게 이렇게 물었다. "시계를 상상해보세요. 12시 정각이 되면 분침이 시침과 정확히 겹칩니다. 지금부터 문제를 내겠습니다. 하루에 분침과 시침이 정확히 몇 번 겹칠까요? 정확한 횟수를 어떻게 계산할 수 있습니까?"(호기심이 생기는 사람은 이 책의 맨 뒤 '주' 페이지에 정답을 달아놓았으니 참고하라.)[30] 기술 기업 외의 기업들도 호기심 많은 인재를 찾기 위해 노력한다. 구인광고에서 호기심 많은 사람이라면 꼭 지원하라고 노골적으로 말하는 기업이 있는가 하면 면접 때 업무 외에 흥미 있는 분야와 취미에 대해 질문하는 기업도 있다.

구글이 수수께끼 같은 광고판을 만든 데는 이유가 있었다. 구글 직원들에 따르면, 구글은 "자기가 못 푸는 수학 문제가 있다는 사실 자체에 분노할 만큼 못 말리는 괴짜인 동시에 그 상황을 바로잡을 만큼 지적 능력이 뛰어난" 사람들을 뽑고 싶었다. 만약 그 수학 문제의 답을 찾아볼 만큼 호기심이 큰 엔지니어라면 구글이 찾는 자질을 갖춘 것이었다. 호기심은 새로운 사고방식을 장려하고 오랜 가설들에 이의를 제기하며 근본을 뒤흔드는 변화를 일으킨다. 에릭 슈미트(Eric Schmidt)가 구글 CEO로 재직하던 중에 했던 말이 구글의 인재관을 단적으로 보여준다. "우리는 답이 아니라 질문을 토대로 회사를 운영한다."[31]

창의적인 인재를 채용하는 건 당연히 중요하다. 그러나 그런 인재를 찾기는 아주 어려울 수 있다. 하지만 단언컨대 조직들이 맞닥뜨리는 가장 큰 도전은 직원을 채용한 다음에 나타난다. 어떻게 하면 직원들의 창의성을 유지할 수 있을까? 어릴 적의 타고난 호기심은 성인이 되면 쉽사리 모습을 드러내지 않는다. 직장에서든 개인적인 삶에서든 새로운 관계를 시작하면서 더 이상 질문을 하지 않고, 그리하여 창의성이 줄어드는 위험에 직면한다.

다양한 기업의 신입직원 250여 명을 대상으로 입사 당시 가졌던 호기심 수준에 관한 설문조사를 진행한 적이 있다. 입사 당시 그들의 호기심 수준은 매우 다양했다. 그러나 6개월이 흐른 뒤에는 평균 20퍼센트 이상 감소했다. 도대체 왜 그랬을까? 우리는 문제에 접근할 때 질문을 지나치게 적게 한다. 조직의 목표에 대해 질문하지 않은 채 혹은 그 과정에 의문을 갖거나 이의를 제기하지 않은 채 그저 주어진 일을 완수하기 위해 노력하기 때문이다. 직원의 호기심을 칭찬하고 장려하기는커녕 종종 호기심을 억누르는 리더에게도 책임이 있다. 물론 그들도 호기심의 가치를 모르지 않지만, 아는 것과 정반대로 행동하는 경우가 비일비재하다.

또 다른 설문조사에서는 다양한 업종의 직장인 3천여 명에게 호기심에 관한 몇 가지 질문을 했다. 대부분의 응답자는(92퍼센트였다) 호기심이 많은 사람이 팀과 조직에 새로운 아이디어를 제안한다고 인정했을 뿐더러 호기심이 업무 만족도와 혁신, 높은 성과를 불러온다고 생각했다. 그렇다면 업무에 호기심을 갖는 직장인은 얼마나 됐을까? 약 24퍼센트에 불과했다. 심지어 약 70퍼센트는 직장에서 질문을 가로막는 장애물에 직면한다고 대답했다. 빠른 업무 처리에 대한 압박감, 위험 감수에 대한 거부감, 실패에 대한 두려움, 기존 절차에 이의 제기를 꺼리는 경향이 대표적인 장애물이었다.

사람마다 타고나는 호기심 수준은 다르다. 그러나 호기심 수준이 얼마든 조직은 구성원들의 호기심을 충분히 길러줄 수 있다. 리더는 솔선해서 더 많이 질문하고 호기심을 느끼고 표현함으로써 호기심을 장려할 수 있다. 호기심은 지지하고 지켜주는 옹호자들이 필요하고, 또한 맨 꼭대기부터 시작할 필요가 있다. 브레인스토밍 회의에서든 정기적인 직원 회의에서든 리더들은, 리츠칼튼호텔의 자나르디처럼 또 BBC의 다이크처럼 "왜 그렇습니까?" "~하면 어떨까요?" 라고 질문함으로써 좋은 본보기가 될 수 있다. 구성원들의 호기심이 커지면 좋은 대답이 나올 가능성이 크다. 굳이 회의석상이 아니어도 호기심의 중요성을 강조할 수 있는 방법은 많다. 가령 마크 저커버그는 해마다 자신의 학습 목표를 공개하고 직원들도 그렇게 하도록 영감을 준다. 저커버그의 목표는 중국어 배우기, 2주에 책 한 권 읽기, 매일 새로운 사람 만나기, 미국의 51개 주를 모두 방문해 사람들 만나기 등이었다.

또한 리더는 구성원들 각자가 자신의 관심사를 추구하도록 해서 호기심을 장려할 수 있다. 아드리아노가 '도둑'과 마주 앉았을 때 그의 눈에는 도둑이 아니라 위대한 아이디어를 탐구할 시간과 자원이 필요한 인재가 보였다. 아드리아노와 똑같이 행동했던 성공적인 리더와 조직은 아주 많다. 예컨대 항공기 엔진 제조사로 출발한 다국적 기업 유나이티드 테크놀로지스(United Technologies, UTC)는 1996년부터 학업을 병행하고자 하는 직원들에게 연 최대 12,000달러의 학비를 지원했다. 물론 직원교육을 달가워하지 않는 기업도 있다. 기껏 돈을 들여 교육시켰더니 경쟁사로 이직할까봐 걱정한다. 하지만 UTC의 인적자원담당 부사장인 게일 잭슨(Gail Jackson)은 다르게 생각한다. "우리는 지적 호기심이 왕성한 인재를 원합니다. 직원들을 교육시키지 않고 그래서 회사에 계속 남게 하느니 차라리 회사를 나가더라도 교육시키는 편이 낫습니다."[32]

한편 리더는 "나도 잘 모르겠군요. 같이 알아봅시다"라는 말을 통해 자신의 한계를 인정하거나 회사가 내려야 할 결정에 내재된 모호함을 부각시킴으로써 직원들의 호기심을 길러줄 수 있다. 전에 방문했던 어떤 기업은, 직원들에게 회사의 목표와 계획에 대해 "~한다면 어떨까요?" "~하려면 어떻게 해야 할까요?"라는 질문을 했다. 더욱이 그런 질문 가운데 가장 좋은 걸 골라 현수막으로 만들어 곳곳에 걸어뒀다. 질문을 장려할 뿐만 아니라 지지하고 보상해준다는 걸 보여주기 위해서였다.

어느 조직에서건 구성원들이 호기심을 갖는 건 창의성을 발휘하고 혁신을 이루기 위해 절대적으로 중요하다. 즉석카메라의 대명사 폴라로이드의 탄생에 얽힌 일화가 좋은 예다. 폴라로이드는 1940년대 중반 에드윈 H. 랜드(Edwin H. Land)의 세 살짜리 딸의 질문에서 시작됐다. 랜드가 사진을 찍어주자 딸은 사진을 빨리 보고 싶다고 졸랐다. 필름을 현상해야 한다고 설명했지만 꼬마 숙녀는 큰 소리로 물었다. "사진을 보려면 찍고 나서 왜 그렇게 오래 기다려야 해요?"

이 꼬마 숙녀는 아마도 호기심 가득한 눈으로 아빠를 빤히 쳐다봤을 것이다. 이때 부정적인 표정을 짓는다면 아이들의 표정도 부정적으로 변한다. 호기심의 표현이 부정적인 경험으로 변하는 것이다.[33] 반대로 긍정적인 표정을 짓는다면 아이들은 안심한다. 직장에서도 비슷하다. 위험을 감수할 수 있다는 믿음이 형성된 조직에서만 호기심을 갖고 질문과 탐색을 계속할 수 있다. 그런 믿음을 '심리적 안전감(psychological safety)'이라고 한다. 안전감을 느끼지 못한다면 질문을 꺼리고 심지어 조직에 유익한 문제 제기도 회피하게 된다.

하버드경영대학원에서 리더십과 경영을 가르치는 에이미 에드먼슨(Amy Edmondson) 교수는 다양한 병원에서 일하는 의료 팀을 연구한 결과 심리적 안전감을 느낄 때 의료 실수가 적고 가장 효율적인 팀이 된다는 사실을 발견했다. 그런 팀의 구성원들은 실수를 인정하는 걸 두려워하지 않았으며 실수에 대해 동료들과 허심탄회하게 토론했다.[34] 심리적 안전감을 제공하는 조직의 구성원들은 질문을 하고 아이디어를 제안하며 의문을 제기했다가 창피를 당할까봐 걱정하지 않을 것이다.

어린이책의 등장인물 가운데 아이들이 가장 좋아하는 주인공 하나를 생각해보자. 바로 호기심 많은 조지(Curious George)다. 에너지와 호기심이 넘치는 꼬마 원숭이 조지는 노란 모자 아저씨(Man with the yellow hat)와 함께 산다. 잠시도 가만있지를 못하고 탐험하고 실험하는 조지는 뭔가가 생각나면 즉시 행동으로 옮겨야 직성이 풀린다. 한편 노란 모자 아저씨는 (가령 조지가 풍선을 타고 너무 높이 올라갔을 때 헬리콥터를 타고 바로 옆을 날아가는 것처럼) 조지가 자초한 곤란한 상황에서 구세주가 돼줄 만반의 준비가 돼 있다. 조지는 한 마디로 운이 좋다. 조지에게 호기심은 잠재력의 원천이고 그는 새로운 경험과 발견을 마음껏 즐긴다. 곤란한 상황이 일어나도 처벌이나 불이익을 받지 않기 때문이다.

그러나 현실의 직장에서는 얘기가 다르다. 호기심 많은 조지 같은 사람이 들어설 자리가 없다. 호기심이 발동해 실험을 하지만 성공하지 못하거나 곤란한 상황을 야기한다면, 대가를 치러야 한다. 결과와는 상관없이 실험정신이 있다고 칭찬받는 경우는 거의 없다. 그러나 구성원들에게 호기심을 가치 있게 여긴다는 메시지를 줄 수 있는 방법은 많다. 예컨대 2014년 마이크로소프트 CEO로 취임했을 때 사티아 나델라(Satya Nadella)는 업무평가 기준을 대대적으로 손봤다. 평가 기준에 동료들로부터 얼마나 잘 배우고 아이디어를 잘 공유하며 새로운 지식을 잘 적용하는지를 포함시키기 위해서였다.[35]

픽사를 공동창업하고 현재 픽사 사장으로 일하는 에드 캣멀(Ed Catmull)도 호기심을 지키는 투사다. 그는 신입직원들이 픽사가 일군 성공을 경외하는 나머지 관행에 도전하지 않을까봐 걱정이 컸다.[36] 그래서 온보딩(onboarding, 신입직원이 빠르게 조직문화를 익히고 적응하도록 돕는 과정 – 옮긴이) 교육에 참석해 픽사가 잘못된 선택을 했던 사례를 소개하고 어떻게 해서 그런 선택을 하게 됐는지 상세히 밝힌다. 그는 우리 모두 실수를 저지르고 픽사도 완벽한 조직이 아니라는 사실을 강조한다. 경영자에게서 보기 드문 그의 진솔함은 신입직원들에게 호기심을 가져도 된다는 허가증 역할을 한다.

얼마 전에 어떤 조직이 인시아드의 스펜서 해리슨 교수를 찾아와 직원들의 호기심을 길러주는 방법에 관해 조언을 구했다. 그래서 해리슨은 그 회사를 위해 두 버전의 온라인 교육 프로그램을 개발했다.[37] 절반의 직원들에게는 '성장 기법(grow method)'을 교육했다. 그것의 골자는 기존 과정을 무조건 따르는 데서 성공이 비롯한다는 것이었다. 나머지 절반에게는 '회귀 기법(go back method)'을 교육했다. 구체적으로, 직원들에게 조직의 목표와 구성원들의 역할 등등에 관해 반론을 제기하도록 했다. 수전증 환자들을 도우려 했던 어느 과학자 이야기도 들려줬다. 처음에 그 과학자는 손떨림을 치료할 신약을 개발하는 데 초점을 맞췄다. 그러다가 손떨림 증상을 치료하려는 이유에 대해 좀 더 깊이 생각한 다음 의학적인 해결책이 아니라 손떨림을 보정해주는 기계적인 해결책을 생각해냈다. 숟가락에 평형을 유지하는 장치인 자이로스코프(gyroscope)를 다는 방법이었다.

수주일이 지난 후 관리자들은 회귀 기법 교육을 받은 직원들이 더 창의적이고 혁신적이라고 평가했다(관리자들은 누가 무슨 교육을 받았는지 몰랐다). 직장에서 주고받는 이메일도 조사했더니 회귀 기법 교육을 받은 집단이 동료들과 관계 맺는 방식을 변화시킨 것으로 드러났다. 그들은 이메일을 더 많이 보내고 인맥을 넓혀서 더 많은 정보를 얻어 업무를 수행할 때 창의성을 발휘할 수 있었다. 이 결과에서 알 수 있는 사실은 무엇일까? 우리는 당연시 하는 일들에 의문을 갖고 이의를 제기할 때, 동료들과 쉽게 관계를 형성하고 흥미로운 아이디어를 생각해내게 된다.

후디니가 코끼리를 어떻게 사라지게 만들었는지 아직도 궁금한가?

호기심에 관한 연구들에서 사라지는 코끼리 마술이 종종 사용되곤 한다.[38] 예를 들어 보스턴칼리지에서 박사 과정을 공부한 리디아 해그베트(Lydia Hagtvedt)는 동료들과 흥미로운 실험을 했다. 참가자들을 두 집단으로 나눠 코끼리 마술에 관한 두 버전의 기사를 읽게 했다. 첫 번째 집단에게는 사라지는 코끼리 마술이 업계 표준이며 후디니가 사용한 방법을 설명한 기사를 보여줬다. 기사를 읽고 난 후 참가자들은 만약 후디니의 마술을 직접 본다면 어떤 기분이 들지, 후디니가 어떻게 코끼리를 사라지게 했다고 생각하는지 설명해달라는 요청을 받았다. 물론 그들은 기사를 통해 그 마술의 방법을 알고 있었다. 그들은 답변을 컴퓨터로 전송했고, 몇 초가 흐른 후 그들의 설명이 정확히 맞았다는 결과를 통보받았다.

한편 두 번째 집단이 읽은 기사에는 코끼리 마술에 대한 단서가 없었다. 두 번째 집단도 첫 번째 집단과 똑같은 질문을 받았고 똑같은 형식으로 답변을 제출했다. 결과 통보까지 시간이 좀 더 걸렸는데, 그들의 대답을 정답과 비교하느라 시간이 걸리는 것 같은 인상을 풍기기 위해서였다. 그들이 통보받은 결과는 정답에 가깝기는 해도 완벽한 정답은 아니라는 내용이었다. 이런 식으로 코끼리 마술에 대한 두 번째 집단의 호기심은 해결되지 않았다.

참가자들 모두 또 다른 과제를 수행했다. 연구진은 각자가 후디니이며 코끼리 마술보다 훌륭한 마술을 하고 싶다고 상상하도록 한 다음 마술 아이디어를 생각해내게 했다. 경력 20년 이상의 마술사들이 그들의 아디이어를 읽고 창의성을 평가했다. 아울러 프로그래머들이 그들의 아이디어가 사라지는 코끼리 마술의 핵심 요소와 얼마나 차별화되는지 평가했다. 가령 누군가가 "코끼리가 들어간 상자를 커튼으로 가린 다음 코끼리는 남겨두고 상자만 사라지게 만들겠다"라는 아이디어를 냈다면 점수가 낮았다. 사라지는 코끼리 마술의 3가지 핵심 요소를 포함하고 있기 때문이다. 사라지게 하는 것, 코끼리, 상자. 반대로 "공중부양을 하는 마술을 보이겠다"라는 아이디어는 높은 점수를 받았다.

그렇다면 아이디어의 창의성에 대한 마술사들의 평가는 어땠을까? 호기심 조건 집단(두 번째 집단)의 아이디어가 대조 집단(첫 번째 집단)의 아이디어보다 창의성이 두 배쯤 높았다(69퍼센트 대 34퍼센트). 또한 사라지는 코끼리 마술의 핵심 요소들에 덜 구애받았다. 요컨대 호기심은 창의적인 아이디어를 생각하도록 만들었다.

후디니는 수갑 풀기 같은 탈출 마술 하나를 완벽히 익히고 나면 곧바로 새로운 도전에 나섰다. 방문 도시의 경찰에게 자신을 포박하고 족쇄를 채워 감방에 구금케 한 다음 감방을 탈출하는 것 같은 마술 말이다. 웬만한 기술로는 불가능해 보이는 마술이지만 후디니는 이런 마술에 하나씩 성공한 다음 수갑과 족쇄를 차고 강으로 뛰어내려 탈출하는 것처럼 더욱 힘든 기술에 도전했다.

후디니가 들려주는 교훈은 명백하다. 곤혹스러운 상황을 해결할 즉답을 알지 못할 때라도 마음먹기에 따라서 창의적인 아이디어가 샘솟는다는 것이다. 우리는 날마다 우리가 아는 것에 초점을 맞출지 아니면 우리가 모르는 것에 집중할지 선택할 수 있다. 후자를 선택할 때 우리 안에 잠들어 있는 호기심을 깨우고 후디니와 같은 눈으로 세상을 볼 가능성이 커진다.

후디니는 마술을 통해 관객으로 하여금 신기함을 느끼게 했고, 다이크는 질문을 함으로써 BBC를 지배했으며, 구글은 구직자들의 궁금증을 자극해 비범한 인재를 찾았다. 그리고 아드리아노는 다양한 방법으로 직원들의 관심사를 넓혀서 환상적인 일터를 창조했다. 그들은 하나같이 어렵고 경쟁이 치열한 상황에 놓여 있었다. 그리고 그런 상황을 극복한 성공 무기는 사람들의 호기심을 불러일으키고 본인 역시 호기심을 유지한 것이다. 요컨대 그들의 탐색적인 성향과 신기함을 느낄 줄 아는 능력은 전염성이 있었다.

동물을 사라지게 하는 마술을 최초로 만든 사람은 후디니가 아니었다.[39] 영국 요크셔 태생의 최면술사이자 환영술사(illusionist, 마술사와는 달리 좀 더 신비스럽고 종교적이며, 훈련이 아니라 능력을 통해 환영을 보여주는 능력자라는 의미가 강하다-옮긴이)인 찰스 모릿(Charles Morritt)이었다. 그는 코끼리가 아니라 당나귀를 사라지게 했다. 코끼리 마술의 조상 격이었다. 잠깐 모릿의 당나귀 마술에 대해 알아보자. 그는 마술사에게 전혀 협조할 마음이 없는 당나귀를 달래가며 바퀴 달린 나무상자에 들어가게 만든 다음 관객에게 비밀 문이 없음을 확인시켜줬다. 문을 닫자 당나귀가 자신을 가둔 나무상자의 바닥을 발굽으로 쿵쿵 차는 소리가 공연장을 가득 울렸다. 관객은 몰랐지만 나무상자에는 특별한 장치가 숨어 있었다. 어쨌든 상자 문을 다시 열면 당나귀가 감쪽같이 사라지고 없었다. 사람들은 그 마술을 아주 사랑했고, 후디니도 관심이 생겼다.

모릿의 발명가적 재능은 타의 추종을 불허했다. 그러나 안타깝게도 공연가로서의 능력과 카리스마는 부족했다. 게다가 생활이 궁핍해 돈이 필요했다. 그래서 모릿은 철저히 비밀에 부쳤던 대부분의 기술을 후디니에게 팔았다. 사라지는 당나귀 마술은 그중 하나였고, 심지어 모릿은 당나귀 대신 코끼리를 사용하면 훨씬 깊은 인상을 줄 거라는 제안까지 했다.

자, 이제 코끼리가 어떻게 사라지는지 알려주겠다. 제니가 상자에 들어가면 조련사가 객석에서 가장 가까운 상자의 모서리에서 상자 뒤편의 문 중앙까지 대각선으로 설치된 커다란 거울 뒤에 제니를 숨겼다. 상자 문이 다시 열리면 상자가 텅 비어 보였다. 하지만 관객의 눈에 보이는 건 상자 내부의 절반과 그 절반이 거울에 반사된 모습이었다.

후디니가 그 마술을 발명하지는 않았다. 그렇지만 그는 그 마술에 자신의 놀라운 쇼맨십을 입혔을 뿐 아니라 그 마술을 개선하기 위해 끊임없이 노력했다. 사람들은 수십 년간이나 그 마술을 볼 때마다 놀라움을 금치 못했다. 후디니의 소품담당 중 한 사람이 1929년 미국의 대중 과학 잡지 〈모던 메카닉스(Modern Mechanix)〉에 폭로하기 전까지는 아무도 그 비밀을 알아내지 못했다. 어떻게 이런 일이 가능했을까? 무엇보다도 후디니의 노련하고 완벽한 연기 덕분이었다. 사람들은 놀라면서도 한편으론 의문이 생겼지만 명확한 답을 찾지 못했다. 그리하여 그 마술은 여러 세대에 걸쳐 호기심을 불러일으켰다.

REBEL TALENT

4장

허드슨 강에 불시착한 보잉737

해야 할 일이 아니라 할 수 있는 일을 생각하라

"모든 것을 통제할 때는 진정한 자유로움을 느낀다.
땅 표면을 미끄러지듯 활공하고 더 이상 중력도 느껴지지 않는다.
(……) 수백 미터 상공에만 있어도 시야가 훨씬 넓어진다." [1]

─체슬리 설렌버거(Chesley Sullenberger), US항공 기장

2009년 1월 15일 오후, 승객 150명과 승무원 5명을 태운 US항공 1549편이 노스캐롤라이나 주 샬럿(Charlotte)을 향해 뉴욕 라과디아 공항(LaGuardia Airport)을 이륙했다. 당시 뉴욕의 기온은 영하 7도, 북풍이 불었지만 강하지는 않았고 하늘은 구름이 간간이 끼어 있을 뿐 쾌청했다. 내리던 눈도 그날 오전 그쳤다. 딱 한 자리만 빼면 비행기는 만석이었고, 승무원들에게는 나흘간의 비행에서 마지막 구간이었다. 기장은 설리(Sully)라고 불리는 베테랑 체슬리 설렌버거, 부기장은 제프 스카일스(Jeff Skiles)였다.[2] 둘이 호흡을 맞추기는 처음이었다.

이륙하고 2분도 안 돼 설리는 조종실 앞유리 너머로 비행기를 향해 돌진해오는 새떼를 발견했다. 기다란 날개를 옆으로 활짝 펴고

나는 기러기떼였는데 규모가 꽤 컸다. 비행기는 고도 3천 피트(약 915미터)로 상승 중이었고 엔진이 시끄러운 소리를 내며 열심히 돌아가고 있었으며 속도는 시속 230마일(약 시속 370킬로미터)을 약간 넘었다. "새떼다!" 설리가 소리쳤다.

그와 동시에 우박이 따닥따닥 사정없이 때리는 것 같은 소리가 조종실과 객실을 가득 메웠다. 새들이 비행기의 맨 앞부분인 노즈(nose)와 날개, 엔진에 충돌하면서 따발총 소리가 났다. 이윽고 엔진에서 끼익, 킁음이 들렸고 이내 기체가 크게 요동쳤다. 마치 엔진들이 새떼의 공격에 항의하는 것 같았다. 코를 찌르는 타는 냄새가 객실로 스며들어왔다. 곧이어 엔진 소리가 잠잠해졌다. 기분 나쁜 적막이 흘렀다. 그러다 "굴러가는 자전거 바퀴살을 막대기로 긁을 때처럼 리드미컬한 으르렁 덜컹 으르렁 덜컹 소리를 들었다. 망가진 엔진들이 회전하면서 내는 소리였다." 나중에 설리가 회상했다.

에어버스 A320-214 기종은 엔진이 두 개인데, 두 개 모두가 고장을 일으켰다. 고도가 아주 낮았고 엔진이 모두 망가진 터라 조치를 취할 시간이 없었다. 엔진이 하나만 살아있었어도 비행기를 계속 제어할 수 있었을 것이다. 그러나 엔진이 모두 망가진 비행기는 아주 무거운 글라이더와 똑같고, 게다가 연료까지 가득 싣고 있었다.[3]

설리가 "내가 조종하겠다"라고 말했고 스카일스가 "기장님이 조종하십시오"라고 대답했다. 스카일스는 비정상 업무 절차(Quick

Reference Handbook, QRH)를 꺼내 양 엔진이 추진력을 잃었을 때 취해야 할 절차를 찾아 따르기 시작했다. "메이데이, 메이데이, 메이데이." 설리가 구조 요청을 했다. 롱아일랜드에 위치한 뉴욕공항의 레이더 접근 관제소(Terminal Radar Approach Control, TRACON)에서 레이더를 감시하고 있던 패드릭 하튼(Patrick Harten)은 구조 신호를 듣지 못했다. 하필 그 순간에 하튼은 1549편의 일상적인 항로를 알려주기 위해 설리에게 교신을 시도하고 있었다. 메시지 전송 버튼을 눌렀을 때에야 비로소 구조 요청의 일부를 포착했다. "1549편 새들과 충돌했다. 양쪽 엔진 모두 추력 상실. 라과디아로 회항한다."

10년 경력의 노련한 관제사 하튼은 이제까지 수천 편의 비행기에게 하늘 길을 안내했고, 비상 상황이 발생한 비행기가 안전하게 활주로에 착륙하도록 돕는 데 승률 100퍼센트를 자랑했다. 엔진 하나가 꺼진 비행기를 인도하는 것부터 새와 충돌한 비행기를 도와주는 것까지 많은 긴급 상황을 경험했다. 관제사는 조종사를 활주로로 인도하는 안내자다. 그것이 그들의 임무다. 하튼은 설리에게 가장 가까운 라과디아 13번 활주로로 착륙하자고 제안했다. 그리고 즉각 라과디아 관제탑에 연락해 모든 활주로를 비워달라고 요청했다. "캑터스(Cactus, 관제탑에서 US항공을 가리키는 명칭-옮긴이) 1529, 우리가 허가해준다면 활주로 13에 착륙하기를 원합니까?"[4] 하튼이 물었다. 그런데 하튼은 긴장한 나머지 편명을 틀리게 말했다.

68톤이나 나가는 비행기가 엔진이 모두 꺼진 채 낮은 고도에서 저속으로 활강 중이었다. 고도는 급속하게 떨어지고 있어서 미국 최대 도시 뉴욕을 상징하는 고층건물들이 앞유리 너머로 손에 잡힐 듯이 보였다. 주위엔 활주로로 사용할 만큼 넓으면서도 교통량이 적은 고속도로도 없었고 길고 평평한 농장도 보이지 않았다. 몇 분 전에 이륙한 라과디아공항 주변은 인구밀집지역이었다. 회항하려면 100퍼센트 성공한다는 보장이 있어야 했다. 회항하더라도 활주로에서 몇 미터만 이탈해도 동체가 찢기고 화염에 휩싸일 게 틀림없었다.

"캑터스 1549, 13번 활주로 왼쪽에 착륙하라." 하튼의 말에 설리가 대답했다. "불가능하다." 고도가 계속 떨어지면서 충돌 방지 장치(Traffic Collision Avoidance System, TCAS)의 기계음이 조종실에 경고를 울렸다. 하튼은 라과디아의 다른 활주로로 착륙하라고 제안했고 설리가 답했다. "가능할지 모르겠다. 우리 오른쪽 뉴저지에 뭐가 있나? 테터보로(Teterboro)인가?"

하튼은 레이더 스크린을 보고 1549편이 허드슨 강을 가로질러 뉴욕과 뉴저지를 연결하는 조지워싱턴 다리의 맨해튼 쪽 900피트(약 275미터) 상공을 날고 있음을 알았다. 테터보로공항이 라과디아공항보다 가깝지는 않지만 설리는 모든 가능성을 고려하고 있었다. 하튼은 테터보로공항 관제사와 연락을 주고받으면서 설리의 비행기가 활주로에 착륙할 수 있도록 신속하게 조치했다. 그 활주로를 비우기가 가장 쉬웠기 때문이다. 설리는 테터보로공항 쪽을 살펴봤다. 테터보로로 가려면 맨해튼의 빌딩숲 위를 날아가야 했다. 테터보로도 라과디아와 마찬가지로 너무 멀었다. 자칫하면 뉴욕 한복판에 떨어질지 몰랐다. 마침내 설리는 테터보로 왼쪽의 허드슨 강을 선택했다.

설리는 텍사스 주 네니슨(Denison)에서 고등학교를 다닐 때부터 시작해 42년간 비행기와 동고동락했다. 그는 공군사관학교에 진학했고 베트남전쟁 당시 미국의 주력 전투기였던 F−4 팬텀을 조종하면서 조종사로서의 경력을 시작했다. 42년간 엔진 고장은 경험한 적이 없었다. 수상 착륙을 시도한 적도 없었다. 하지만 그가 생각하기에 허드슨 강은 활주로 역할을 할 만큼 길었고 충분히 넓었으며 수면도 잔잔했다. 바깥 기온은 영하 7도였지만 차가운 바람으로 체감온도는 영하 12도였고 강물의 수온은 영상 2도였다. 구조 보트나 헬기가 몇 분이면 도착하겠지만 무사히 착륙하더라도 저체온증이 승객들에게 심각한 위협이 될 수 있었다. 그럼에도 허드슨 강이 최선의 선택이었다. 허드슨 강에는 건물이 없기 때문이었다. 설리는 기내방송을 시작했다. "승객 여러분, 충격에 대비하십시오."

설리가 허튼과 교신하는 동안 스카일스는 엔진을 다시 점화시키려 수차례 시도했다. 하지만 번번이 실패했다. 오른쪽 엔진은 추력을 완전히 잃었고 왼쪽 엔진도 완전히 꺼지기 일보직전이었다. 4.5킬로그램이나 나가는 캐나다기러기(Canada goose) 수십 마리가 엔진에 부딪혀 빨려 들어갔지만, 그나마 다행스럽게도 엔진이 폭발하거나 동체에 파편을 튕기지는 않았다. 그저 점화가 안 될 뿐이었다.

그 상황에서 할 수 있는 일은 비행기의 앞코를 올렸다 내렸다 해서 동체의 상하 요동을 제어하는 것뿐이었다. 설리의 목표는 너무 빠르지도 너무 느리지도 않은 적절한 속도로 활강해서 가능한 한 수면 위로 부드럽게 착수(着水)하는 것이었다. 불행 중 다행히도 대기속도계(airspeed indicator)가 아직 작동했고, 덕분에 속도가 느릴 때는 비행기 앞코를 약간 내리고 속도가 빠를 때는 앞코를 살짝 드는 식으로 비행기를 제어할 수 있었다.

하튼이 말했다.

"280 방향으로 우선회하라. 테터보로 1번 활주로가 비었다."

"안 되겠다."

"좋다, 그럼 테터보로의 어느 활주로에 착륙하고 싶은가?"

하튼은 비행기에 있는 사람은 설리이고 따라서 그가 상황을 더 확실히 파악하고 있음을 잘 알았다.

"허드슨 강으로 가겠다."

"미안한데 다시 말해주겠나?"

하튼은 다른 선택지를 계속 제안하면서 허드슨 강 착수를 막으려 애썼다. 하지만 아무 대답을 듣지 못했다.

"음…… 아직 듣고 있나?"

설리는 당장의 임무에 온 정신을 집중했다. 비행기가 허드슨 강에 부딪히기까지 불과 22초밖에 남지 않았다. 조종석에서 보니 수면에 가까워질수록 유속이 더 빨라 보였다. "비상 착륙합니다. 충격에 대비하세요, 충격에 대비하세요! 머리를 두 손으로 감싸고 상체를 숙이세요. 자세를 낮추세요!" 승무원들이 소리쳤다. 창문 가리개를 내렸고 고개를 숙인 터라 바깥을 볼 수 없었지만 일부 승객은 비행기가 허드슨 강에 비상착륙을 시도하고 있음을 알 수 있었다. 뒷자리의 한 승객이 소리쳤다. "비상구 앞 승객들은 마음의 준비를 하세요!"(비상구 앞좌석 승객은 긴급 상황 시 승무원을 도와 탈출에 도움을 줄 수 있어야 한다—옮긴이) 중간 즈음에 갓난 아들과 함께 탄 여성 승객이 있었는데, 옆자리의 남성이 그녀에게 아이를 대신 보호해주겠다고 말했다. 그녀는 생면부지의 그에게 아들을 넘겨줬다. 승객들은 일제히 기도하기 시작했다.

다시 조종석 얘기를 해보자. 지표면 근접 경보가 계속 울렸다. "고도가 너무 낮다. 지표면과 충돌한다. 주의하라. 지표면과 충돌한다." 또 다른 경보도 똑같은 메시지를 반복했다. "지표면과 충돌한다. 지표면과 충돌한다. 기수를 올려라. 기수를 올려라."

설리와 스카일스는 보조날개 플랩(flap)을 넓게 펼쳐 속도를 늦추려고 노력했다. 고도 200피트(약 60미터)에서 시속 180마일(시속 약 290킬로미터)로 1549편이 활강하고 있었다. 설리는 비행기가 강물에 닿기 직전 마지막 몇 초 동안 비행기 앞코를 약간 내렸다. 착수에 더 좋은 각도가 만들어졌고 속도도 시속 140마일(시속 약 225킬로미터) 이하로 떨어졌다. 강물과의 충돌로 왼쪽 엔진이 떨어져나갔고 동체 아랫부분이 뒤쪽으로 찢어졌다. 비행기는 강물 위를 미끄러지다가 마침내 멈췄다. 진녹색의 강물에 커다란 물보라가 일었고 그 바람에 창가 자리에 앉은 승객들은 비행기가 강 속에 잠겼다고 생각했다.

다행히도 비행기는 물 위에 떠 있었지만 허비할 시간이 없었다. 비행기 꼬리 쪽에서 강물이 무섭게 밀려들었고 뒤쪽 비상구들은 사용할 수 없게 됐다. 아직 수면보다 높아 사용이 가능한 앞쪽과 날개 쪽 비상구들이 열리는 동시에 긴급탈출용 보트가 부풀었다. 승객들은 날개 쪽 비상구를 통해 날개 위로 올라가거나 앞쪽 비상구로 미끄럼틀을 타고 한 사람씩 탈출했다. 설리와 스카일스는 승무원들과 함께 승객들을 보살피며 구명조끼를 나눠줬다. 비행기 뒤쪽 바닥이 찢겨나갔고 동체를 뚫고 쇠파이프 같은 것이 삐져나왔다. 이제 기내로 밀려든 강물은 아직 빠져나가지 못한 이들의 가슴 높이까지 찼다. 밖으로 탈출하면서 일부는 방향감각을 잃었고 비행기가 허드슨 강에 착수했다는 사실에 깜짝 놀랐다.

단 3분 30초 만에 전원이 비행기를 빠져나왔다. 설리와 스카일스는 젊은 남자 승객 몇몇의 도움을 받아 기내에 있던 담요, 코트, 재킷, 구명조끼 등을 찾아내 비행기 날개 위에서 벌벌 떨고 있던 승객들에게 나눠줬다. 발목이 물에 잠긴 사람들도 있었고 허리 아래가 전부 잠긴 사람들도 있었다. 한 승객이 강으로 뛰어들어 뉴욕을 향해 헤엄치기 시작했지만, 얼음장 같은 강물 때문에 곧장 비행기로 되돌아왔고, 다른 승객들이 그를 구명보트 위로 끌어올렸다. 또 다른 승객은 날개에서 미끄러져 강물에 빠졌고, 다른 두 승객이 그녀를 날개 위로 끌어올렸는데 하마터면 그들도 강에 빠질 뻔했다. 비행기의 양 날개 위에서, 비상탈출용 미끄럼틀 위에서, 구명보트 위에서, 승객과 승무원은 구조의 손길을 애타게 기다렸다.

4분이 지나기 전에 첫 번째 구조선이 도착했다. 설리는 비행기에서 가장 마시막에 내렸고 구조선에 가장 마지막에 올랐다. 그는 탈출하지 못한 사람들이 있을까봐 이미 상당한 높이까지 물이 찬 기내를 몇 번이고 들어갔다 나왔다. 다행히 사상자는 없었다. 이동하던 새떼가 비행기에 부딪힌 순간부터 허드슨 강에 착수한 순간까지 걸린 시간은 208초에 불과했다.

조종사들은 출발 전에 상세한 체크리스트를 점검하며, 극도의 비상 상황에서도 표준 운항 절차(standard operating procedures)를 철저히 따르도록 훈련받는다. 공황 상태에 빠져 머릿속에 가장 먼저 떠오르는 조치를 취하는 것보다 체크리스트를 따르는 편이 훨씬 안전하다. 1549편도 마찬가지였다.[5] 설리는 버드 스트라이크(bird strike)가 발생하고 13초 만에 스카일스에게 QRH를 달라고 했다. 스카일스는 이미 QRH를 찾아 들고 관련 페이지를 펼쳤다. 에어버스 항공기의 엔진 두 개가 고장을 일으켰을 때 따라야 하는 단계들이 상세히 기술돼 있는 양쪽 엔진 고장 체크리스트(Dual Engine Failure Checklist)였다. QRH에는 노련한 조종사만이 이해할 법한 온갖 약어ー FAC1을 껐다가 켠다, ENG(엔진) 모드 선택기, IGN(점화) 등등ー와 지침ー"무게 11만 1,000파운드(약 50톤) 초과 시 2만 2,000파운드(약 10톤)마다 앞코를 1도 상승하라" 등등―이 가득하다.

에어버스는 두 개의 엔진 모두 고장을 일으키는 경우는 순항 고도(cruising altitude)에서 비행할 때뿐이며, 따라서 조종사가 수 페이지에 달하는 지침을 따를 시간이 충분하다는 가정 하에 체크리스트를 만들었다. 그러나 설리와 스카일스는 1549편은 고도가 낮아 그런 경우에 해당하지 않는다는 사실을 깨달았다. 그럼에도 불구하고 두 사람은 지침을 따르기 시작했다. QRH에는 다양한 단계별 지침이 기술돼 있었다. 가령 1단계는 연료와 관련이 있다. "남은 연료가 없다면"에 해당되면 2단계로 넘어가기 전에 여덟 개의 지침을 따라야 한다. 반면 "남은 연료가 있다면"에 해당하면 상황이 더 복잡해진다. 기종과 관제소와의 교신 상태, 엔진을 재점화하기 위해 점화 스위치를 누른 후의 결과에 따라 지침이 달라진다. 열다섯 개의 지침을 따라야 다음 단계로 넘어갈 수 있는 것도 있다. 1549편 조종사들은 QRH의 지침 중 상당수를 지켰다. 그러는 동안 시간을 다 써버렸고 결국 3단계를 실행할 수 없었다. 바로 비상 착수, 다른 말로 수면불시착을 준비하는 것이다.

우리는 다른 자동차가 갑자기 끼어들거나 회의 중에 잘 모르는 주제에 대해 상사가 의견을 물어보고 가족행사 같은 중요한 뭔가를 깜박 잊어 배우자가 화를 내는 것처럼 스트레스가 많은 상황에 있을 때 심장이 벌렁거리고 손바닥이 축축해진다. 몸이 보여주는 반응으로 우리는 위협을 인지한다. 스트레스는 정신 상태에 영향을 미친다. 주변 세상이 머릿속에서 사라지고 오직 위협에만 초점을 맞추게 된다. '투쟁 도주 반응(fight or flight, 스트레스를 유발하는 외부 자극에 대하여 투쟁과 도주 중 하나를 선택하는 것-옮긴이)'은 인간이 야생에서 위협에 직면했을 때는 물론 유익했다. 그러나 현대에서는 오히려 효과적인 의사결정에 방해가 된다.[6] 스트레스를 받을 때 우리는 마치 스캔하듯 몇 가시 대안을 살펴보고 더 큰 그림은 간과한다.

위기에 맞닥뜨려 우리가 해야 할 일에 대해 생각할 때, 우리는 체크리스트를 따르는 것처럼 가장 확실한 행동 방침을 따른다. 때로 그런 방침은 과거 비슷한 상황에서 선택했던 것들이다. 하지만 역설적이게도, 스트레스가 극도로 높은 상황에서는 한 걸음 물러나 생각하는 것이 가장 유익할 수 있다. 우리는 우리가 해야 할 일이 아니라 할 수도 있는 일에 대해 생각할 때 생각의 폭이 훨씬 넓어진다. 최종 결정을 내리기 전에 훨씬 다양한 가능성을 상상하고 탐색한다는 뜻이다. 할 수도 있는 일을 고려할 때, 우리는 확실하게 여겨지는 선택지를 분석하는 데서 벗어나 창의적인 선택지를 만들 수 있다.

'해야 하는' 사고방식과 '할 수도 있는' 사고방식은 놀랄 만큼 다른 결과를 만들어낸다. 비상 상황뿐만 아니라 삶의 모든 측면에서 중요한 결정을 할 때 자신에게 "무엇을 해야 하지?"라고 묻는 건 자연스러운 일이다. 그러나 이런 사고방식은 우리가 생각해낼 수 있는 대답을 제약한다. "무엇을 할 수 있지?"라고 물을 때 시야가 넓어진다.[7]

온갖 자동화 장치가 장착돼 있고 엄격한 절차가 마련돼 있는 최신식 비행기를 조종할 때 '해야 하는' 사고방식에 빠지기가 얼마나 쉬울지 생각해보라. 하지만 설리는 이런 함정을 용케 피했다. 여러 가지 이유가 있겠지만, 학습에 대한 그의 노력이 큰 역할을 했다. 나와의 인터뷰에서 그가 직접 말했듯, 그는 각각의 비행을 새로운 학습 기회로 만들고 언제나 지난번보다 나은 비행을 위해 노력했다. 조종실에 들어설 때마다 이번에는 무얼 배울 수 있을지 생각했다. 그는 각 비행이 새로운 지식과 통찰력을 제공할 가능성에 늘 마음을 열어뒀다. 그는 또 말했다. 스트레스가 클 때 우리를 집어삼킬 위험이 있는 터널 시야(tunnel vision), 즉 편협한 시야를 인지하고 시야를 넓힐 방법을 배우는 것도 중요하다고 말이다. 그래야 허드슨 강에 비상 착수하는 것처럼 참신한 아이디어를 포함해 다양한 선택지를 생각할 수 있다고 그가 덧붙였다.

일단 익숙해지면 별 생각 없이 기계적으로 일하게 된다. 그러나 설리는 지속적으로 학습하도록 스스로를 채찍질함으로써 관례에 안주하고 이번 비행도 저번과 똑같다고 생각하는 경향을 극복할 수 있었다. 이런 식의 반항아적 사고방식 덕분에 설리는 언제나 새로운 관점을 받아들일 준비가 돼 있었고 극단적인 상황에서 찬란한 빛을 발했다. 155명 모두의 목숨을 구한 것 말이다.

물론 대개는 업무에서 생사를 가르는 극단적인 상황에 직면하지 않는다. 그렇지만 누구에게나 업무 스트레스가 높은 상황은 있다. 가령 당신은 중간 규모의 투자은행인 B&B에 다니고, 최고 실적을 올리는 것이 목표라고 하자. B&B에는 이교도 집단 같은 문화가 있다. B&B의 식구가 된다는 건 건강과 가족과 친구보다 회사에 대한 충성심이 우선한다는 걸 받아들인다는 뜻이다. 그리고 당신이 맡은 주요 프로젝트가 B&B의 기업고객인 선테크(Suntech)를 위해 차입매수(leveraged buyout, LBO. 레버리지 매수라고도 하며, 인수할 기업의 자산을 담보로 해서 빌린 자금으로 그 기업을 인수하는 것-옮긴이)를 추진하는 일이라고 하자. B&B는 선테크에 단기 융자를 주고, 그 거래를 위해 금융권 융자를 성사시켰으며, 선테크의 거의 모든 자산을 인수했다. 한편 선테크가 우선순위 부채를 상환할 수 있도록 대출을 승인해준 금융기관 중 하나는 유니버설(Universal)이었고, 당신은 그 일을 성공적으로 이끌었던 유니버설 팀원 중 한 사람을 안다. 바로 룸메이트인 샌디다.

어느 날 퇴근 후 집에 와보니 샌디가 울고 있다. 샌디는 아무한테도 말해서는 안 된다고 당신에게 단단히 다짐을 받는다. 당신은 그녀에게 개인적인 문제가 있나보다 생각하며 입에 자물쇠를 채우겠다고 약속한다. 그런데 샌디는 전혀 예상치 못한 얘기를 한다. 유니버설이 캐피털파이낸스 부문을 정리할 계획이라는 것이다. 이는 샌디가 일자리를 잃을 뿐 아니라 유니버설과 B&B 사이의 거래가 위태로워졌다는 뜻이다. 당신은 딜레마에 빠졌다. 샌디에게 들은 소식을 즉각 알리지 않는다면, B&B는 뉴스를 통해 그 소식을 알게 될지도 모른다. 그러면 선테크의 잠재 투자자들이 다른 곳으로 눈을 돌릴 테고, 이는 B&B와 선테크 모두를 위험에 빠뜨릴 것이다. 하지만 이미 당신은 샌디에게 누구에게도 말하지 않겠다고 약속했다. 친구와의 의리를 지키자니 회사와 기업고객에 심각한 피해를 줄 수 있고, 회사와 기업고객을 보호하자니 친구를 배신해야 한다. 이는 도덕적 딜레마로, '옳은' 답은 없다.

이 상황은 가상의 시나리오다. 그러나 완전히 허구는 아니다. 하버드경영대학원에서 리더십과 책임성을 가르치던 내 동료 교수의 학생이 경험한 일을 바탕으로 했다. 이 일은 그 학생이 내 동료의 수업을 듣던 때 일어났고, 학생은 교수에게 조언을 구했다. 동료들과 나는 한 연구에서 이와 비슷한 딜레마를 제시하고 참가자들을 세 집단으로 나눠 각기 다르게 질문했다.[8] 첫 번째 집단에게는 "당신은 어떻게 해야 할까요?" 두 번째 집단에게는 "당신은 어떻게 하겠습니까?" 마지막 집단에게는 "당신은 어떻게 할 수 있을까요?"라고 물었다.

그 결과, 마지막 집단이 참신한 관점으로 딜레마를 검토하고 해결 가능성이 높은 다양한 방법을 생각해냈다. 특히 그들은 도덕적 의무 사이에서 양자택일할 필요가 없다는 사실을 깨달았다. 가령 "나는 샌디와의 약속을 지킬 것이다. 그러나 우선순위 부채를 상환하기 위해 자금 조달 방법을 찾을 것이다. 이 계획이 성공한다면, 유니버설이 이탈하는 상황을 다른 은행들을 위한 유익한 기회로 바꿀 수 있을 것이다. 종국에는 그들 은행이 유니버설의 이탈로 혜택을 얻을 것이다"라고 대답했다. 할 수 있는 일을 생각한 집단은 하나를 희생하고 다른 하나를 선택하는 '모 아니면 도' 접근법을 뛰어넘었다.

(실제로는 어땠을까? 그 학생은 내 동료의 조언을 따라서, 룸메이트를 설득해 유니버설과 B&B 사이의 회의를 주선하도록 했다. 그 회의에서 유니버설이 캐피털파이낸스 부문을 정리할 거라는 소식이 자연스럽게 흘러나왔고, 재앙을 피할 수 있었다.)

불가능해 보이는 상황을 새로운 관점으로 본다면, 해결책이 저절로 떠오를지도 모른다.

매년 심장병 전문의들이 수십만 건의 혈관성형술을 집도한다. 원활하지 못한 혈류를 정상화시키기 위해 관상동맥에 혈관 스텐트(stent)를 삽입하는 것이다.[9] 스테인리스스틸 소재이며 확장 가능한 작은 메시 튜브인 스텐트는 1990년대에 도입된 이후, 통증 완화 효과가 있고 혈관우회로 수술보다 훨씬 덜 외과적인 시술이면서도 더 저렴하기 때문에 널리 보급됐다. 의사와 환자들은 스텐트가 안정협심증 환자의 목숨을 구했다고 믿지만, 명백한 증거는 없다.

2000년대 초반 약물방출 스텐트라는 새로운 형태의 스텐트가 개발됐다. 베어 메탈(bare metal) 스텐트를 시술할 때 발생할 수 있는 관상동맥 재협착을 예방하기 위해 약물을 서서히 방출하는 스텐트다. 약물방출 스텐트는 의사와 환자 모두에게 베어 메탈 스텐트보다 훨씬 환영받았다. 혈관이 막히는 폐색이 재발하는 걸 훨씬 효과적으로 예방할 뿐 아니라 비록 베어 메탈 스텐트보다 더 안전하지는 않아도 상당히 안전하다고 여겨지기 때문이었다.

하지만 2006년 말 다수의 의학연구가 뜻밖의 결과를 내놓았다. 약물방출 스텐트가 미국 식품의약국(Food and Drug Administration,

FDA)이 승인하지 않은 치료에 사용됐을 뿐만 아니라, 혈액 응고와 심지어 사망에 이를 수 있는 위험을 높였을 가능성도 제기했다.[10] 그리하여 2006년 FDA 자문위원회가 긴급 소집됐다. FDA는 약물 방출 스텐트 사용에 각별히 주의하라고 권고했다. FDA의 권고 후 약물방출 스텐트의 시장 점유율은 90퍼센트에서 몇 달 만에 60퍼센트 수준으로 떨어졌다.

나와 동료들은, 심장병 전문의들이 FDA의 권고에 어떻게 반응하고 그들의 반응에서 전문성이 어떤 역할을 했을지 궁금했다.[11] 우리는 6년간 399명의 심장병 전문의들이 시술한 14만 7,010건의 혈관성형술 데이터를 수집해서 분석했는데 놀라운 패턴을 발견했다. 경험이 많은 심장병 전문의들이 약물방출 스텐트를 계속 사용할 가능성이 더 높았다. 또한 경험 많은 심장병 전문의들과 함께 일하는 의사들도, 자신의 경력이 얼마든 상관없이 똑같은 경향을 보였다. 우리는 주변 사람들의 압력에 의해 행동을 수정하는 경향이 있다. 의사들은 경험 많은 전문의의 선택을 맹목적으로 따랐고, 그들은 경험의 부정적인 영향력을 전혀 깨닫지 못했다. 경험은 의사들의 눈을 가려 환자에게 무엇이 최선인지 생각하지 않게 만든다.

우리는 경험을 좋은 것으로 생각한다. 어쨌든 경험에는 지식과 기술과 전문성이 따라온다. 수십 년의 경험이 없었다면 설리는 허드슨 강에 비행기를 무사히 착수시키지 못했을 것이다. 과거에 다뤄본 적이 있고 그래서 어떻게 해결해야 하는지 안다고 생각하는 문제를 만날 때 우리는 마음이 편안해지고 자신감이 생긴다. 한 심리학 연구에 따르면, 이런 감정은 간혹 상황에 신중하기보다는 아무 생각 없이 접근하게 만든다. 이런 감정과 싸우는 것이 설리의 또 다른 비범한 능력이었다.

설리는 공군사관학교 재학 당시 심리학을 공부했고, 졸업 후 5년간 전투기 소종사로 군 복무를 했다. "제트전투기 조종은 전술적인 군사항공의 최고봉입니다"라고 그가 자랑스레 말했다.[12] "스테로이드에 취해 레이싱 카를 운전하는 것과 같지요. 그것도 2차원이 아니라 3차원으로 말입니다." 설리는 주말과 방과 후 여가시간에 사관생도들에게 비행기와 글라이더 조종법을 가르치곤 했다. 그러다가 훈련장교가 됐고 이후 편대장으로 승진했으며, 퇴역 후 상업용 항공기 조종사로 변신해 또다시 수천 시간을 하늘에서 보냈다. 또한 조종사 노동조합에서 항공 안전과 항공 사고를 조사하는 조사관으로 자원했고, 특히 역대 항공기 사고를 조사하고 조종사들의 실수를 이해하는 걸 좋아했다. 그리하여 표준절차가 바람직한 결과를 만들어내지 못한 사건들과 인간의 판단력이 제대로 기능하지 못한 사례들을 알게 됐다. 그는 지식의 폭을 넓히기 위해 두 개의 석사 학위를 취득했다. 노던콜로라도대학교에서 행정학, 퍼듀대학교에서 산업심리학 석사 학위를 받았다. 조종사 중에 설리보다 더 깊이 있고 폭넓은 전문지식을 갖춘 사람을 찾기란 하늘의 별 따기일 것이다.

설리에게 전문지식은 취득하는 게 아니라 반드시 현재 진행형이어야 하는 과정이었다.[13] "나는 평생토록 교육과 훈련과 경험을 통해 지식은행에 소액이지만 꾸준히 규칙적으로 예금했습니다." 설리가 내게 말했다. "그날 예상치 못한 어려운 상황이 닥쳤을 때 내 계좌에는 갑자기 인출해도 될 만큼 충분한 예금이 있었습니다." 그는 실제로든 시뮬레이션으로든 착수 훈련을 한 번도 해본 적이 없었다. 그러나 그간 온갖 종류의 상황을 겪으며 많은 경험을 쌓았고, 그런 경험은 그에게 언제나 더 배울 게 있고 모든 일은 하나 이상의 관점으로 접근할 수 있다는 사실을 상기시켰다. 비행시간이 쌓여가면서 설리는 이미 알 건 다 안다는 감정과 싸우는 간단한 법을 터득했다. 비록 비행이 거의 똑같은 패턴으로 반복되지만, 비행기를 후진시켜 게이트를 빠져나갈 때마다 예상치 못한 일에 만반의 준비를 해야 한다고 자신에게 상기시켰다. 매번 비행을 시작하기 전에 그는 스스로에게 묻는다. "이번에는 뭘 배울 수 있을까?"

설리의 사고방식은 절대적으로 중요하다. 학습 목표—역량을 개발하고 기술을 배우고 새로운 상황을 완벽히 숙지하는 것처럼—를 중심으로 일을 구성할 때, 성과 목표—특정한 목표치를 달성하는 것처럼—를 토대로 일을 구성할 때보다 더 효과적으로 일할 수 있다. 성과보다 학습 자체에 동기가 부여될 때, 시험에서 높은 점수를 따고 성적이 향상된다. 문제 해결 과제에서 더 큰 성공률을 보이고 교육이 끝난 후 더 좋은 평가를 받는다. 가령 공군 조종사들은 훈련 중 더 많은 착륙 횟수가 목표일 때, 착륙 기술이 향상되는 게 아니라 오히려 감소됐다.[14] 판매원들을 대상으로 한 조사에서도 성과지향적인 판매원들의 실적이 학습 목표를 가진 판매원들보다 낮았다.[15]

이미 안다고 생각할 때, 우리는 기존의 관점과 결정을 합리화하게 된다. 이런 경향은 경험이 쌓일수록 커진다. 본래 경험이란, 예전에 했던 일을 다르게도 할 수 있다는 사실을 받아들이게 만들어야 한다. 하지만 이미 안다는 생각이 똬리를 틀고 자리를 잡으면, 그 반대가 된다. 예를 들어보자. 나와 동료들이 했던 한 연구에서 참가자들에게 2가지 투자 중 하나를 고르도록 했다.[16] 그런 다음 한 집단에게 쉬운 시험을 치르게 하여 마치 자신이 전문가인 양 생각하도록 만들었다. "토론토는 어느 나라 도시입니까?"처럼 아주 쉬운 문제로 이뤄진 시험이었다. 반면 다른 집단에는 "1904년에 손목시계를 발명한 사람은 누구입니까?"처럼 어려운 문제로 이뤄진 시험을 치르게 했다. 시험이 끝난 후에는 스스로의 '실력'을 확인할 수 있도록 정답지를 보여줬다.

그런 다음 두 집단 모두에게 각자 선택한 투자에 대해 부정적인 정보를 알려줬다. 그러곤 투자 결정을 바꾸고 싶은지 물었다. 연구의 목적은 자신을 전문가처럼 생각한 사람들이 결정을 바꾸는 데 덜 개방적일 거라는 가정을 확인하는 것이었다.

예상은 적중했다. 심장병 전문의들을 대상으로 한 연구에서와 같은 맥락의 결과가 나왔다. 자신의 전문지식에 대한 믿음이 확고한 이들은 중요한 부정적 정보에 귀를 기울이지 않았다. 이런 경향은 지위가 높아지고 힘이 커질수록 심해진다.[17] 조직의 사다리를 올라갈수록 우리가 틀렸음을 증명하는 정보에 더 위협을 느낀다.

내가 실시한 사례연구들을 가르칠 때 나는 가끔 연구 대상자를 수업에 초대해 학생들의 토론을 직접 듣고 15~20분간 학생들과 질의응답 시간을 갖도록 한다. 몇 년 전에 나는 아주 흥미로운 패턴을 발견했다. 사례연구를 했던 기업에 부탁하면 대부분 고위 경영자가 참석했는데, 수업을 시작하기 전에 그들이 열정적으로 하는 말은 거의 비슷했다. 학생들에게 한 수 배워가겠다는 말이었다. 그런데 막상 발언시간이 주어지면 배움의 자세는 온데간데없이 사라졌다. 주어진 시간을 학생들을 향해 말하는 데 사용하는 경우가 많았고, 심지어 학생들의 질문에 귀를 기울이고 그들로부터 배우기는커녕 거들먹거리며 자기가 하고 싶은 말만 일방적으로 늘어놓는 경우도 있었다.

그들의 말과 행동이 너무 달라 당혹스러운 한편 흥미가 생겼다. 그래서 좀 더 깊이 조사하기로 했다. 그 결과, 그 경영자들이 특이한 게 아니라 매우 보편적인 현상이었다. 우리가 (경영자든 대학생이든) 힘이 있다고 생각할 때, 우리는 타인의 관점에 덜 개방적이다. 한 연구를 예로 들어보자. 우리는 참가자들에게 타인에게 힘을 행사했던 경험을 글로 쓰도록 했다.[18] 스스로에게 힘이 있다고 생각하게끔 만들기 위해서였다. 그런 다음 뭔가를 결정해야 하는 과제를 내줬다. 결과를 말하면, 그들은 정보가 더 많은 조언자의 의견에 귀를 기울이기보다 자신의 의견에 더욱 집착했다. 또 다른 연구에서 보면, 자신이 강하다고 생각하게끔 조장된 팀 리더들은 발언시간을 독차지함으로써 토론을 지배했다.[19] 결국 리더들은 팀 구성원들이 가진 중요한 정보를 배울 기회를 통째로 날려버렸다. 팀의 성과에도 악영향을 미쳤다. 그들이 이끄는 팀들은 다른 팀들보다 성과가 나빴다. 뿐만 아니라 팀원들은 토론시간을 좋아하지 않았고 몰입도도 낮았다.

현실에도 이런 리더들이 있다. 대형 유통업체 홈디포(Home Depot) CEO를 지낸 밥 나델리(Bob Nardelli)도 그런 리더다. 2000~2007년 홈디포 CEO로 재직할 당시 나델리는 독단적인 커뮤니케이션으로 악명이 높았다.[20] 이는 조직 안팎을 병들게 만들었다. 무엇보다 직원들의 사기를 떨어뜨렸고 직원들을 소외시켰다. 또한 주주들을 분노하게 만들었으며, 심지어 많은 경영자들이 스스로 짐을 싸게 했다. 그것은 부메랑이 돼 나델리 자신에게 돌아갔다. 사방에서 집중 포화를 맞았고 결국 사임할 수밖에 없었다. 우리가 말을 지나치게 많이 할 때 주변 사람들의 의욕을 저하시킨다. 특히 압박이 심한 환경에서 재능과 기술이 뛰어난 사람들과 일할 때 리더들은 이 교훈을 명심해야 한다.

연구의 일환으로 보스턴에 위치한 대형 의과대학 부속병원에서 심장 수술 과정을 참관한 적이 있다. 모두 58건의 수술을 지켜봤고 외과 의사, 간호사, P.A.(physician assistant, 의사의 감독 아래 진찰, 치료, 간단한 수술 등을 할 수 있는 사람-옮긴이), 마취전문의로 이뤄진 수술 팀들과 34차례에 걸쳐 인터뷰를 진행했다. 어려운 여건 (추운 수술실에서 몇 시간 동안 서 있는 것부터 협업을 위해 세심한 주의를 기울이는 것까지) 속에서도 일을 즐기는 듯 보였던 팀들에게는 공통점이 있었다. 외과 의사는 친근해서 다가가기 쉬운 사람들이었고, 적절한 순간마다 팀원들이 기여하도록 먼저 기회를 줬다.[21] 반면 협업하기가 훨씬 힘들었던 팀들에서는 리더 격인 외과 의사가 다른 사람들을 신뢰하지 못했다. 그들의 리더십은 독재적이었고 자신의 권위가 위협받는다고 느낄 때 특히 고압적이었다. 이런 결과는 또 다른 연구의 결과를 뒷받침했다. 그 연구에 따르면, 외과 의사가 다가가기 힘든 사람이거나 독재자 스타일일 때 팀의 성과에 악영향을 미칠 뿐 아니라 환자들에게까지 피해를 줬다.[22] 그렇지 않은 팀들은 소통과 협업이 원활했고 환자들에게도 유익한 영향을 미쳤다.

반항아는 팀이 더 효과적으로 일하고 임무를 완수하는 것이, 본인의 힘을 과시하거나 위계질서를 존중하는 것보다 더 중요하다는 사실을 인정한다. 이번에도 설리가 좋은 본보기다. 언젠가 눈이 내리던 날에 미네소타 주 미니애폴리스로의 비행을 준비하던 때의 일이다.[23] 수하물담당자가 조종실로 찾아와 오른쪽 엔진에서 뭔가 흐르는데 기름이 새는 것 같다고 말했다. 설리는 우선 알려줘서 고맙다고 인사하고, 부기장과 정비사의 도움을 받아 앞서 들렀던 공항의 정비사가 엔진오일을 너무 많이 채운 사실을 찾아냈다. 심각한 문제는 아니었지만 설리는 그런 일을 예사로 넘기지 않고 찾아와서 알려주는 수고를 해준 수하물담당자에게 제대로 감사인사를 하고 싶었다. 그를 조종실로 다시 부르면 간단한 일이었지만, 설리는 외투를 꺼내 입고 수하물 집하장까지 찾아갔다. 설리는 비록 실질적인 문제는 없었지만 문제의 가능성을 미연에 차단하는 것이 중요하다고 말했다. "자칫하면 우리 모두 매우 곤란한 상황에 빠질 뻔했습니다. 어쩌면 당신이 우리 모두를 구했을 수도 있습니다. 앞으로도 비행기에서 비정상적인 뭔가를 발견한다면 알려주시길 바랍니다."

힘은, 다른 사람들 목소리에 귀 기울이지 않고 자기 목소리를 높이는 허가증이 아니다. 한 연구 결과에 따르면, 힘이 있다고 느낄 때 우리는 다른 사람의 의견과 기여를 평가절하한다. 이것은 자신이 다른 사람과의 상호작용을 지배할 자격이 있다는 특권의식으로 이어진다. 리더는 자신의 힘을 아주 잘 안다. 다른 사람들의 말에 귀를 틀어막는 것은 내가 리더들에게서 종종 발견하는 역기능적 태도다. 그들은 다른 사람들의 관점을 무시하고 오직 자신의 관점에만 관심을 쏟는다. 조직의 맨 꼭대기에 오르기라도 하면 자신이 제일 잘 알기 때문에 그 자리에 올랐다고 생각한다.

다시 오스테리아 프란체스카나 이야기를 해보자. 프란체스카나에는 미쉐린 3스타라는 명성 때문에 직원들이 거만해지고 고객의 욕구에 관심을 기울이지 않을 위험이 언제나 존재한다. 하지만 그곳에서 '2일 체험'을 하던 때 총지배인 주세페 팔미에리의 얘기를 듣고 그것이 기우임을 알았다. 시간은 몇 달 전으로 거슬러 올라갔다. 한 가족이 금요일 저녁과 토요일 저녁 연속으로 예약을 했다.[24] 금요일 저녁에는 4명(어머니, 아버지, 여덟 살과 열네 살쯤 돼 보이는 아들 둘) 모두 13가지 코스 요리가 나오는 테이스팅(tasting, 소량의 다양한 요리로 구성된 식사─옮긴이) 메뉴인 '센세이션(Sensation)'을 주문했다. 이튿날인 토요일 저녁에 다시 방문했을 때 팔미에리를 비롯해 모두들 그 가족을 따뜻하게 환영했다. "오늘은 우리 가족 모두 '트레디션 인 에볼루션(Tradition in Evolution)'을 먹겠습니다." 아버지가 행복한 얼굴로 주문했다. 역시 테이스팅 메뉴로 10가지 코스 요리였다. 팔미에리는 그 가족 얘기를 들려주면서 연신 미소를 지었다. "아들 둘의 얼굴을 보니 속으로 무슨 생각을 하는지 보였습니다. '아빠, 제발. 저는 그걸 먹고 싶지 않아요.' 그러나 그들은 그 말을 입 밖에 내지 않았어요. 그래서 내가 작은아들을 쳐다보면서 물었죠. '너는 무슨 요리를 먹고 싶니?' 그러자 꼬마가 그러더군요. '피자를 먹고 싶어요.'" 팔미에리는 곧장 전화기로 가서 모데나에서 가장 맛있는 피자집에 전화를 걸어 피자를 주문했다. 얼마 지나지 않아 피자가 '택시를 타고' 도착했고 덕분에 소년들은 피자를 맛있게 먹을 수 있었다. "나는 두 소년이 그날 저녁 우리가 가져다준 행복한 기억 때문에 우리를 평생 잊지 못할 거라고 확신합니다. 그저 우리가 한 일이라곤 코스 하나를 빼고 피자를 넣은 게 다였어요."

우리는 어떤 정보가 믿고 싶은 것과 일치하면 무비판적으로 받아들이고, 믿고 싶은 것과 일치하지 않으면 깡그리 무시한다. 하버드대학교 심리학 교수 댄 길버트(Dan Gilbert)가 재미있는 관찰 결과를 내놓았다.[25] 체중계가 나쁜 소식을 알려주면 우리는 체중계에서 내려왔다 다시 올라가되 이번에는 조금 뒤로 물러나서 선다. 그래봤자 결과는 둘 중 하나다. 수치가 틀리지 않았다는 사실을 확인하거나, 잘못된 위치 때문에 발에 불필요한 압력이 가해진 게 아니라는 사실을 확인하거나. 반면 체중계가 좋은 소식을 들려주면 우리는 만족스러운 미소를 짓고 당당한 걸음걸이로 샤워부스로 향한다.

더 구체적인 사례가 있다. 캘리포니아대학교 심리학 교수 피터 디토(Peter Ditto)와 i애널리틱스 통계컨설팅(iAnalytics Statistical Consulting) 창업자 겸 CEO이자 심리학자인 데이비드 로페즈(David Lopez)는 실험 참가자들에게 심각한 효소결핍증이 있는지 알기 위한 검사라며 스트립(strip) 검사지에 침을 한 방울 떨어뜨리도록 했다.[26] 한 집단에게는 검사지가 초록색으로 변하면 효소결핍증이 있는 것이라고 말했고, 다른 한 집단에게는 초록색으로 변하면 효소결핍증이 없는 거라고 말하고 결과를 기다리도록 했다. 한편 검사지는 색깔이 절대 변하지 않는 종잇조각에 불과했다. 결과는 어땠을까? 초록색으로 바뀌길 간절히 바랐던 참가자들은 초록색으로 변하지 않길 원했던 참가자들보다 더 오래 기다렸다. 요컨대 마음을 불안하게 만드는 데이터보다 마음을 안심시켜주는 데이터를 더 참을성 있게 기다렸다.

디토와 로페즈는 또 다른 실험도 진행했다. 이번에는 어떤 학생에 관한 정보를 주고 그 학생의 지적 능력을 평가하도록 했다. 입학사정관들이 사용하는 것과 동일한 방식이었다.[27] 정보들은 부정적인 것이었고, 참가자들은 평가를 내리는 데 충분한 정보를 얻었다고 생각하면 언제든 검토를 중단할 수 있었다. 또한 학생의 사진을 포함해 여타 몇 가지 정보도 함께 제공했다. 이제부터 결과를 알아보자. 그 학생에게서 좋은 인상을 받은 참가자들은 그를 긍정적으로 평가하게 해줄 정보를 찾아서 계속 카드를 넘겼다. 그러나 그 학생에게 호감을 느끼지 않은 참가자들은 카드 몇 장을 대충 넘겨봤을 뿐이고, 이것만으로도 그에 대한 부정적인 감정을 뒷받침하기에 충분했다.

우리는 보고 싶은 것만 보고 믿고 싶은 것만 믿는다. 하지만 다행히도 이런 성향을 극복할 수 있는 여러 방법이 있다. 1998년에 개봉한 〈슬라이딩 도어〉를 보면 기네스 팰트로가 연기한 헬렌이 지하철을 놓치지 않으려고 열심히 달려가는 장면이 나온다. 그런 다음 영화는 2가지 스토리라인으로 전개된다. 하나는 헬렌이 닫히는 문틈으로 몸을 넣어 가까스로 지하철에 올라타는 것이고, 다른 하나는 지하철을 놓치는 것이다. 이 간발의 차이가 결국 헬렌의 인생을 전혀 다르게 만든다. 〈슬라이딩 도어〉는 매일 일어나는 크고 작은 사건들이 삶의 경로를 얼마나 바꿀 수 있는지 생각하게 만든다.

어느 날 지하철이나 승강기를 놓치지 않았다면 삶이 어떻게 달라졌을지는 사실 알 수 없다. 하지만 과거의 어떤 순간을 떠올리며 "만약 ~했더라면 어땠을까?" 하는 생각은 누구나 해봤을 것이다. 가령 애인을 만난 파티에 참석하지 않았더라면, 다른 회사를 선택했더라면, 동료와의 갈등에 다르게 대처했더라면 어땠을까? 이런 '반사실적 사고(counterfactual thinking)'는 상황을 신선한 관점으로 바라보는 매우 효과적인 방법이다. 사실 우리의 모든 선택에서 대안은 무한하지만, 반사실적으로 생각하지 않는다면 십중팔구 그런 대안을 고려하지 못한다.

또한 반사실적으로 생각하면 지금의 일자리에 더 감사하고 지금 맺고 있는 관계에서 더 큰 행복감을 느낄 수 있다. 한 연구에 따르면, 직원들이 반사실적으로 사고할 때 조직과 동료들에 대한 헌신이 증가할 뿐 아니라 직장에서 느끼는 행복감도 덩달아 커진다. 연구진은 일단의 직장인들에게 그가 속한 조직의 설립 배경과 초창기 역사에 대해 생각하도록 했다.[28] 그런 다음 첫 번째 집단에게는 반사실적으로 사고하도록, 즉 만약 특정 사건들이 일어나지 않았더라면 조직의 운명이 어떻게 됐을지 물었다. 반면 두 번째 집단에게는 "만약 ~했더라면 어땠을까?"를 생각해보는 게 아니라 특정 사건 자체를 자세히 설명해달라고 부탁했다. 마지막으로, 두 집단 모두에게 조직에 얼마나 헌신하는지 물었다. 이제껏 조직이 걸어온 길에 대해서도 평가해달라고 했다.

결론부터 말하면, 반사실적 사고를 했던 집단은 조직에 대한 헌신도가 높아졌을 뿐 아니라 조직의 미래도 낙관적으로 내다봤다. 조직이 존재하지 못했을 수도 있다는 사실을 생각해본 것에서 비롯한 효과였다. 반사실적 사고는 우리를 긍정적인 방향으로 변화시킨다. 가령 "공부를 좀 더 열심히 했더라면 시험 성적이 더 좋았을 텐데" 같은 생각은 앞으로 더 잘하고 싶은 마음이 들게 한다.[29]

우리가 일과 삶에 정나미가 떨어지는 이유 중 하나는, 우리의 관점이나 선호에 반하는 정보를 무시하고 우리의 관점이나 선호를 확인시켜주는 증거에만 집중하기 때문이다. 직장을 바꿨는데 만족스럽지 못하다고 해보자. 당신은 그 결정을 후회하고 실수를 저질렀다고 생각한다. 그런 생각이 심하면 상황이 나아질 거라는 긍정적인 신호들을 모조리 무시하는 지경에 이른다. 반면 반사실적 사고는 당신의 관점을 넓히는 데 도움이 된다. "전 직장에 계속 있었더라면 지루한 일상에 갇히지 않았을까?" 상황이 어떻게 달라졌을지 생각할 때 삶의 예측 불가능성을 더욱 실감하게 된다.[30] 그리하여 결정을 더 체계적으로 고려하고, 삶에 대해 훨씬 열린 마음으로 접근한다.

반사실적 사고는 더 큰 의미를 느끼게 하는 경향도 있다. 한 연구에서 참가자들은 삶에서 중요했던 사건에 대해 깊이 생각하도록 요청받았다.[31] 다른 한 집단은 숙제 하나를 더 받았다. 그 사건이 다른 결과를 만들어냈을 가능성에 대해서도 생각하는 것이었다. 두 집단을 비교한 결과, 다른 결과를 불러왔을 가능성에 대해 생각해본 집단이 그 사건에 더 큰 의미를 부여했다.[32] 또 다른 연구에서는 지금 가장 친한 친구를 못 만나게 만들었을 사건들을 생각해보게 했다. 반면 대조 집단은 가장 친한 친구를 처음 만났을 때를 상세히 기억하도록 했다. 그 결과, 전자가 친구에게 더 많은 의미를 부여했다.

반사실적으로 생각하는 것은 자신의 관점에만 맞춰진 초점을 다른 데로 돌리는 효과가 있다. 자신의 관점에 초점을 맞추는 건 인간의 고질적 성향으로 안타깝게도 경험이 쌓일수록 심화된다. 이때의 문제 하나는 미숙했을 때의 경험을 잊는 것이다.[33] 전문가가 되면 초보자였을 때 겪은 일을 기억하지 못하고, '사후 확신 편향(hindsight bias)'에 쉽게 빠진다. 즉 어떤 일의 결과를 알고 난 후 마치 처음부터 그런 결과를 알았던 것처럼 생각한다. 이런 '지식의 저주(curse of knowledge, 자신이 아는 사실을 남들도 알 거라고 가정하는 편향—옮긴이)'는 다른 사람들이 실제보다 더 많이 안다고 생각하게 만든다. 자동차 정비사가 당신 자동차의 문제가 뭔지 줄줄이 읊거나 의사가 당신 몸의 문제를 속사포처럼 설명하는 바람에 당황했던 적이 있는가? 전문가가 아닌 당신이 모르는 게 당연한데도 그들은 인지하지 못한다. 경험 많은 이가 초보자와 상호작용할 때 종종 저지르는 실수다. 그들은 초보자는 자신과 달리 전문적인 지식에 접근할 방법이 없다는 사실을 고려하지 않으며, 초보자가 복잡한 과제를 수행하는 법을 배우기까지 시간이 많이 걸린다는 것도 고려하지 않는다.

컬럼비아대학교의 박사 후 연구원 팅 장(Ting Zhang)은 전문가들이 미숙할 때의 기분을 다시 느낌으로써 지식의 저주를 극복하고 초보자들과 효과적으로 소통할 수 있을지 알고 싶었다. 그녀는 연주 경력이 최소 3년 이상인 전문 기타리스트들을 모집해서 두 집단으로 나눠 각기 다른 과제를 주었다.[34] 첫 번째 집단은 기타를 거꾸로 들고 왼손잡이는 오른손으로, 오른손잡이는 왼손으로 기타를 쳐야 했다. 두 번째 집단은 평소 하던 방식대로 1분간 기타를 연주했다. 그런 다음 모두에게 초보 기타리스트가 어설프게 연주하는 동영상을 보여주고 그 초보자에게 조언을 하고 그의 잠재력을 평가해달라고 했다. 그에게 얼마만큼의 동질감을 느꼈는지도 물었다.

그 결과, 기타를 거꾸로 잡고 연주한 기타리스트들이 초보자에게 더욱 동질감을 느꼈다(연주 실력도 초보자와 더욱 비슷해졌다). 뿐만 아니라 초보자의 잠재력을 더 높이 평가했으며, 대조 집단의 조언보다 자기 집단의 조언이 더 유익하다고 생각했다. 최소한 기타 연주에서는 전문가들이 초보자처럼 행동하는 것이 관점을 넓히는 데 확실히 도움이 됐다. 이를 확대해보면, 미숙함을 다시 경험하는 건 오해를 불러일으키거나 심지어 생명을 위협할 수도 있는 '내가 다 안다'는 생각에 대항하는 효과적인 방법이다.

과거에는 다이아몬드를 세공할 때 톱 같은 기계를 사용했다. 그러다가 1970년대 들어 강력하면서도 비교적 저렴한 레이저가 개발돼 이를 사용하기 시작했다.[35] 그렇다고 레이저가 다이아몬드 세공을 꼭 쉽고 단순하게 만든 건 아니었다. 톱을 사용하든 레이저를 사용하든 세공 시 눈에는 안 보이는 새로운 균열이 생길 수 있고, 이것은 다이아몬드의 가치를 떨어뜨린다. 다이아몬드 제조업자들은 새로운 균열을 만들지 않고 자연적으로 생긴 기존 균열을 따라 다이아몬드를 자를 수 있는 기법을 개발하고 싶었다. 그리고 뜻밖의 분야에서 획기적인 해결책을 찾았다.

식품 회사들은 피망의 씨를 제거할 때 특별히 고안된 공간에 넣고 압력을 높여 피망이 쭈그러지고 꼭지 부분에 균열이 생기도록 한다. 그런 다음 압력을 급격히 감소시키면 피망의 가장 약한 부분인 꼭지가 터지면서 씨와 함께 꼬투리가 제거된다. 다이아몬드 제조업자들은 이 같은 방법을 이용해 다이아몬드 원석을 자연적으로 생긴 균열을 따라 쪼갤 수 있었다.

누구나 살면서 혼자 해결할 수 없는 문제에 봉착한다. 때로는 그런 문제를 해결하기 위해 전문가의 지식을 빌릴 수 있다. 가령 자산 관리는 재무상담사에게, 이직은 노련한 리크루터에게 도움을 받을 수 있다. 전문가는 아니더라도 정말로 참신한 관점을 제공할 수 있는 누군가에게 조언을 받을 수도 있다. 반항아들은 우리가 진부한 생각에서 벗어나도록 이끌어줄 수 있다.

1970년대 중반 스탠퍼드대학교 유기화학 박사 과정에 앨프 빙엄 (Alph Bingham)이라는 청년이 있었는데, 그의 화학 교수가 매주 프로젝트 과제를 내줬다. 과제 제출일이 되면 그 교수가 수업시간에 가장 먼저 하는 일은, 다섯 학생을 자리에서 일어나게 해서 각자 프로젝트 수행 결과를 논리적으로 설명하도록 하는 것이었다. 시간이 흐를수록 빙엄은 재미있는 사실 하나를 깨달았다. 학생들은 어떤 문제에 대해서든 각자 아주 독특한 해결책을 갖고 있었다. 그래서 빙엄은, 배경과 경험이 제각각인 사람들의 독특한 관점이 학교에서 배우는 지식보다 중요할 수 있다는 결론을 얻었다. 가장 참신한 아이디어와 해결책은 우리 자신의 독특한 접근법에서 나온다.

빙엄은 박사 과정을 마치고 연구개발 중심의 세계적인 제약 회사 일라이릴리(Eli Lilly)에서 일했다. 1998년에는 동료 과학자 두 사람과 의기투합해 이노센티브(InnoCentive Inc.)라는 스타트업을 창업했다.[36] 빙엄이 박사 과정 시절 화학수업에서 얻은 통찰을 기반으로 하는 이노센티브는 연구개발 크라우드소싱(crowdsourcing, 기업 활동의 효율성을 높이기 위해 특정 커뮤니티나 불특정 다수를 참여시키는 접근법 – 옮긴이) 업체다. 가령 어떤 기업이 스스로 문제를 해결할 수 없다고 하자. 그러면 정보의 바다인 인터넷을 적극적으로 활용해서 그 문제의 해결책을 알고 있는 누군가를 찾을 수 있다. 이노센티브가 기술을 중개하는 과정은 다음과 같다.

먼저 기업들은 이노센티브 웹사이트에 자신이 해결하고 싶은 문제를 등록한다. 기술을 찾는다고 해서 이들은 '시커(seeker)'라고 불린다. 그런 다음 이노센티브가 확보하고 있는 전문가들이 시커가 제기한 문제에 대한 해결책을 이노센티브 웹사이트에 올린다. 채택되면 시커로부터 보수를 받는다. 이들 전문가는 문제를 해결한다는 뜻에서 '솔버(solver)'라고 불린다.

이노센티브는 기술적 애로사항을 온라인상에 게시하는 이런 접근법이 모든 분야에서 효과적이라고 생각한다. 공학, 화학, 컴퓨터과학부터 생명과학과 비즈니스는 물론이고 경제 문제에 이르기까지 분야를 가리지 않고 말이다. 실제로 이노센티브에 의뢰되는 문제는 고분자 박막 두께를 측정할 방법부터 태양열과 풍력 같은 친환경 에너지 사용을 늘리도록 하는 방법까지 매우 광범위하다. 2001~2016년 이노센티브 웹사이트에는 1,600개가 넘는 문제가 올라왔고, 이노센티브에 등록된 30만 명 이상의 솔버 중 일부가 문제를 해결해주고 4천만 달러(약 448억 4천만 원) 이상을 벌었다.[37]

이런 문제들은 깊은 전문성이 요구되는 것 같지만, 시커들이 다른 분야의 솔버가 제시한 해결책을 선택하는 경우가 심심찮게 있다. 시커인 어느 고분자화학 기업은 솔버들의 다양한 해결 방법에 만족했고, 최종적으로 5명의 아이디어를 선택해 보수를 지급했다. 그들은 고분자화학 전문가가 아니라 공업화학자, 수의사, 약물전달 시스템(drug delivery system, DDS. 약물의 안정성과 유효성을 높이기 위해 투여 기술과 제형을 개선하고 약물의 움직임을 제어하는 시스템—옮긴이) 전문가, 소규모 농업 회사 소유주, 천체물리학자였다.[38]

하버드경영대학원의 카림 라카니(Karim Lakhani) 교수와 동료들은 4년간 이노센티브를 통해 성공적으로 해결된 166개의 문제에 대한 데이터를 분석했다. 결과는 어땠을까? 놀랍게도 여섯 단계(six degrees, 여섯 단계만 거치면 모두 아는 사람이라는 'six degrees of separation'을 빗댄 표현—옮긴이)나 떨어진 분야에 종사하는 솔버들이 해당 분야 솔버들보다 문제를 해결할 가능성이 세 배나 높았다.[39] 요컨대 비전문가들이 전문가들보다 더 나은 문제해결자였다.

킹스칼리지 런던(King's College London)의 오구즈 알리 아카르(Oguz Ali Acar) 교수와 네덜란드 로테르담에 있는 에라스무스대학교(Erasmus University)의 얀 반 덴 엔데(Jan van den Ende) 교수는 솔버 230명의 데이터를 수집했다.[40] 그리고 각자의 전문 분야에 해당하는 문제를 선택한 비율이 어느 정도인지, 해결책을 찾기 위해 얼마나 다양한 자원을 사용했는지 조사했다. 또한 하나의 프로젝트에 총 몇 시간을 투자했고 해결책을 찾는 동안 얼마나 많은 사람들과 접촉했는지도 조사했다.

아카르와 엔데의 분석에 따르면, 획기적인 해결책은 전문성보다 시간과 노력의 결과일 가능성이 높았다. 즉 자기 분야에 이미 상당한 지식이 있는 전문가 솔버들은 다양한 외부 자원을 활용할 때 더 창의적인 해결책을 생각해냈다. 한편 문외한인 솔버들은 해당 분야를 깊이 파헤칠 때 시커의 선택을 받을 가능성이 훨씬 높았다.

전문가가 아닐 때 오히려 참신한 관점으로 문제에 접근할 수 있다. 익숙하지 않거나 불쾌한 논쟁, 우리와 반대되는 의견, 우리의 믿음을 확인시켜주기보다 틀렸음을 증명하는 정보, 반직관적인 결과는—익숙한 논쟁과 우리의 관점을 뒷받침해주는 증거보다—우리를 더 깊게 생각하도록 하고 창의적인 결론을 도출하게 한다.[41] 이런 것들은 전문가보다 타 분야 사람들이 강점을 보이는 영역이다. 기존 관점에 덜 집착하고 덜 방어적이기 때문이다.

1500년 오스만제국의 8대 술탄 바예지드 2세(Bayezid II)는 오늘날의 올드 이스탄불(old Istanbul)과 인근의 카라쾨이(Karaköy)를 통합하고 싶었다.[42] 그런데 알리베이쾨이(Alibeykğiy) 강과 카이타네(Kağithane) 강이 만나는 어귀가 마음에 걸렸다. 오늘날 골든 혼(Golden Horn)으로 알려진 곳인데, 어쨌든 당시에는 골든 혼을 가로지르는 다리를 건설하기가 불가능하게 여겨졌다. 전문적인 교량건설업자들은 두 지역을 효과적으로 연결해줄 다리를 설계하기가 힘들었다. 무엇보다 다리의 길이와 폭 때문에 설계상 많은 어려움이 있었다. 그러나 바예지드 2세는 올드 이스탄불과 카라쾨이를 연결하는 것이 두 지역의 공동 번영에 반드시 필요하다고 생각했다.

뛰어난 교량 건설 기술을 가진 로마인들조차 시도하지 않았던 종류의 다리가 필요했다. 그는 레오나르도 다빈치에게 도움을 요청했다. 당시 다빈치는 공학보다는 그림으로 더 유명해서 이 문제에 도움을 줄 인물로 보이지 않았다. 그러나 다빈치는 20년이 넘도록 자립형(self-supporting) 다리에 대한 연구에 매진했고, 바예지드 2세는 다빈치의 연구가 자신에게 꼭 필요한 것일 수 있다고 판단했다.

당시 다빈치가 살던 베네치아와 오스만제국이 전쟁 중이었음에도 불구하고 다빈치는 그 일을 맡았다. 구부러진 활 모양의 아치를 사용해서 그는 골든 혼에 맞는 참신하고 고상한 다리를 설계했다. 길이 240미터, 폭 24미터의 단동형(single-span) 다리였다. 만약 다빈치가 설계한 다리가 건설됐더라면 당시 기준으로 세계 최장 기록을 세웠을 것이다. 오늘날 세계 8대 불가사의에서 여덟 번째 비경이 됐을 수도 있다.

바예지드 2세는 다빈치의 설계를 신중하게 검토했지만 종국에는 받아들이지 않았다. 다빈치의 설계에 따라 다리를 건설하는 것이 불가능하다고 판단한 것이다. 다빈치의 다리 설계에 근간이 된 공학 원칙들은 300년 후에야 널리 받아들여졌고, 다빈치의 설계도도 마침내 세상의 빛을 보게 됐다. 노르웨이의 공학자들은 다빈치의 설계도에 기초한 다리를 건설하기로 결정했다.[43] 그리하여 수도 오슬로에서 남쪽으로 약 32킬로미터 떨어진 아스타운십(Aas Township)에 길이 100미터, 높이 8미터의 나무다리가 건설됐다. 2001년에 개통된 그 다리는 도보 다리로 난간은 스테인리스스틸과 가구에 많이 사용되는 티크(teak)로 만들어졌다.

오히려 문외한이 새로운 문제와 케케묵은 문제 모두에 신선한 관점을 제공할 수 있다. 하지만 그들의 총명함을 알아차리기까지는 수년, 심지어 수세기가 걸릴지도 모른다.

보투라와 함께 일하는 건 사람마다 세상을 보는 눈이 얼마나 다른지를 끊임없이 상기시켜준다. 예를 들어 보투라는 종종 직원들에게 음악에 영감을 받은 요리를 만들라고 요청한다. "이곳에서 일한 지 겨우 두 달쯤 됐을 때 일이에요. 당시 나는 (보투라의) 스타일에 서서히 적응하는 중이었어요." 캐나다 출신의 셰프 드 파티(chef de partie, 주방 내 특정 파트에서 가장 서열이 높은 셰프—옮긴이)인 제시카 로스발(Jessica Rosval)이 영업이 끝난 후 나와 함께 청소를 하던 중에 말했다.[44]

"어느 날 보투라가 특유의 에너지를 발산하며 주방으로 갑자기 들어오더니 '좋아요, 여러분. 오늘 여러분이 해야 할 새 프로젝트를 말씀드리죠. 루 리드(Lou Reed)의 〈화끈하게 놀아보자(Take a Walk on the Wild Side)〉입니다.' 그의 말에 따라서 모두가 요리를 만들었어요. 나는 '세상에, 뭐부터 시작해야 하지?'라고 생각하며 허둥댔죠. 다들 아주 독창적인 요리를 만들었어요. 그 노래의 베이스 부분에 초점을 맞춘 사람도 있었고, 가사에 집중한 사람도 있었죠. 그 노래가 만들어진 시대에 중점을 둔 사람도 있었고요. 우리가 그토록 다양하고 독창적인 요리를 만들었던 건 마시모가 운전 중에 그 노래를 듣다가 받은 영감에서 시작됐어요."

그것은 로스발을 비롯한 모두에게 힘에 부치는 과제였지만, 동시에 그들로 하여금 주방에서 '신명나게 놀도록' 의욕을 북돋는 자극제가 됐다. 안타깝게도 보통 직장에서는 그런 일이 드물다.

캘리포니아대학교 심리학과의 박사 후 연구원 테넬 포터(Tenelle Porter)는 지적 겸손(intellectual humility), 즉 우리가 아는 것이 매우 제한적이라는 사실을 인정하는 것의 중요성에 관한 논문을 썼다.[45] 포터의 연구를 보면, 지적 겸손은 다른 관점을 받아들이는 마음과 정비례한다. 지적으로 겸손할수록 자신과 다른 관점에 개방적이다. 또한 지적으로 겸손한 사람은 학교에서건 직장에서건 더 높은 성과를 낸다. 뿐만 아니라 지적 겸손은 우리를 더 현명하게 만들어준다. 우리가 사는 세상이 정지된 상태가 아니며 미래가 현재와 다를 거라고 생각하는 경향이 더 커진다는 말이다.[46] 지혜란, 안다는 생각을 거부하는 것이다.

루 리드의 노래로 요리를 만들라는 과제를 통해 보투라는 직원들이 똑같은 문제가 어떻게 다양한 해결책으로 이어질 수 있는지 깨닫게 해줬다. 이는 화학수업에서 빙엄이 본 것과 비슷하다. '카무플라주: 숲속의 토끼(Camouflage: Hare in the Woods)'라는 보투라의 요리가 있다.[47] 토끼고기 스튜지만 움푹한 그릇이 아니라 마치 캔버스에 그림을 그리듯 납작한 접시 위에 넓게 펼쳐서 제공된다. 맨 아래에는 토끼고기 크림스튜를 깔고 맨 위는 흑설탕을 뿌려 장식한다. 마치 크렘브륄레(creme brûée, 차가운 커스터드 위에 유리처럼 얇고 파삭한 캐러멜 토핑을 얹은 프랑스의 디저트-옮긴이) 같다. 그리고 마지막으로 다양한 색상의 뿌리채소 분말과 미네랄 파우더를 사용해서 카무플라주 무늬처럼 보이게 배열한다. 풍미가 뛰어난 토끼 간은 녹인 초콜릿처럼 걸쭉한 크림 형태가 되고 거기에 달콤한 맛이 나는 최고급 크림(crème)과 커피를 섞는다.

이 요리는 보투라가 거트루드 스타인(Gertrude Stein)과 피카소의 일화에서 영감을 받아 탄생했다. 미국의 시인 겸 소설가인 스타인과 피카소가 어느 날 파리 라스파유 대로(Boulevard Raspail)를 걷다가 카무플라주 위장막이 씌워진 최초의 군용 트럭 중 하나를 봤다. 피카소가 큰소리로 "우리나라가 저걸 발명했습니다. 저것이 바로 입체파입니다"라고 말했다. 그 일화에 대해 생각하다가 보투라는 카무플라주 무늬 토끼라는 독특한 아이디어를 생각해냈다.

어떤 상황에 있든, 그러니까 그림을 보든 미쉐린 3스타 레스토랑 음식을 먹든, 아니면 추력을 잃은 비행기의 조종석 유리 너머로 쳐다보든, 우리가 무엇을 보는가는 우리의 관점에 달려 있다.

REBEL TALENT

5장

진실은 원래 불편하다

여성과 소수자가 많은 조직이 성공한다

"숙녀와 꽃 파는 소녀의 차이는 어떻게 행동하는가가 아니라 어떻게 대접받느냐에 있다." [1]

— 조지 버나드 쇼(George Bernard Shaw), 《피그말리온》에서

2016년 2월 초 어느 저녁, 작가이자 영화감독인 마흔넷의 에이바 듀버네이(Ava Duvernay)는 팀 디즈니(Team Disney) 빌딩 2층 대기실에 앉아 있었다.[2] 팀 디즈니는 캘리포니아 버뱅크(Berbank)에 위치한 디즈니 본사로, 면적이 3만 제곱미터가 넘는다. 그 압도적인 크기에도 불구하고 팀 디즈니 빌딩을 보면 미소가 저절로 떠오른다. 〈백설공주〉의 일곱 난쟁이 조각상이 건물 외벽에 위풍당당하게 서 있는데 사실상 지붕을 떠받치는 기둥 역할을 한다. 키가 6미터나 되는 난쟁이들은 디즈니가 애니메이션 명작들의 마법을 토대로 만들어졌음을 일깨워주는 상징물이다.

듀버네이의 대표작은 마틴 루터 킹 목사가 1965년 주도한 셀마—몽고메리 행진(Selma to Montgomery Marches)을 영화로 옮긴 〈셀마〉로,

2014년 아카데미 작품상 후보에 올랐고 〈글로리〉로 주제가상을 받았다. 그날 듀버네이는 월트 디즈니 스튜디오의 모션픽처스 프로덕션(Motion Pictures Production) 대표이사 숀 베일리(Sean Bailey)와 디즈니의 제작 부문 경영부사장 텐도 너젠다(Tendo Nagenda)와 만날 예정이었다. 디즈니에서 한솥밥을 먹으며 손발을 맞춘 지 8년이 돼가는 베일리와 너젠다의 주된 일 가운데 하나가 디즈니 영화의 작가와 감독을 선정하는 것이었다.

베일리와 너젠다는 매들린 렝글(Madeleine L'Engle)의 인기 공상과학소설《시간의 주름》을 각색한 영화를 제작할 계획이었다. 그래서 듀버네이가 감독으로 적합한지 그녀를 직접 만나 알아보고 싶었다. 1963년에 초판이 발행된 렝글의 소설은 열세 살 소녀 메그가 비밀임무를 띠고 어디론가 파견된 채 오랫동안 소식이 끊긴 천재 과학자 아버지를 찾아서 남동생과 친구와 함께 시간과 공간을 넘나들며 여행하는 모험담이다. 그 소설을 영화화하는 일은 쉽지 않아 보였다. 《시간의 주름》은 분명 공상과학소설이지만 레이저와 우주선이 등장하는 할리우드식 공상과학소설은 아니다. 메그는 4차원 정육면체 테서랙트(tesseract)를 통해 다양한 시간을 여행하고, 따라서 영화는 테서랙트를 반드시 시각적으로 구현해야 했다. 듀버네이가 이제껏 감독한 어떤 영화보다 규모가 큰 영화가 될 터였다. 게다가 할리우드 영화인데 주인공이 지독한 근시 때문에 안경을 쓴 열세 살짜리 똑똑한 여자아이라는 사실도 가시밭길을 예고했다.

베일리와 너젠다 같은 영화계 유력인사를 만나는 건 상상조차 할 수 없던 시절이 있었다. 듀버네이가 성장한 로스앤젤레스카운티의 콤프턴(Compton)은 거친 동네로 악명이 높았지만 그녀에게는 가족과 친구들에게 둘러싸여 살았던 아름다운 동네였다. 다섯 형제 중 맏이인 그녀는, 어머니가 야간대학에 다니고 졸업 후 은행에 취직한 다음 병원 원무과로 이직하고 마침내 기업 인적자원관리부 최고책임자가 되는 과정을 어릴 적부터 지켜봤다. 그리고 이모는 그녀를 영화의 세상으로 인도했다. 이모는 듀버네이를 극장에 데려갔을 뿐 아니라 함께 본 영화는 물론이고 영화 전반에 대해 조카와 폭넓은 이야기를 나눴다.

어릴 적 듀버네이의 꿈은 변호사였다. 중학교 2학년 때 할머니가 서류가방을 사주셨는데, 서류가방이 생긴 것만으로도 꿈에 몇 발짝 가까워진 기분이었다. 한편 초등학교부터 고등학교까지 가톨릭 여학교를 다녔던 듀버네이는 동창회가 선발하는 최고의 여학생에 뽑히고 총학생회장으로 활동하기도 했다. 흑인으로서 학교 역사상 최초였다.

듀버네이는 캘리포니아대학교 로스앤젤레스캠퍼스(UCLA)에서 흑인 역사를 전공했고, 졸업한 후 기자생활을 하다가 영화홍보사를 차려 14년간 할리우드에서 영화 마케팅 및 홍보 전문가로 활동했다. 영화를 좋아하는 그녀는 영화산업에서 나름의 역할을 한다는 사실이 마냥 좋았다. 많은 촬영장을 수시로 드나들었고 언론시사회와 개봉을 위해 출장을 갈 때는 비행기 안에서 감독들과 장시간 대화를 나눴다. "직업 특성상 영화감독들과 많은 시간을 보냈습니다." 듀버네이는 2012년 〈인터뷰 매거진〉에서 말했다. "그러던 중 이런 생각이 들었습니다. '그들도 아이디어가 많아서 그렇지 나와 같은 보통 사람이야. 아이디어라면 나도 많아!'"

그렇지만 비범한 재능을 가진 사람들로 넘쳐나는 분야에서 그녀의 나이는 늦어 보였다. 처음에는 듀버네이 자신도 많이 주저했다. "그러나 위대한 감독들과 허물없이 지내고, 그들이 촬영장에서 일하는 모습을 지켜보는 걸 비롯해 영화산업에서의 내 경험이 아주 귀중하다는 사실을 깨달았습니다. 그러자 용기가 생기더군요. 나는 이제까지 의도적으로 모아온 지식을 믿고 행동에 나섰습니다. 카메라를 둘러메고 영화를 만들기 시작한 겁니다."

할리우드에서 성공하기까지 듀버네이는 여성 감독으로서 여러 난관에 봉착했다. 남자들은 그녀의 개인적 공간을 침범하고 그녀의 리더십에 의문을 제기했다. 그녀는 촬영장에 나갈 때마다 외모에 특히 신경을 쓰게 됐다. 사람들이 머리를 만지는 불쾌한 상황을—사람들은 길게 땋아 늘어뜨린 그녀의 머리를 만지는 걸 재미있어 했다—피하기 위해 일부터 모자를 썼고, 실제로는 콘택트렌즈 때문에 눈물이 나는 것인데 감동적인 장면에서 그녀가 눈물을 흘린다고 오해하지 못하도록 안경도 썼다. "눈물이 그렁그렁한 모습을 들키고 싶은 사람은 없습니다." 그녀가 LA 독립영화 포럼에서 청중에게 말했다. "특히 여성 감독에게는 촬영기사가 옆을 지나가다가 눈물을 글썽이는 모습을 보고 '그녀가 울고 있었어요'라고 말하는 건 정말 피하고 싶은 일이죠. 그런 위험은 무릅쓸 가치가 전혀 없습니다."

영화계에서 인맥이, 그녀 말마따나 '부자 삼촌'이 없는 건 영화감독으로 성공하는 데 불리하게 작용했다. 그래서 든든한 도움을 받을 수도 있었을 분야에서 일했더라면 어땠을까 하는 생각에 마음이 아팠다. 그런데 어느 날 이런 생각이 들었다.

"누군가를 멘토로 삼기 위해 커피를 마셔가며 공을 들이는 모든 시간, 그리고 영화산업에서 성공하기 위해 시도하는 모든 일이 실은 감독 본연의 일과 상관없다는 생각이 들었습니다. 감독이라면 시나리오를 쓰고, 캐릭터 아크(character arc, 이야기가 전개되면서 달라지는 등장인물의 관점이나 태도-옮긴이)를 강화하고, 시나리오를 읽으며 연기호흡을 맞추는 테이블 리딩을 준비하고, 리허설 기법에 대해 생각하고, 색채 같은 시각적 요소를 포함해 전체 프로덕션 디자인(production design, 스크린에 보이는 영화의 외양과 시각을 디자인하는 일-옮긴이)에 담을 상징성에 대해 고민하는 등등의 일을 해야 합니다. (……) 솔직히 말해 우리의 행동은 우리에게 뭔가를 해주는 누군가에 의해 좌우됩니다."

처음에 감독한 두 편의 장편영화는 저예산 영화였고, 특히 한 편은 그녀가 순전히 사재를 털어 만들었다. 그런 다음 〈셀마〉를 만들었다. 〈뉴욕타임스〉의 영화평론가 A. O. 스콧(Anthony Oliver Scott)은 〈셀마〉가 "대담하고 자신감 넘치는 영화"라고 평했다. "비록 다음 장면을 짐작할 수 있더라도 〈셀마〉는 서스펜스와 놀라움의 연속이다. 사건이 끊임없이 이어지고 매력적인 등장인물이 가득한

〈셀마〉는 영화라는 옷을 입은 효율적이고 공감적인 스토리텔링의 수작이다."

〈워싱턴포스트〉의 영화평론가 앤 호너데이(Ann Hornaday)도 말했다. "감동적이고 전율을 일으키며 시기적으로 완벽한 드라마로, 한꺼번에 여러 가지를 만족시킨다. (······) 〈셀마〉는 긴장감 넘치는 사건들이 휘몰아쳐 시종일관 몰입하게 만들고, 단언컨대 세부적인 내용에 잠식당하거나 절망에 빠지지 않고 오히려 들뜬 기분을 안겨준다. 다시 말해 민권운동과 그 운동을 주도한 영웅들은 먼 과거의 가공인물이 아니라 오늘날 긴급한 임무를 띠고 급파된 메신저들이다."

듀버네이는 아카데미에서 인정받았을 뿐 아니라─〈셀마〉는 흑인 여성 감독이 만든 영화들 가운데 아카데미 최고작품상 후보에 오른 최초의 영화였다─골든글로브에서도 감독상 후보에 이름을 올렸다. 〈셀마〉 이후 듀버네이는 그야말로 질주했다. 특히 오프라 윈프리가 설립한 케이블방송 오프라 윈프리 네트워크의 TV 시리즈 〈퀸 슈거(Queen Sugar)〉가 큰 성공을 거뒀다. 미국 남부 시골에서 농사를 짓는 흑인 삼형제의 이야기를 그린 〈퀸 슈거〉는 대중문화에서는 찾아보기 힘든 등장인물들에 대한 사려 깊은 묘사와 재치 넘치는 스토리텔링으로 찬사를 받았다. 듀버네이는 그 시리즈를 제작하기 위해 여성 감독들만 모집했다. 그녀도 그런 행동이 "상당히 급진적인 성명서"가 될 거라고 예상했다. 할리우드에서 감독을 채용하는 전형적인 방식 대신 듀버네이는 이제까지 자신에게 영감을 준

작품들을 만든 감독들에 초점을 맞췄다. 그들 중 몇몇은 트위터에서 서로 팔로우하는 사이였다. 뿐만 아니라 그녀는 독립영화 감독들도 발탁했다.

듀버네이는 이제껏 세상의 편견에 대해 나름의 방식으로 저항해왔다. 가령 인터뷰를 할 때면 기자들은 흑인이라는 그녀의 배경과 남성 지배적인 산업에서 여성 감독으로 살아가는 것에 대해 질문했다. 즉 영화만 빼고 모든 걸 질문했다. 영화감독들에게 으레 하는 질문들은 거의 받아본 적이 없었다. 백인 남성 감독들에게는 기자들의 단골 질문이었는데 말이다. 그래서 듀버네이는 나름대로 반격을 펼쳤다. 그녀는 재능이 뛰어난데도 인정받지 못한 감독들을 찾는다. 또한 더 콜-인(The Call-In)이라는 팟캐스트를 운영한다. 그녀는 더 콜-인에 흑인 영화감독들을 출연시켜 그들의 시나리오와 촬영과 편집에 대해 심도 있게 토론한다. 출연자들의 인종과 정체성에 대해서는 일절 질문하지 않는다.

디즈니에서 베일리와 너젠다를 만났을 때 그녀는 모든 골치 아픈 문제와 좌절감을 말끔히 잊을 수 있었다. 베일리와 너젠다와는 예전부터 그녀의 작품을 매우 존중해왔다는 사실을 보여줬기 때문이다. "그 방에서 나는 생전 처음 당당하게 걸어들어가 내 진짜 이야기를 할 수 있었습니다." 젊은 세대를 겨냥한 온라인 매체 〈바이스(Vice)〉와의 인터뷰에서 듀버네이가 말했다. "그런 상황에서 백인 감독들이 하듯이 말이죠."

베일리와 너젠다는 오래지 않아 듀버네이가 영화 〈시간의 주름〉

의 적임자라는 사실을 깨달았다. 듀버네이는 메그가 혼혈가정에서 태어났다고 설정하고 메그가 자신의 피부색에 좀 더 편안해져가는 성장 과정을 그리자는 아이디어를 제안했다. 베일리와 너젠다는 그 아이디어가 아주 마음에 들었고, 그녀에게 메가폰을 맡기기로 결정했다.

다른 영화제작사라면 듀버네이에게 〈셀마〉와 비슷한 영화를 제안했을지 몰라도, 베일리와 너젠다는 그녀의 잠재력을 훨씬 넓게 평가했다. 그들은 그녀의 피부색이 아니라 재능을 통해 진가를 알아봤다. 듀버네이도 그들의 평가에 부합하는 반응을 보였다. 그녀는 깊은 열정을 품고 있는 일에 대해 아이디어를 교환할 준비가 된 한 사람의 감독이었을 뿐이다.

매사추세츠 주 케임브리지의 어느 봄날 아침, 나는 초조하게 휴대전화를 확인하면서 사무실에 있었다. 하버드경영대학원의 한 동료가 나를 면허시험장에 데려가주겠다고 해 그의 연락을 기다리는 중이었다. 미국에 온 후 몇 년간 운전면허증 없이 살다가 드디어 면허시험을 보는 날이었다. 이탈리아에서 몇 년 전 면허증을 땄지만, 그럼에도 막상 시험을 보려니 신경이 꽤 쓰였다. 동료가 보는 앞에서 시험에 떨어진다면 얼마나 창피할까. 게다가 그는 내가 시험을 볼 수 있도록 자동차까지 빌려줬다(미국은 자동차를 직접 준비해서 시험장에 가져가야 한다―옮긴이). BMW 6시리즈였다. 약간의 흠집만 생겨도 엄청난 수리비가 들 터였다.

동료의 문자메시지를 받은 후 나는 배낭을 메고 약속 장소로 향했다. 회색 양복 차림의 그가 웃으며 농담을 던졌다. "당신 옷차림은 미국 운전면허증 취득을 축하하기에 적절하지 않은데요." 나는 무릎길이의 파란색 바지와 짧은 소매의 회색 스웨터, 플랫슈즈 차림이었다.

얼마 지나지 않아 우리는 면허시험장에 도착해 자동차에 탄 채로 내 차례를 기다렸다. 동료는 정지신호에서 확실히 정차하지 않고 서행하는 것과 부적절한 차선 변경부터 지나친 저속 운전까지 응시자들이 시험 중 저지르기 쉬운 실수들을 일일이 열거하며 주의하라고 말했다. 그러는 중에 키가 크고 짙은 선글라스를 낀 시험관이 다가와서 내 이름을 큰 소리로 불렀다. "이제 당신은 운전석에 앉으셔도 됩니다. 아버님은 뒷좌석에 옮겨 앉으셔서 우리와 동행해도 되지만 절대로 말씀은 하시면 안 됩니다." 동료가 자동차에서 내려 뒷좌석으로 옮겨 타는 동안 나는 터져나오는 웃음을 억지로 참았다. 그는 나보다 겨우 열다섯 살 많을 뿐이었다. 물론 시험관에게 악의는 없었음이 분명했다. 그저 우리의 겉모습을 보고 섣불리 판단한 것뿐이었다. 어쨌든 그의 경험상 자녀가 운전면허시험을 볼 때 아빠가 동행하는 경우가 많은 것은 분명했다.

고정관념은 인간의 근본적인 사고방식이라고 할 수 있다. 우리는 2가지 사건 사이에 연결고리를 만들고 그것을 철칙으로 여긴다. 가령 천둥과 비를 연결시키고 백발의 사람은 나이가 많다고 추측하며 아버지와 딸이 운전면허시험장에 같이 온다고 생각한다.

적자생존의 세상에서 동물들은 포식자들에 대해 신속하게 판단하도록 진화했다. 가령 어떤 침팬지는 자신의 무리에 속하지 않은 다른 침팬지들을 본능적으로 공격하고, 어떤 물고기는 동족인데도 자신과 같은 호수에서 부화하지 않았다는 이유로 다른 물고기들을 배척한다. 인간도 다르지 않다. 외부인들을 무턱대고 신뢰하지 않는 것이다. 친구와 적을 구분하기 위해 우리는 나이, 피부색, 성별은 물론 교육 수준, 신체적·정신적 장애, 억양, 성정체성, 사회적 지위, 직업같이 쉽게 관찰되는 기준을 사용해서 사람들을 판단하도록 진화했다.

고정관념은 우리가 세계를 이해하는 데 도움이 된다. 그렇지만 일반화된 개념이기 때문에 고정관념은 큰 문제를 야기할 위험이 있다. 시험관이 내 동료를 아버님이라고 부르는 것 같은 행동은 위험축에도 들지 못한다. 고정관념은 의도치 않게 학대와 차별을 불러올 위험이 있다. 심지어 그런 사실을 인지조차 못할 수 있다.

반면 반항아는 고정관념이 분별력을 잃게 하는 맹목적인 믿음이라는 걸 잘 안다. 무엇이든 고정관념화하고 싶은 마음과 싸워야 현실을 명확히 이해할 수 있으며 그것이 하나의 경쟁우위가 된다는 사실도 이해한다. 반항아는 사회가 권장하는 역할과 태도를 아무 생각 없이 받아들이지 않는다. 오히려 그런 역할과 태도에 이의를 제기하고 그것이 틀렸음을 증명할 기회를 놓치지 않는다.

신중하게 주의를 기울이지 않으면 고정관념은 컴퓨터 보안 시스템인 방화벽처럼 기능한다. 즉 새로운 정보가 우리의 사고 과정에 스며드는 걸 차단한다. 1999년에 개봉한 〈아름다운 사람들〉이라는 영화에는 이런 장면이 나온다. 한 젊은 의사가 얼마 전 런던에 온 보스니아 난민 청년을 집으로 데려온다. 그녀도 관객도 그에 대해 아는 것이 없다. 저녁식사 자리에서 보수적인 상류층인 그녀 가족은 고상한 척하며 속물근성을 드러내고, 그들의 눈에나 관객의 눈에 그는 제대로 교육받지 못했을 뿐 아니라 세련되지도 못하고 교양도 없어 보인다. 그러다가 누구도 예상 못한 장면이 이어진다. 그가 피아노 앞에 앉더니 미국 출신의 작곡가 루이스 고츠초크(Louis Gottschalk)의 로맨틱한 곡 〈슈비니어스 디안달라우지 포 피아노(Souvenirs d' Andalousie for Piano)〉를 연주하기 시작하는 것이다. 그는 피아니스트처럼 완벽하게 연주했고, 의사 가족은 물론 관객까지 고정관념에서 화들짝 깨어난다. 이제 우리는 그 난민뿐만 아니라 그와 비슷한 다른 사람들도 새로운 렌즈를 통해 볼 수 있다.

수업 중 고정관념에 대해 말할 때마다 나는 작은 시험을 낸다.[3] 커다란 스크린 중앙에 '책상' '부엌' '컴퓨터' 같은 단어를 하나씩 보여주면서 각 단어가 스크린 왼쪽 상단의 주제어(예: '경력')에 속하는지 오른쪽 상단의 주제어(예: '가정')에 속하는지 큰소리로 대답하게 한다. 학생들은 언제나 '책상'과 '컴퓨터'를 '경력'과 짝짓고 '부엌'과 '아이들'을 '가정'과 연결하는 데 발군의 실력을 자랑한다. 또한 브라이언처럼 전형적인 남성 이름을 '남성'과, 케이티같이 여성적인 이름은 '여성'과 짝을 짓는다. 그런 다음 나는 시험의 난도를 조금 높인다. 이번에도 학생들은 스크린에 보이는 각 단어가 어느 주제어에 속하는지 "왼쪽"이나 "오른쪽"으로 대답해야 한다. 왼쪽 상단에는 '남성'과 '경력'이, 오른쪽 상단에는 '여성'과 '가정'이라는 주제어가 제시된다. 이번에도 학생들은 거침없이 대답한다.

그런데 여성 이름과 '경력'을, 남성 이름과 '가정'을 조합하면 척척박사처럼 시원하게 대답하던 학생들이 갑자기 갈팡질팡하기 시작하고 대답하는 속도도 절반으로 뚝 떨어진다. 남성은 비즈니스 세상에, 여성은 가정에 속한다는 편견이 그 순간 그들의 머릿속을 가득 채우고 있기 때문이다. 얼마 지나지 않아 학생들이 스스로 증명하듯, 그들은 직장여성에 대한 편견을 갖고 있지 않다. 하지만 그런 사실은 중요하지 않다. 내 학생 중에는 직장여성이 많다. 그저 우리는 직장에서 남성을 보는 것에 더 익숙하기 때문에 남성과 일을 더 쉽게 연결시킬 뿐이다.

이런 식의 사고는 아주 어릴 적부터 나타난다. 10개월 무렵의 아기에게 여성과 남성의 얼굴을 보여주면 여성-스카프, 남성-망치 등 고정관념적인 연결고리를 만든다.[4] 세 살쯤 되면 아이들은 여성-부드러움, 남성-강인함 등 추상적인 연결고리도 만들 수 있다.[5] 한 연구에 따르면, 미취학 아동부터 초등학교 5학년까지 어린이들의 연상작용에 일관된 패턴이 있다. 즉 여자아이들은 부드럽고 친절하며 스커트나 드레스를 입고 인형을 가지고 노는 반면 남자아이들은 거칠고[6] 머리가 짧으며 활동적인 놀이를 좋아한다고 생각한다.

부모들은 심지어 자녀가 태어나기 전부터 아들 방은 비행기와 트럭으로 장식하고 딸의 방은 화려한 드레스를 입은 공주인형과 동물인형들로 꾸민다. 아이들을 재울 때 읽어주는 동화나 TV와 영화 속 이야기들도 고정관념적이다. 남자가 개입할 때만 성공하는 나약한 여자 주인공에 관한 이야기가 많다. 〈인어공주〉와 〈신데렐라〉를 생각해보라. 에릭 왕자는 에리얼에게 육지에서의 호화로운 삶을 제공하고, 백마 탄 왕자는 신데렐라를 하녀 같은 삶에서 구출하여 부자로 만들어준다. 비록 최근의 디즈니 영화들에서는 고정관념적인 내용을 줄이기 위한 노력이 엿보이지만(예컨대 〈겨울왕국〉과 〈모아나〉, 〈시간의 주름〉에 강력한 여성 주인공들이 등장한다), 대부분의 오락산업은 성별에 관한 진부한 아이디어들을 계속 생산한다.

일단 학습되면 고정관념과 선입견은 그에 반하는 확실한 증거가 있을 때조차 떨쳐버리기 힘들다. 우리와 비슷한 사람들, 즉 성별, 민족, 인종, 정치적인 성향 등이 우리와 같은 사람들과 상호작용할 때 경험하는 편안함에 의해 고정관념과 선입견은 시간이 흐름에 따라 더욱 공고해진다. 우리가 다른 사람들과 비슷하다고 느낄 때, 우리는 그들에 대해서도 우리가 우리 자신을 생각하는 것과 똑같은 방식으로 생각하는 경향이 있다.[7] 우리와 그들이 잘 어울릴 거라고 예단하는 경향도 있다. 청소년기를 거쳐 성인이 될 때까지 우리는 계속해서 비슷한 사람들에게 끌린다. 기호와 습관과 관점이 비슷할 때 대화와 협업이 더 쉽게 느껴진다. 반면 비슷하지 않은 사람들과 상호작용하는 것은 갈등이 야기될 수 있고,

이는 불안감이나 비생산적이라는 기분을 불러일으킨다. 남녀관계에 관한 한 연구를 보면, 우리는 비슷한 사람에게 매력을 느낀다.[8] 집단에 있을 때도 우리는 뜻이 맞는 사람들에게 둘러싸일 때 더욱 편안해지고, 따라서 어릴 적부터 스스로의 주변에 높다란 담을 쌓는다.

고정관념에 들어맞지 않는 사람들은 종종 반발에 직면한다.[9] 남성 지배적인 분야에서 성공한 여성들에 대한 반발이 특히 거셀 수 있다.[10] 이를 뒷받침해주는 연구 결과도 있다. 금융이나 건설같이 전형적으로 남성 지배적인 분야에서 유능한 직원으로 평가되는 여성들을 조사한 연구를 보면, 사람들은 그 여성들을 남성들만큼 유능하다고 평가하면서도 호감도 면에서는 낮은 점수를 줬다. 한편 그 여성들이 유능한지를 밝히지 않았을 때는 남성들보다 호감도와 능력 모두 낮게 평가했다. 결과적으로 그 여성들이 남성들보다 임금이 낮고 승진 기회도 적어야 마땅하며 자원도 적게 지원받아야 한다고 생각했다.

"내 말투는 전통적으로 여성다운 말씨가 아닙니다." 캐나다 전 총리 킴 캠벨(Kim Campbell)이 언젠가 말했다. "나는 상당히 단호하게 말합니다. 그런 식으로 말하지 않으면 리더처럼 보이지 않았을 겁니다. 그러나 여성이 단호하게 말하는 것에 익숙하지 않은 사람에게는 내 말투가 거슬릴지도 모르겠습니다. 리더라면 그런 식으로 말하는 것이 타당하지만 여성의 말투로는 적절하지 않았습니다."[11]

인류 역사상 최초로 노동시장에 여성이 대거 유입된 건 외부 요인 때문이었다. 두 차례의 세계대전 중에 미국에서는 전사하거나 부상당한 남성들 대신 여성들이 공장을 메울 필요가 있었다. 또한 전시에는 남성들이 전투에만 집중할 수 있도록 많은 여성이 군에 입대해 간호사, 트럭 운전사, 전투기 정비사, 사무원으로 일했다. 공무원에도 여성들이 대거 진출했을 뿐 아니라 공학자와 엔지니어로 일하면서 무기를 개발하는 데 참여하기도 했다. 비록 두 번의 전쟁이 끝난 후 돌아온 참전 군인들에게 어쩔 수 없이 바통을 넘겨주고 노동시장을 떠난 여성들이 많았지만, 두 차례의 세계대전은 여성도 노동인력이라는 개념을 공고히 했다. 여성만 혜택을 입은 것은 아니었다. 여성들이 참여한 기업은 물론 넓게는 경제도 여성의 노동시장 참여로 이득을 봤다.

그런 이득은 오늘날에도 유효하다. 최근 맥킨지가 미국, 캐나다, 영국, 중남미의 다양한 산업에서 활동하는 366곳의 상장 기업에 관한 데이터를 분석하고 흥미로운 결과를 내놓았다. 성 다양성 항목에서 상위 25퍼센트에 속하는 기업들이 자국의 업계 중앙값보다 높은 재무 성과를 달성할 가능성이 15퍼센트 높았다.[12] 또한 여성이 경영하는 조직들의 재무 성과가 더 좋았다.[13] 노동인구에서 여성 비중이 증가하는 것은 경제 성장을 가속화시킨다.[14] 노동인구에 여성의 수가 증가하면 GDP를 최대 21퍼센트까지 끌어올릴 수 있다.[15]

그러나 변화에는 필히 저항이 따른다. 산업혁명 중에 공장과 사무실을 파고들면서 여성이 노동시장에 처음 합류했을 때, 남성 대부분은 여성들을 자신의 지위에 대한 위협으로 간주했다. 많은 여성이 남성의 일자리를 빼앗았다고 비난받았다. 실제로는 그렇지 않았지만 말이다.[16] 아내와 엄마 역할을 병행해야 하는 워킹맘들에 대한 반발은 훨씬 거셌다. 워킹맘들은 청소년 범죄 증가의 원인으로 지목돼 비난의 화살을 고스란히 맞았다. 남성과는 달리 여성은 가정 밖에서 일할 때도 가족을 보살펴야 하는 딜레마에 빠졌다.

여성이 직면한 저항의 이면에 어떤 심리가 작용하는지 만천하가 안다. 우리는 여성을 공동의 자산 같은 존재, 즉 타인지향적이고 정숙하며 다정하고 도움을 주고 이해심 많고 친절한 존재로 생각하는 반면 남성은 주체적 인간, 즉 독립적이고 강인하고 단호하고 자기중심적이고 유능하고 경쟁심이 강하다고 여긴다. 그리하여 남성은 자신의 목표를 추구하는 반면 여성은 가족을 돌보며 가정의 울타리 안에 머물러주기를 기대한다. 그런 기대가 직장에서 여성과 남성을 바라보는 관점을 형성한다. 직장에서 권위적인 남성은 '상사'로, 권위적인 여성은 '갑질'하는 사람으로 평가받고, 자기표현이 확실한 남성은 설득력 있는 사람으로, 자기표현이 확실한 여성은 강압적인 사람으로 여겨진다.

이는 채용과 인사고과와 승진심사에서 편견으로 귀결된다. 한 연구에서 남녀 대학생을 모집해 필라델피아에 있는 65개의 다양한 레스토랑에 입사지원서를 내도록 했다.[17] 학생들의 이력서는 배경과 경험이 엇비슷하게 작성됐다. 그들이 지원하는 일자리도 웨이터나

웨이스트리스로 동일했다. 결과는 어땠을까? 고급 레스토랑 일자리 대부분(13개 중 11개)은 남학생 차지였던 반면 저가 레스토랑 일자리는 대부분(10개 중 8개) 여학생에게 돌아갔다. 짐작하겠지만 고급 레스토랑에서 일할 때 수입이 훨씬 많을 것이고, 이는 채용에서의 명백한 성차별이 남녀의 소득 차이로 귀결된나는 뜻이다. 이는 레스토랑에게도 손해다. 가장 유능한 직원을 채용할 기회를 놓치는 것이기 때문이다.

힘든 채용 문턱을 넘은 뒤에도 여성의 고난은 끝나지 않는다. 2014년에 28개 기업으로부터 입수한 248건의 인사고과 데이터를 분석한 연구에 따르면, 남성의 인사고과 중 비판적인 피드백이 포함된 비율은 59퍼센트였던 반면 여성은 88퍼센트였다.[18] 또한 여성은 성격을 비판받을 가능성이 더 컸다. 가령 목소리에 힘을 빼고 좀 더 나긋나긋하게 말하거나 덜 까칠하게 행동하라고, 한 걸음 물러나서 다른 사람들에게 기회를 양보하라고, 덜 비판적인 태도를 키우라고 피드백받은 여성들도 있었다.

1982년 서른여덟 살이던 앤 홉킨스(Ann Hopkins)는 회계법인 프라이스 워터하우스(Price Waterhouse)에서 파트너 후보에 올랐다.[19] 4년 전에 입사한 이후 그녀는 회사에 약 4천만 달러를 벌어줬고, 이는 어떤 파트너 후보보다 높은 성과였다. 또한 홉킨스는 1981~82년에 88명의 후보 중 누구보다 높은 수임료를 받았다. 그녀의 부서가 준비한 후보 추천서는 홉킨스가 "탁월한 성과"를 거뒀다고 칭찬했다. 그러나 많은 남성 파트너들은 홉킨스가 지나치게 "남성적이고" "예절학교"에 다닐 필요가 있다고 평가했다. 후보에 이름을 올린 사람 중 절반 이상이 파트너로 승진했지만 유일한 여성 후보였던 홉킨스는 고배를 마셨다.

투표권을 가진 파트너들은 홉킨스가 "너무 공격적이고" "지나치게 엄격하고" "함께 일하기 어렵고" "직원들을 너무 닦달하고" "여성이라는 이유로 지나치게 대우받고" "많은 사람들이 싫어하는 비호감"이라고 평가했다. "걸음걸이와 말투를 여성스럽게 바꾸고, 좀 더 여성다운 옷을 입고 화장도 하며 헤어스타일에도 신경을 쓰고 액세서리를 착용하라"고 조언한 사람도 있었다. 이런 부정적인 피드백에 비해 그녀가 받은 칭찬은 인색하기 짝이 없었다. 홉킨스는 "독설가에 약간 남성적이고 고집 센 관리자에서 권위 있고 강력하면서도 훨씬 매력적인 여성 파트너 후보로 성숙"했다.

홉킨스가 전통적인 여성상에 부합하는 인물이 아니었음은 분명하다. 그녀는 뱃사람처럼 옷을 입었고, 점심시간에도 맥주를 마셨고, 담배를 피웠고, 오토바이를 탔고, 핸드백 대신 서류가방을 들었고, 화장이나 액세서리는 하지 않았다. 화장품에 알레르기가 있었기 때문이지만, 그렇지 않다 해도 3중 초점 안경을 써야 할 만큼 시력이 나빠 화장하기도 어려웠다. 게다가 필요한 물건을 서류가방에 넣는 것이 핸드백을 가지고 다니는 것보다 훨씬 편리했다. 특히 여행가방을 끌고 다닐 때는 더욱 그랬다. 어쨌건 홉킨스는 그런 사소한 문제들이 자신의 일과 무슨 관련이 있는지 도무지 이해가 안 됐다.

프라이스 워터하우스는 홉킨스에게 "파트너 자리에 요구되는 개인적인 자질과 리더십 자질"을 증명해 보일 1년의 시간을 줬다. 그런데 불과 넉 달 후 홉킨스는 승진 가능성이 물 건너갔다는 사실을 알게 됐다. 모든 것을 고려할 때 업무에 대한 평가가 아무리 우호적이어도 승진하지 못할 터였다. 반면 그녀와 함께 승진이 유보됐던 나머지 19명의 남성은 상황이 훨씬 유리했다. 그들 중 15명이 그해에 파트너로 승진했다. 그 일로 홉킨스는 인내심의 한계에 도달해 크리스마스를 나흘 앞두고 사표를 냈다.

비록 1980년대 얘기지만, 35년이 흐른 오늘날까지도 고위직에 여성이 턱없이 부족하다. 2017년 〈포춘〉이 선정한 500대 기업 중 여성 CEO가 이끄는 기업은 32곳에 불과했다. 한 가지 이유는, 효과적인 리더십에는 남성적 특성들이 요구된다고 생각하기 때문이다. 연구에 따르면, 누구나 마음속에는 좋은 관리자는 대개 남성이라는 인식이 자리하고 있다.[20] 여성은 종종 남성보다 능력이 떨어지고 리더십이 부족하다고 여겨지고, 그리하여 직장에서 저돌적으로 행동하고 고위직에 오르기 위해 노력할 때 반발에 부딪힐 가능성이 더 크다. 심지어 동성의 지지를 얻기도 힘들다. 여성이 책임자가 되면 여성과 남성 모두가 그녀가 기가 세고 권위적이거나 냉혹하고 성미가 고약하거나 공격적이라고 비난한다. 이 모든 특성은 온화함과 복종같이 전통적으로 '여성적인' 특성과 정면으로 배치된다.

반면 여성들이 무대 뒤에서 비지땀을 흘리는 경우는 굉장히 흔하다. MBA 과정을 가르칠 때 학생들에게 그룹 프로젝트 과제를 내주는데, 학생들은 좋아하지 않지만 팀워크까지 가르칠 수 있는 매우 효과적인 교수 방법이다. 그렇지만 나는 그룹 프로젝트를 평가할 때 매번 같은 문제를 다루느라 많은 시간을 허비한다. 한 학생이 과제의 대부분, 혹은 전부를 하고도 모든 팀원이 동일한 점수를 받는다는 문제다. 또 다른 팀원들이 끝내지 못하거나 완성도가 떨어지는 부분을 떠안아 마무리하는 팀원은 언제나 여학생이다.

내 학생들만 그런 건 아니다. 연구 결과에 따르면 이런 현상은 보편적이다. 집단 내의 여성들이 남성들보다 일을 더 많이 하진 않아도 최소한 동일한 양을 부담하는데도 남성들이 더 많이 인정받는다.[21] 가령 남성 직원이 새로운 아이디어를 내면 업무평가 점수가 높아지는 반면, 여성 직원이 똑같은 아이디어를 내면 그녀의 업무 수행에 대한 관리자의 인식은 아무 변화가 없다. 경영자 직급이라고 해서 다르지 않다. 확실하게 자기 의견을 밝힐 때 남성 경영자들은 능력평가에서 10퍼센트 높은 점수를 받지만, 여성 경영자들이 똑같이 행동할 때는 도리어 14퍼센트가 낮아진다.

이는 여성뿐만 아니라 조직에게도 좋지 않다. 아직 활용되지 못한 잠재력이 얼마나 많은지 생각해보라. 누군가가 책임을 대신 떠안아줄 걸 알기 때문에 업무를 태만히 할 때, 팀은 잠재력을 최대한 발휘하지 못한다. 조직 전체도 마찬가지다. 모든 구성원이 참여해서 기여할 때 이득이 얼마나 많을지는 아무리 강조해도 모자라다.

2010년 7월 하버드경영대학원에서 부교수로 승진하고 채 한 달이 지나기 전에 처음으로 최고경영자 과정 수업을 맡게 됐다. 내 수업은 전 세계 다양한 조직에서 일하는 리더들을 위한 한 주짜리 프로그램의 일부였다. 90명에 달하는 노련한 경영자들에게 효과적인 협상가가 되는 방법을 가르친다는 사실에 처음에는 긴장했다. 그러나 그 주가 끝났을 때는 지난 한 주간의 수업이 성공적이었다고 자평할 수 있었다. 하지만 그런 자평은 오래지 않아 어이없는 일로 무너졌다. 최고경영자 프로그램의 책임자가 나를 찾아와서 조금 후에 학생들의 피드백을 발송할 예정이라고 말했다. 그는 나를 화나게 만들 피드백이 하나 있을 거라고 귀띔해줬다. 내가 그 피드백을 마음에 담아두지 말고 계속 앞으로 나아가길 바라는 마음에서 미리 알려주고 싶어 한 것이다.

1시간쯤 후 이메일이 도착했다. 수업에 대한 평가는 전반적으로 좋았지만, 눈에 띄는 피드백이 하나 있었다. "지노 교수는 몸에 덜 붙는 옷을 입어야 합니다. 그렇게 한다면 학생들이 그녀의 옷차림에 주의가 분산되지 않고 수업에 더욱 집중할 수 있을 겁니다." 몸매가 고스란히 드러나고 가슴이 깊이 파인 드레스를 입었냐고? 천만에. 어두운 색상의 보수적인 바지 정장을 입었다. 물론 여성 정장이라 여성의 굴곡 있는 몸에 맞도록 재단됐지만 절대로 몸에 들러붙거나 몸매를 드러내는 옷이 아니었다.

몇 년 후에 나는 또다시 최고경영자 과정 수업을 맡았다. 이번에는 나도 경험이라는 무기가 있었다. 게다가 배도 아주 많이 나왔다. 당시 나는 임신 8개월이었다. 수업을 시작하기 전이었다. 한 남성이 오더니 임산부는 쉽게 피곤해지는 걸로 알고 있다며 수업을 다른 사람에게 맡기는 게 좋지 않겠냐고 말했다. 나는 순간 뭐라고 대답해야 할지 몰라 벙어리가 됐다. "어쨌든 행운을 빕니다." 어색한 침묵을 깨며 그가 말했다. "상황이 어떻게 되는지 같이 지켜보죠."

수업이 시작되고 강의실을 죽 둘러보니 대부분 남성이었다. 나는 그들이 왜 경험이 더 많고 더 날씬한 교수가 자신들의 수업을 맡지 않는지 의아해할 거라는 생각을 떨쳐버릴 수가 없었다. 탈진해서 기절하거나 갑자기 진통을 시작할 위험이 없는 교수 말이다. 그들은 의자 등받이에 기대 몸을 뒤로 젖혔다. 마치 내가 하려는 말에 아무 관심이 없음을 온몸으로 시위하는 것 같았다. 다른 말로 교수로서의 내 능력을 의심하는 듯 보였다. 내 느낌이 옳았을까? 아니면 수업 시작 전에 들었던 그 남성의 말이 마음에 걸려 괜한 자의식이 발동했던 걸까?

이후에도 그런 심란한 순간들이 종종 있었다. 최고경영자 과정 수업이나 컨설팅 회의를 준비할 때, 현장에서 교육 프로그램을 이끌 때 그런 순간들이 찾아왔다. 그럴 때마다 나는, 내가 여성이라는 걸 알고 사람들이 나에 대해 어떤 기대를 할지 알고 싶어진다. 강의실에 들어갈 때도 마찬가지다. 가끔 내 수업을 들은 여성들로부터 그녀가 조직에서 받았던 피드백에 대해 듣는다. 그녀들의 복장에 대한 개인적인 의견과 그녀들의 확실한 자기표현에 대한 비판은 물론 실질적인 업무와 전혀 무관한 이런저런 평가들 말이다.

잠시 생각해보자. 회의에 참석했는데 당신 혼자 여성이다. 누군가가 입을 열기도 전에 당신은 자신이 어떻게 비칠까 주눅이 들고, 그래서 선뜻 입을 열기가 힘들다. 그러던 중에 한 남성이 불쑥 의제를 제안한다. 당신은 어떤 주장을 펼치려고 노력하지만 목소리에 초조함이 그대로 묻어난다. 당신의 불안감을 감지한 남성들은 당신이 제기하는 문제를 무시한다. 그들의 노골적인 무시로 당신은 크게 동요하고, 결국 입을 다문다. 참으로 안타까운 일이다. 회의 주제가 당신이 아주 잘 아는 내용이기 때문이다. 용기를 그러모아 다시 토론에 참여할 때도 당신은 충분한 발언 기회를 잡기 힘들다. 결국 당신의 전문지식이 고려되지 못해 나쁜 결정이 내려지고 만다.

이건 단순히 가상의 시나리오가 아니다. 실제로 이런 일은 비일비재하다. 특히 수적으로 열세일 때 여성들은 말하는 도중에 누군가가 끼어들어 더 큰 소리로 말하는 바람에 입을 다물게 되는 건 물론이고 심지어 의견을 분명하게 밝혔다는 이유로 불이익을 받는 경우가 흔하다. 많은 연구들이 꾸준히 증명하고 있듯 기업 사무실에서, 학교 이사회에서, 주민 총회에서, 정부에서, 남성들이 대화와 의사결정 과정 모두를 지배한다. 더 많은 힘을 가질수록 더 많이 말한다. 하지만 여성에게는 해당되지 않는다.[22] 직장에서 분노를 표출할 때도 비슷한 양상이 벌어진다. 남성은 더 많은 존경과 권위로 보상받지만 분노를 표출하는 여성은 무능하고 무가치하게 여겨지며 불이익을 받는다.[23] 이런 경험은 자신감과 미래의 행동에 영향을 미친다. 예를 들어 최고경영자 과정 수업에서 내가 들었던 성차별적인 발언들은 앞으로 경영자들을 가르치는 것을, 또한 그들과 상호작용하는 것 자체를 불안하게 만들었다.

미국의 저명한 사회심리학자 클로드 스틸(Claude Steele)은 이 현상을 '고정관념 위협(stereotype threat)'이라고 부른다. 여학생들이 수학과 과학에서 선천적으로 열등하다는 고정관념에 대해 생각해보자. 한 연구에서 보면, 수학시험을 치르기 전에 의도적으로 성별을 상기시켰을 때 실력이 엇비슷한 남학생들에 비해 여학생들의 성적이 더 낮았다.[24] 연구자들은 여학생의 성적이 낮은 이유가 여성이 수학에서 열등하다는 부정적인 고정관념을 증명하게 될까봐 걱정했기 때문이라고 결론 내렸다. 그렇지만 시험을 치르기 전에 남녀의 능력이 똑같다고 안심시켰을 때 여학생들은 남학생들과 엇비슷한 결과를 얻었다.

흑인과 중남미계 학생들에서도 비슷한 결과가 나타났다. 그들이 백인보다 학업 능력이 떨어질 거라는 고정관념이 있고, 자신의 인종을 인식하도록 조장됐을 때 실제로 고정관념을 뒷받침하는 결과가 나온다. 시각적인 신호 역시 자신의 처지를 상기시키는 효과가 있다. 한 연구를 보면, 남녀가 섞인 환경에서 수학시험을 치를 때보다 여학생들끼리 시험을 치를 때 성적이 더 높았다.

고정관념의 부정적 결과는 학업에만 국한되지 않는다. 고정관념에 노출될 때 우리는 남들에게 배척당하고 야망이 적어지며 일에 몰입하지 못한다. 또한 리더, 협상가, 기업가, 경쟁자로서의 잠재력을 발휘하지 못한다.[25] 당연한 말이지만 그런 결과는 조직에도 손해를 입힌다. 더욱 심각한 문제는 악순환이 만들어진다는 것이다. 여성은 고정관념이 틀렸음을 증명하는 데 에너지를 소비하느라 과제를 수행하기 위한 에너지가 부족하게 된다. 이는 더 많은 스트레스를 유발하고 수행 능력과 성과를 저하시키며 일터에서, 특히 리더의 자리에 여성이 부족한 현상을 지속시킨다. 우리 모두는 어떤 집단의 일원이고, 또한 우리는 고정관념의 잣대로 판단될 수 있음을 잘 안다. 단언컨대 고정관념의 위협에 영향받지 않을 수 있는 사람은 없다.

그래도 좋은 소식이 있다. 기대는 결과에 영향을 미친다. 한 연구에서, 환자들은 치과치료 후의 통증을 완화시키기 위해 이틀간 모르핀 주사를 맞았다.[26] 사흘째엔 식염수 주사를 맞았지만 환자들은 강력한 진통제라고 생각했다. 위약 효과로, 식염수 주사를 맞은 환자들이 모르핀 주사를 맞은 환자들보다 통증을 훨씬 잘 참았다.

기대의 효과는 명백하다. 조만간 잠재고객을 만나거나 새로운 동료들과 공동 프로젝트를 진행하게 되거나 혹은 경영자들을 가르치는 수업을 맡게 될 거라는 사실을 안다고 하자. 그 사실 하나가 스스로의 능력에 대한 기대로 이어진다. 그리고 자신이 잘할 거라고 기대한다면 마음이 편안해지고 더욱 흥분될 것이다. 한 연구에 따르면, 기대로 말미암아 실제로 그 일을 잘 수행할 뿐 아니라 더 유능하고 심지어 더 재치 있는 사람으로 평가받을 가능성이 높다.

비슷한 방식으로 우리는 다른 사람들에 대해서도 기대를 할 수 있다. 최고경영자 과정 수강생 명단을 미리 살펴볼 때를 예로 들어보자. 나는 학생들이 통찰이 번뜩이는 주장을 펼치고 어려운 과제도 성공적으로 수행할 걸로 기대할 수 있다. 연구에 따르면, 일단 기대를 하면 학생들을 대하는 행동이 달라지고 긍정적인 기대를 확인하는 방식으로 학생들을 대하게 된다.

그리스 신화 중 피그말리온 이야기가 있다. 피그말리온 이야기는 고대 로마의 시인 오비디우스(Ovidius)가 쓴 운문 형태의 신화전설집 《변신 이야기(Metamorphoses)》에 가장 생생하게 묘사돼 있다. 그 책에 따르면, 피그말리온은 키프로스 출신의 재능 있는 조각가인데 매춘부들에게 환멸을 느껴 여성에 대한 흥미를 완전히 잃었다. 오직 조각에만 전념하던 피그말리온은 오랜 시간 공을 들여 상아로 아름다운 여인상을 조각했고, 갈라테이아(Galatea)라는 이름을 붙였다. 피그말리온은 자신이 창조한 여인에 온 마음을 빼앗겼다. 갈라테이아는 완벽함의 결정체였다. 피그말리온은 사랑에 빠져서 조각상에 구슬 장식, 조개껍질, 노래하는 작은 새, 꽃 등 선물을 바치기 시작했다. 사랑의 열병을 앓던 그는 급기야 아프로디테에게 갈라테이아를 사람으로 만들어달라는 소원을 빌었고, 갈라테이아는 진짜 사람이 됐다. 피그말리온의 기대가 갈라테이아에게 생명을 가져다준 셈이다. 여기서 '피그말리온 효과'라는 개념이 탄생했다.

피그말리온 이야기는 수세기에 걸쳐 꾸준히 재생산됐다. 조지 버나드 쇼가 극본을 쓰고 1912년에 무대에 올랐던 연극 〈피그말리온〉이 대표적이다. 이 작품은 1956년 브로드웨이에서 뮤지컬로 공연된 이후 영화로도 제작됐는데 바로 〈마이 페어 레이디〉다. 버나드 쇼의 〈피그말리온〉에서 남자 주인공은 언어학자 헨리 히긴스로 그는 런던 동부의 거친 코크니(Cockney) 사투리를 쓰는 꽃 파는 처녀 일라이자 두리틀을 세련된 숙녀로 만들기 위해 열심히 노력한다. 그러던 중에 히긴스는 그녀에게 푹 빠진다.

심리학자들은 누군가에 대한 기대가 자기실현적 예언이 되는 현상을 '피그말리온 효과'라고 명명하고 본격적으로 연구했다. 1965년 샌프란시스코의 한 초등학교 학생들은 평범한 IQ 테스트를 치렀다. 하지만 연구진은 앞으로 성적이 크게 향상될 학생을 확인하기 위한 시험이라고 말했다.[27] 그리고 얼마 후 교사들에게 지적 잠재력이 매우 크다고 '확인'된 학생들의 이름을 알려줬다. 실제로는 성적과 무관하게 무작위로 뽑은 명단이었다. 하지만 학년 말에 같은 테스트를 다시 치렀을 때 그 학생들은 명단에 포함되지 못한 학생들보다 성적이 크게 향상됐다. 그 학생들과 나머지 학생들 사이의 차이는 딱 하나였다. 바로 그들에 대한 교사들의 기대였다.

가끔 나도 강단에서 피그말리온 효과 덕을 톡톡히 본다. 동료들—대개 남성인 데다 나보다 연장자들이다—은 최고경영자 과정 수업에서 나를 소개할 때 많은 상을 받았다거나 이례적으로 아주 젊은 나이에 정교수로 임명됐다는 사실을 강조한다. 권위 있는 사람의 이런 칭찬은 학생들이 수업에 들어올 때 고정관념을 토대로 품을지 모를 나에 대한 낮은 기대를 끌어올리는 것 같다.

우리는 스스로에게도 그렇게 할 수 있다. 한 연구에 따르면, 중요한 일을 앞두고 스스로에게 마음을 가라앉히라고 말하는 대신 흥분된다고 말하는 것만으로도 불안감을 줄이고 성과를 높일 수 있다.²⁸ 혹은 불안감에 전전긍긍하기보다 학습과 개선의 기회로 생각해도 좋다. 반항아는 다른 사람은 물론 자기 자신에게도 최선의 것을 기대한다. 나는 2010년 가을에 (고정관념의 위협에 굴복하는 대신) 이런 반항아 정신을 적극적으로 활용하기로 결심했다. 몸에 붙는 옷과 관련된 피드백을 받았던 최고경영자 과정 수업을 또다시 제안받은 때였다. 일단은 제안을 받아들였지만, 교수진 이름을 확인한 후에는 ─ 모두가 믿을 수 없을 만큼 대단한 성취를 이룬 남자 교수들인 데다 오랜 경험으로 노련함까지 겸비했다 ─ 초조함과 긴장감이 엄습해왔다. 나는 교수진에서 홍일점이었고 외국인이라 억양이 이상한 영어를 쓸 뿐만 아니라 (내가 가르칠 경영자들보다 젊은 건 말할 필요도 없고) 교수진에서 가장 어렸다. 하지만 첫 수업을 하러 강의실로 가면서는 내게 아주 좋은 학습 기회가 될 거라는 사실에 집중했다. 그토록 대단한 교수진에 포함된 건 스트레스를 받을 일이 아니라 흥분할 일이었다. 수업은 아주 성공적이었다. 그리고 나는 그 교수진의 정식 일원이 됐다.

고정관념 위협과 싸우면 다른 혜택도 따라온다. 고정관념 위협에 대항하는 투사가 돼 좋은 선례를 남긴다면 다른 사람들에게도 동기를 부여할 수 있다. 우리의 사례가 다른 사람들의 사고방식을 바꿀 수 있고, 가끔은 아주 강력한 방식으로 그렇게 할 수 있다.

1966년 2월 샌디에이고에 살던 스물세 살의 로버타 '바비' 깁 (Roberta 'Bobbi' Gibb)은 보스턴 체육협회로부터 고대하던 편지를 받았다.[29] 그녀는 서둘러서 봉투를 뜯었다. 다가오는 4월에 열릴 보스턴 마라톤대회에 참가 신청을 했던 깁은 편지에 그녀의 공식적인 등번호가 들어 있기를 기대했다. 그러나 그녀의 기대는 산산조각 났다. 여성은 대회에 참가할 수 없다는 내용이었다. 편지에 따르면, 여성은 마라톤을 완주하는 것이 "생리적으로 불가능"했다. 평생 달리기를 해온 깁은 특히 보스턴 마라톤대회를 위해 2년간이나 구슬땀을 흘리며 훈련해왔는데 말이다.

대회가 열리는 날 깁은 출발선에 모습을 드러냈다. 본명인 로버타가 아니라 바비라는 가명을 썼고 운동복 상의에 달린 모자로 머리카락을 감췄다. 그러나 경기 중에 다른 참가자들이 깁이 여성임을 알아차렸다. 깁의 생각과는 달리 그들은 응원을 보냈고 그녀는 응원에 힘입어 모자를 벗었다. 언론의 레이더에 깁이 포착됐다. 이내 관중도 열렬한 응원을 보냈다.

깁이 남성 참가자들의 3분의 2보다 앞서 결승선을 통과했을 때 그곳에는 매사추세츠 주지사가 그녀를 축하하기 위해 기다리고 있었다. 1972년, 보스턴 마라톤대회는 최초로 여성 참가를 허용했다.

사례들은 강력한 힘을 발휘한다. 쉬운 예를 들어보자. 사회생활을 하는 어머니보다 전업주부로서 아이들을 돌보는 데 전념하는 어머니가 바람직하고 헌신적이라는 고정관념이 있다.[30] 그렇지만 일하는 어머니 밑에서 성장한 딸들은 성인이 돼 사회생활을 할 때 어머니가 선택한 삶의 경로에서 도움을 받는다. 한 연구에 따르면, 일하는 어머니를 둔 여성은 전업주부인 어머니 밑에서 성장한 여성보다 관리자 직책을 차지할 가능성이 더 높다. 워킹맘의 딸들은 돈을 더 많이 번다. 미국의 경우에는 전업주부의 딸들보다 23퍼센트 더 많이 벌었다. 그렇다면 아들은 어떨까? 어머니의 사회생활은 아들의 경력에 아무 영향을 미치지 않았지만, 전업주부의 아들보다 가정을 꾸렸을 때 집안일과 자녀 양육을 분담할 가능성이 더 높았다.

몇 년 전 하버드경영대학원에서 사례연구에 다양한 역할 모델을 포함시키는 문제가 토의된 적이 있다. 2014년 전체 사례연구 주인공 가운데 여성의 비율은 약 20퍼센트였다. 사례연구는 학생들에게 어떤 사람이 리더로서 적절한지 암묵적인 메시지를 준다. 니틴 노리아(Nitin Nohria) 학장은 이런 사실을 깨달은 후에 교수들에게 여성과 소수자가 주인공인 사례연구를 더 많이 찾으라고 독려했다.

차별에 대해 공개적으로 비판했다가 경력에 부정적인 결과를 가져올까 두려운 건 인지상정이다. 그렇기 때문에 그런 두려움에도 불구하고 그렇게 할 만큼 용기 있는 사람들이 특히 큰 영향을 미칠 수 있다. 2017년 10월 미국 주간지 〈뉴요커〉에 실린 한 기사에서 로넌 패로우(Ronan Farrow) 기자는 할리우드의 거물 제작자 하비 와인스틴(Harvey Weinstein)이 다수의 여성에게 성폭행을 저질렀다는 혐의를 폭로했다.[31] 이후 수주에 걸쳐 유명한 남성들의 성폭력 사실이 잇따라 폭로됐다. 미국의 배우이자 가수인 알리사 밀라노가 여성들에게 #미투 해시태그를 통해 성폭력 피해 사실을 밝히자고 촉구했을 때 수천 명의 여성이 열렬히 응답했다. 하루에만 트위터 공간에서 #미투 해시태그가 50만 회나 사용된 적도 있었다. 초기에는 #미투 트윗들이 할리우드 영화계에서 터져나왔다. 얼마 지나지 않아 언론계 여성들이 동참했고, 이후에는 예술계와 코미디계, 정치계로 확산되면서 마치 들불처럼 번져나갔다.

몇몇 여성이 용기를 내어 부당함을 폭로했을 때 다른 여성들도 더 이상 두려움을 갖지 않았다. 이것이 바로 사례의 힘이다. 우리 모두는 크건 작건 태도를 바꿀 기회가 있다. 막내딸 엠마를 임신했을 때의 일이다. 눈에 띄게 부른 배를 안고 교정에서 팔 벌려 뛰기를 할 때면 사람들이 뭘 하는 거냐고 묻곤 했다. 나는 이렇게 대답했다. "고정관념을 무너뜨리고 있어요."

2009년 어느 날, 도이치은행(Deutsche Bank)의 매니징 디렉터(managing director, MD. 전무나 상무에 해당—옮긴이)이자 글로벌 다양성 책임자였던 아일린 테일러(Eileen Taylor)가 심란한 사내 데이터를 살펴보고 있었다.[32] 여성 MD들이 회사를 떠나고 있다는 데이터였다. 물론 MD 직책을 수행하자면 스트레스가 상당하고 과중한 업무로 장시간 근무가 불가피하다. 그래서 여성 MD들이 일과 가정의 양립 문제로 회사를 그만둘 수도 있겠다고 이해가 됐다. 그러나 좀 더 깊이 조사했을 때 테일러는 예상과는 다른 사실을 알게 됐다. 그들이 회사를 떠나는 이유는 다른 직장의 더 나은 자리로 옮겨가기 위해 서였다. 퇴사 시점도 중요한 점을 시사했다. 모두가 승진에서 탈락한 후 퇴사했던 것이다. 만약 도이치은행이 전도유망한 직원들의 니즈를 무시해서 그들을 잃는다면, 절대 좌시해선 안 될 문제였다.

여성 리더들을 유지하고 여성을 위한 리더 직책을 확대할 수 있는 기업은 커다란 이득을 얻는다. 이는 2009년 테일러가 도이치은행에 바랐던 일이기도 했다. 메릴랜드대학교 스미스경영대학원의 크리스티안 데죄(Christian Dezsö)와 컬럼비아대학교 법과대학원에서 협상 이론을 가르치는 데이비드 로스(David Ross)는 1992~2006년 데이터를 토대로 스탠더드 & 푸어스 1500 종합지수(Standard & Poor's 1500 Composite)에 포함된 기업 대부분에서 경영자 직급의 규모와 성비를 조사했다.[33] 그들 기업은 미국의 주식시장을 대표하는 집단이다. 데죄와 로스는 다른 조건이 모두 동일할 때, 여성 리더가 평균 4,200만 달러(약 487억 3천만 원)의 기업 가치를 추가로 창출한다는 결론을 얻었다. 아울러 혁신에 초점을 맞추는 기업은 경영자 직급에 여성이 포함될 때 더 큰 성과를 달성한다는 사실도 밝혀졌다. 세계적인 투자은행 크레딧스위스 산하연구소(Credit Suisse Research Institute)의 연구자들은 2,360개 기업의 2005~2011년 데이터를 분석했다. 그 결과, 이사회에 여성 이사가 최소 한 사람 이상 포함된 기업들의 자기자본 대비 순부채 비율이 더 낮았고 평균 자기자본 이익률(return on equity, ROE)과 평균 성장률이 더 높다는 사실을 발견했다.

여성 인력이 증가할 때의 이득은 재무적 성과를 훨씬 뛰어넘는다. 아이디어와 의사결정의 질을 포함해 조직의 모든 수준에서 성과가 나타난다. 내가 진행한 연구에 따르면, 성 다양성은 활기찬 환경을 조성해 더 많은 인재를 유치하고 보유하는 데 도움이 된다.[34] 잠재직원은 특정 기업이 성 다양성 지수가 높다는 사실을 알 때 그 기업에 입사하기 위해 더 노력한다.

다시 아일린 테일러 이야기를 해보자. 테일러는 문제를 확인한 이상 가만있을 수 없었다. 먼저 그녀는 고위 리더 육성전략(Accomplished Top Leaders Advancement Strategy), 줄여서 ATLAS라고 불리는 프로그램을 출범시켰다. 이 프로그램의 골자는 도이치은행의 여성 리더들과 사내 경영위원회의 여성 멘토들을 짝지어주는 것이었다. 백인과 소수계층 출신들의 이력을 조사한 연구에서 보면, 조직의 승진 사다리를 가장 높이 올라가는 유색인종 리더들은 공통점이 있다. 조직 내부에 후원자와 멘토로 구성된 강력한 인맥이 있다는 점이다. 대인관계는 조직의 사다리를 올라가는 모든 사람에게 중요하지만, 특히 여성과 소수계층에게 더 중요하다. 예를 들어 듀버네이는 〈퀸 슈거〉 감독으로 여성들만 채용하고자 했다. 듀버네이는 미국의 엔터테인먼트 전문 주간지 〈할리우드 리포터〉와의 인터뷰에서 이렇게 말했다. "〈왕좌의 게임〉이 남성 감독들만 기용해서 세 개의 시리즈를 제작할 수 있다면, 여성 감독들로만 시리즈 세 개를 만들지 못할 이유가 없습니다." 〈퀸 슈거〉의 첫 번째 시리즈를 위해 채용된 모든 감독은 영화제 경쟁 부문에 초청된 경력이 있음에도 TV 드라마 감독 일자리를 찾을 수 없던 사람들이었다. 〈퀸 슈거〉를 감독한 후 그들은 모두 다른 파일럿 프로그램이나 TV 쇼 감독으로 발탁됐다.

도이치은행에서 테일러가 추진한 이니셔티브는 여성 리더의 수를 유의미한 수준으로 끌어올렸고 그들과 강력한 옹호자들을 연결시켰다. 그 프로그램에 참여한 여성 중 3분의 1이 승진해서 더 큰 역할을 맡았다. 또 다른 3분의 1은 자리가 생겼을 때 언제든 승진할 준비가 된 것으로 여겨졌다. 2009년 ATLAS가 출범한 후 도이치은 행에서 여성 매니징 디렉터의 수는 50퍼센트까지 증가했다. 도이치은행의 이러한 노력은 충분한 보상을 받았다.

실제로 넓게는 국가와 지역사회, 좁게는 조직과 집단이 다양성으로 얻는 혜택을 단적으로 보여주는 연구 결과가 있다.[35] 2009년 506개 기업의 데이터를 분석한 자료에 따르면, 성별이나 인종이 다양한 조직들이 매출과 고객 수, 이익 모두에서 우세했다.[36] 또 다른 연구에서는 직원들의 교육 배경과 이력이 다양한 조직이 훨씬 혁신적인 제품을 생산한다는 사실을 발견했다.[37] 게다가 국제적인 데이터를 분석한 다양한 연구를 보면, 국가들은 여행과 이민에 국경을 개방한 이후 기업활동부터 의학과 예술에 이르기까지 많은 척도에서 번영을 이뤘다.[38]

다양성 지수가 높은 지역 주민들도 혜택을 얻는다. 전화 통화 패턴을 분석한 결과에 따르면, 다양한 지역과의 상호작용은(즉 사회적 네트워크의 다양성은) 지역사회의 경제적 번영과 관련이 있다.[39] 비슷한 결과를 뒷받침하는 증거도 있다. 미국에서 해외 태생 거주민 비율이 높은 도시들은 재정적으로 훨씬 안정적이다.[40] 뿐만 아니라 경쟁이 심한 주식시장에서 인종적 다양성은 판단의 정확도를 높이고 편견을 줄이며 신중한 결정을 유도하고, 이는 가격거품을 예방한다.[41]

이런 데이터들은 대부분 상관관계가 있다. 하지만 다양성이 높은 게 더 나은 결과의 원인이라고 결론 내릴 수 있는 건 아니다. 여러 실험실 연구에서는 높은 다양성이 높은 성과를 불러온다는 인과관계가 증명되긴 했다. 실험실이라는 제한적인 조건 때문에 그런 연구들은 현장연구보다 작은 규모를 대상으로 한다. 확실한 사실은, 다양성이 낮은 동질적 집단은 편협한 사고와 집단사고(groupthink, 응집력 강한 집단의 구성원들이 의견 일치를 유도하고 비판을 하지 않는 것−옮긴이)에 더 취약하다는 점이다. 반면 다양성은 협업적인 환경이든 경쟁적인 환경이든 모두에서 혁신과 더 나은 의사결정을 끌어내고 팀워크를 강화하는 효과가 있음이 증명됐다.

이러한 증거들이 있음에도 불구하고, 동질적 집단이 훨씬 효과적으로 느껴질 수 있다. 누구나 편안함과 익숙함을 추구하는 경향이 있다. 동질적 집단에서 편안함을 느끼는 것은 2008년 노스웨스턴대학교의 남학생 클럽과 여학생 클럽을 대상으로 진행한 연구에서 잘 드러났다.[42] 이들 클럽의 회원이 된다는 건 종교나 정치 집단의 일원이 될 때와 비슷한 강력한 정체성을 부여한다. 그리하여 구성원들 사이에 서로의 사고방식이 비슷하다는 깊은 공감대가 형성되는 반면 외부인들과는 단절됐다는 인식이 강해진다.

연구진은 여학생 클럽 회원 132명과 남학생 클럽 회원 68명에게 가상의 살인사건을 해결하라는 과제를 내줬다. 같은 클럽 회원을 3 명씩 짝지어준 다음 20분 내에 살인사건에 대해 토론하고 3명의 용의자 중 범인을 찾아내도록 한 것이다. 토론을 시작하고 5분이 지났을 때 각 팀에 네 번째 구성원이 투입됐다. 이 네 번째 팀원은 나머지 3명과 같은 클럽 회원(즉 비슷한 사람)일 수도 있고 다른 클럽 회원(그들과 다를 가능성이 큰 사람)일 수도 있었다.

우선 각 팀은 최종적으로 결정한 범인의 이름을 밝혔고, 연구진은 팀 내 상호작용에 대한 설문을 실시했다. 다양성이 높은 집단, 즉 외부인이 포함된 팀은 그렇지 않은 팀들보다 팀 내 상호작용이 덜 효과적이라고 생각했다. 또한 자신들의 최종 선택에 대해 확신도 낮았다. 이는 우리의 통념을 뒷받침해준다. 동질적 집단 구성원들이 서로 더 잘 이해하고 협업이 원활히 이뤄진다는 생각이다. 반면 외부인을 상대하는 건 의견 충돌과 갈등을 야기하고, 이는 당연히 생산적이라고 생각되지 않는다.

그러나 학생들의 주관적인 생각과 객관적인 실험 결과는 전혀 달랐다. 외부인을 추가한 건 살인사건의 미스터리를 정확히 해결할 가능성을 29퍼센트에서 60퍼센트로 두 배나 끌어올렸다. 요컨대 인적 구성이 다양한 집단에서 일하는 것은 불편할지라도 더 좋은 결과를 낳는다. 흔히 생각하는 것과는 반대로, 다양성이 높으면 더 나은 결과가 도출된다. 왜냐하면 다양한 관점이 있는 상태에서 일하기가 더 어렵기 때문이다. 그렇다면 우리가 동질적 집단을 더 나은 성과와 연결시키는 이유는 무엇일까? 그 이유 중 하나는 우리가 쉽게 처리할 수 있는 정보를 선호하기 때문이다. 이는 심리학자들이 유창성 휴리스틱(fluency heuristic)이라고 부르는 심리적 편향이다.[43] 쉽게 받아들일 수 있는 정보는 더 진실하거나 더 매력적으로 생각된다. 우리가 자주 듣는 노래나 자주 보는 예술작품을 더 높이 평가하는 이유이기도 하다. 동의하지 않는 의견에 마주할 때 우리는 마음이 불편할 뿐 아니라 의견 충돌이 목표 달성을 어렵게 만들고 시간 낭비가 될 거라고 믿는다. 그러나 이런 믿음은 옳지 않다. 고통 없이는 얻는 것도 없다.

조직의 리더는 고정관념의 위력에 대해 깊이 생각하고 신중해야 한다. 건물 로비나 접대실에 잡지를 비치하는 것처럼 전혀 무해한 결정처럼 보이는 일도 다양성에 대한 조직의 태도를 드러내곤 한다.[44] 채용공고문에 사용된 단어들 또한 지원율에 직접적인 영향을 미친다. 특히 '지배적' '경쟁적' 같은 남성적 단어가 사용되면 그 일자리에 대한 여성들의 호감이 줄어든다. 그 일자리에 필요한 능력이 부족하다고 걱정해서가 아니라 자신이 그런 단어와 어울리지 않는다고 생각하기 때문이다.[45] 이런 것들은 고정관념 위협을 야기하고, 여성이나 소수자처럼 특정 집단에 대한 조직의 관점을 드러낸다.

리더는 조직에 소수자의 수를 늘리는 것으로 고정관념과 싸울 수 있다.[46] 이는 잠재직원들로 하여금 조직이 다양성에 높은 가치를 두고 있다고 생각하게 만든다. 역할 모델을 개발하는 데도 도움이 된다. 역할 모델이 있느냐 없느냐는 특정 고정관념이 따라붙는 사람들의 성공을 점쳐볼 수 있는 강력한 예측인자다.[47]

다양성이 높은 집단이 겪는 갈등의 양을 과대평가하는 것도 주의해야 한다. 한 흥미로운 연구에서, 연구진은 경영대학원 학생들에게 자신을 인턴 4명으로 구성된 여러 팀의 공동관리자로 생각하게 했다. 그리고 어떤 팀이 다른 팀보다 더 많은 자원을 요구했다고 하면서 그 팀 구성원들의 사진을 보여줬다. 4명 모두가 백인이거나 흑인인 팀도 있었고, 백인과 흑인이 반반씩 섞인 팀도 있었다. 마지막으로 연구진은 집단토론 회의록을 보여주면서 그것을 토대로 각 팀을 평가하도록 했다. 사실 모든 회의록은 동일했다. 그런데 갈등과 관련한 그들의 평가에서 흥미로운 결과가 나왔다. 백인과 흑인이 섞인 팀들이 갈등이 더 많다고 판단한 것이다. 결과적으로 이런 믿음은 비동질적 팀들이 요구하는 자원을 제공할 가능성을 낮게 만들었다.[48]

많은 리더가 갈등에 대한 두려움 때문에 다양성 높이기를 주저한다. 하지만 반항아들은 다르다. 그들은 갈등이 성장으로 이어질 수 있고, 이견은 결함이 아니라 집단의 특징이라는 사실을 정확히 이해한다.

2014년 6월 미국 프로농구 팀인 샌안토니오 스퍼스(Spurs)는 NBA 파이널에서 마이애미 히트(Heat)를 꺾고 7년 만에 우승컵을 되찾았다.[49] 16시즌 동안 다섯 번째 우승이었다. 스퍼스는 종종 '농구계의 유엔'이라고 불린다. 서른여덟 살로 팀에서 가장 나이 많은 선수 팀 던컨(Tim Duncan)이 스퍼스에 몸담은 세월은 팀의 가장 어린 선수의 나이와 맞먹는다. 그리고 농구계의 유엔이라는 별명이 보여주듯 스퍼스는 프랑스, 아르헨티나, 캐나다, 이탈리아, 브라질, 호주 출신 선수들로 구성돼 있다. 전체 선수의 절반 이상이 외국 출신이다. 그리하여 스퍼스는 NBA 팀들 중에서 지리적 다양성이 가장 큰 팀이 됐다. 게다가 성 다양성에서도 새로운 역사를 썼다. NBA 팀 최초로 여성 보조코치를 받아들인 것이다. 주인공은 여자 프로농구 WNBA 선수 출신의 베키 해먼(Becky Hammon)이었다.

NBA의 명장 가운데 한 사람인 그레그 포포비치(Gregg Popovich) 감독과 뛰어난 선수들이 스퍼스의 성공에서 핵심 동력임은 분명하다. 그러나 그게 다가 아니다. 다양성이 높은 팀의 문화도 한몫을 했다. 세르비아 출신 아버지와 크로아티아 출신 어머니 밑에서 성장한 포포비치 감독은 선수 각자의 배경을 이해하고 그들의 모국어로 대화하려고 노력하는 걸 철칙으로 삼았다. 한편 선수들은 서로에게 소외감을 주지 않으려고 영어로 말했다.

그러나 가끔 해외파 선수끼리 협공으로 전세를 역전시켰고, 이는 동지애와 전술적 이점 모두를 증가시켰다. 가령 프랑스 출신의 토니 파커(Tony Parker)와 보리스 디아우(Boris Diaw)는 경기 중 신속하게 소통할 필요가 있을 때면 프랑스어를 사용했다. 또한 호주 출신인 패티 밀스(Patty Mills)와 애런 베인스(Aron Baynes)는 종종 서로에게 자신들만 알아듣는 사투리로 말했다. 다양성은 구성원들이―다수에 포함되든 소수에 속하든 — 새로운 정보와 참신한 관점을 찾고 그 정보를 깊이 있고 정확하게 처리하도록 한다. 이는 더 나은 의사결정과 문제 해결로 이어지는 효과가 있다.

다양성에 노출되는 것만으로도 사고방식이 변한다. 2006년 일리노이대학교 학생들을 대상으로 진행한 연구에서 연구진은 학생들을 3명의 동성으로 구성된 집단으로 나누고, 각 집단에게 살인사건을 해결하라는 과제를 줬다. 이 환경에서는 정보 공유가 성공의 핵심 비결이었다.[50] 일부 집단은 백인으로만 구성됐고, 다른 집단은 백인 학생 2명과 아시아계나 아프리카계 혹은 중남미계 학생 1명으로 이뤄졌다. 일단 살인사건에 관한 정보가 모든 구성원에게 제공됐으며 구성원 각자에게 핵심 정보 하나씩을 별도로 제공했다. 범인을 정확히 색출하려면 자신이 가진 모든 정보를 토론 중에 공유해야만 했다. 결과부터 말하면, 다양성이 있는 팀들이 더욱 성공적이었다. 여기서 알 수 있는 건 무엇일까? 비슷한 사람들과 함께 있을 때 우리는 우리 모두가 동일한 정보를 갖고 있다고 생각하게 되며, 이는 참여도를 떨어뜨린다.

또 다른 연구를 소개하면, 민주당이나 공화당을 지지하는 186명을 모집해 동일한 살인사건을 해결하라는 과제를 내줬다.[51] 우선 사건에 대해 글을 쓰도록 했고, 그런 다음 그들의 파트너는 그들 의견에 동의하지 않는다면서 파트너가 생각을 바꾸게 만들라고 요청했다. 한편 참가자들을 두 집단으로 나누어 한 집단에는 파트너가 다른 정당을 지지한다고 말했고 다른 한 집단에는 같은 정당 지지자라

고 알려줬다. 그 결과, 참가자들은 다른 정당 지지자와의 토론을 준비할 때 더 열심히 준비했다.[52]

살인사건을 해결하는 것이든 새로운 시장에 진입하거나 신제품을 개발하는 것이든, 다양성은 우리의 사고를 건설적인 방식으로 자극한다. 심지어 다른 구성원과 상호작용을 시작하기도 전에, 다양성이라는 사실 하나가 여러 관점을 고려하도록 장려해 철저히 준비하고 창의성을 발휘하며 깊이 사고하도록 한다. 물론 더 많은 노력이 필요하기 때문에 이를 좋아하지 않을 수는 있다. 하지만 결과를 보면 인적 구성이 다양하지 않은 집단보다 훨씬 나은 결과에 이른다.

다양성은 큰 이점이 있다. 그런데 조직에 다양성을 높이려면 리더는 관행과 싸울 수밖에 없다. 반항아들은 차이를 최대한 활용해 조직이 다양성에서 비롯하는 혜택을 얻도록 도움을 준다. 반항아들은 다양성을 높이거나 효과적으로 관리하기 위한 이니셔티브들이 실패하는 이유 중 하나가 그것을 기회가 아니라 문제로 보기 때문임을 잘 안다.[53] 반항아들은 모든 차이를 중요하게 생각한다. 다양성은 할당제가 아니다. 성장을 위한 장기적인 비전이다.

듀버네이는 홍보 전문가에서 영화감독으로 직업을 바꾸면서 영화산업에 진입할 방법을 찾는 데 상당한 에너지를 투입했다. 조언을 해주고 지원해주며 성공의 로드맵을 보여줄 멘토들을 열심히 찾아다녔다. 결국은 그럴 바에야 자신의 아이디어를 가지고 자신의 주머니를 털어 자신의 영화를 제작하는 것이 낫다는 사실을 깨달았다. 〈타임〉과의 인터뷰에서 그녀는 말했다. "나는 유리천장에 주먹을 날릴 만큼 충분히 가까이 올라갔던 여성들 덕분에 유리천장 여기저기에 금이 생겼다고 생각합니다. 그렇지만 내게 힘이 되는 사람들은 자신의 천장을 스스로 만드는 사람들입니다."[54]

여성과 소수자들은 자신의 꿈을 열심히 추구함으로써 조직을 변화시키고 다른 사람들에게 자신처럼 하도록 영감을 줄 수 있다. 듀버네이 같은 반항아들은 다른 사람들이 의도적이든 아니든 그들 앞에 세우는 장벽을 무시함으로써 자신의 잠재력만으로 자신의 천장을 만든다.

REBEL TALENT

6장

농구 감독이 부르는 노래

진정성의 놀라운 힘

"오랫동안 나 자신에게만 보여주는 얼굴과 다른 사람들에게 보여주는 얼굴이 다르면
나중에는 어느 것이 진짜 얼굴인지 헷갈릴 수밖에 없다." [1]

—너새니얼 호손(Nathaniel Hawthorne), 《주홍글씨》에서

2003년 4월 25일 밤, 2만 명의 열성적인 농구 팬들이 오리건 주 포틀랜드에 위치한 2억 6,700만 달러(약 2,997억 원)짜리 로즈가든 경기장에 몰려들었다. 그날 포틀랜드 트레일블레이저스(Trail Blazers)와 댈러스 매버릭스(Mavericks)의 경기가 열렸는데, NBA 서부 컨퍼런스 플레이오프 첫 라운드의 3차전 경기였다. 정규 시즌에서는 트레일블레이저스가 매버릭스를 홈코트인 포틀랜드로 불러들여 벌인 경기에서 15전 13승으로 압도적인 우세를 보였지만, 7전 4선승제인 이번 플레이오프에서는 매버릭스가 이미 2:0으로 앞서고 있었다. 앞의 두 경기는 댈러스에서 열렸고, 이제 블레이저스가 홈코트로 돌아왔다.

긴장감과 흥분이 농구장을 가득 메웠다. 그러나 국가를 부를 시

간이 되자 소란스럽던 관중도 쥐 죽은 듯 조용해졌다. 트레일블레이저스의 '스타가 되는 기분을 느껴봐(Get the Feeling of a Star)' 프로모션에서 우승한 열세 살짜리 내털리 길버트(Natalie Gilbert)가 국가를 부르는 영예를 얻었다. 그날 아침 일어났을 때 감기에 걸린 걸 알았지만 브로드웨이 스타를 꿈꾸는 소녀는 쇼가 계속돼야 한다는 걸 잘 알았다. 길버트는 흰색과 검은색으로 된 반짝이는 드레스를 입고 거대한 성조기 앞에 섰다. 목에서는 모조 다이아몬드 목걸이가 반짝였고 금발의 단발머리는 반만 위로 올려 묶었다. 경기장을 가득 메운 극도로 흥분한 2만 명의 팬과 수백만 명의 TV 시청자 앞에서 길버트는 마지막으로 경기장을 죽 훑어본 다음 마이크를 입에 대고 부드럽고 낮은 목소리로 국가를 부르기 시작했다.

"오, 그대는 보이는가……"

그런데 두 번째 소절을 부를 때 길버트는 갑자기 가사를 더듬거리더니 '여명(twilight)'을 '별빛(starlight)'이라고 잘못 불렀다. 급기야는 노래를 중단했고 당황스러운 나머지 쿡쿡 웃다가 실수를 떨쳐버리려고 머리를 좌우로 흔들었다. 하지만 노래를 이어가지 못해 마이크를 쥔 오른손을 올려 얼굴을 가렸다. 음악은 계속 울렸지만 길버트는 머리만 흔들며 어쩔 줄 몰라 했고 금방이라도 눈물이 떨어질 것 같았다. 관중의 응원도 소용이 없었다. 길버트는 평정심을 잃고 오른쪽을 쳐다보며 아빠를 찾았지만 그는 뒤쪽에 있었다. 길버트는 철저히 혼자였다. 단 몇 초 만에 그녀의 꿈은 악몽으로 변했다.

그 시간 블레이저스의 모리스 칙스(Maurice Cheeks) 감독은 회색 양복과 넥타이 차림으로 벤치 가까이 서서 조금 후 펼쳐질 경기에만 집중하고 있었다.[2] 그날 경기는 그의 감독 경력 전체를 통틀어 가장 중요한 경기 중 하나였다. 그러나 당황해하는 길버트의 모습을 보고는 일말의 망설임도 없이 소녀에게 성큼성큼 다가갔다. 마흔여섯 살의 감독이 열세 살 길버트의 어깨에 부드럽게 팔을 둘렀고 소녀의 손을 잡아 마이크를 같이 들고 국가를 부르기 시작했다. 길버트는 자신감을 회복했다. 더는 혼자가 아니었다. 칙스가 관중들에게 같이 부르자는 손짓을 보내자 2만 명의 합창이 경기장에 울려퍼졌다. 국가가 끝날 무렵에는 선수와 코치와 팬들의 목소리가 합쳐져 〈용자들의 고향(the home of the brave)〉을 노래했다.

트레일블레이저스는 그날 경기에서 패했다. 이후 세 경기에서 연승을 거둬 3승 3패로 승부를 원점으로 돌렸지만 7차전에서 패해 다음 라운드로 진출하지 못했다. 하지만 칙스 감독은 손톱을 물어뜯게 만든 조마조마한 경기 결과보다 코트의 구원자로 나선 순간으로 널리 기억된다. 성직자들은 그가 착한 사마리아인의 전형을 보여줬다며 치켜세웠다.[3] 길버트는 칙스 감독을 수호천사라고 불렀다.[4] 칙스는 〈뉴욕타임스〉와의 인터뷰에서 말했다. "곤경에 빠진 소녀를 보고 그저 도와줬을 뿐입니다. 나도 자식을 둘이나 둔 아버지입니다. 우리 애들이 곤란에 처했을 때 나도 누군가가 도와주길 바랐을 겁니다."

2005년 미국의 미디어 기업 AOL타임워너 부사장 패트리샤 필리-크루셀(Patricia Fili-Krushel)은 중요한 연설을 앞두고 있었다.[5] 지난 몇 달간 필리-크루셀은 회사에 탄력근무제를 도입하기 위해 열심히 노력했다. 그녀는 AOL타임워너가 탄력근무제를 시행하지 않으면 인재영입전쟁에서 패배할 거라고 우려했다. 그렇지만 동료들을 설득하는 데 애를 먹었다. 오히려 동료들은 탄력근무제가 남용될 것을 걱정했다. 그래서 필리-크루셀은 우선 5천 명의 직속 직원들을 대상으로 탄력근무제 시범 프로그램을 시행하기로 결정했다. 조만간 있을 연설에서 그녀는 전 직원에게 그 시범 프로그램을 설명할 계획이었다. 가장 설득력 있는 논거를 제시해야 했고, 그렇게 하고 싶었다.

하지만 또 다른 깊은 고민이 있었다. 사춘기 딸이 말썽을 피우며 힘든 시간을 보내고 있었던 것이다. 그녀는 딸에게 상담을 받게 할 계획이었고 여름방학 때 딸과 많은 시간을 보낼 수 있도록 재택근무를 요청해둔 상태였다. 이 일을 직원들에게 알린다면 자칫 오해를 부를 수 있었다. 직원들은 딸 문제로 그녀를 판단할 수 있었고 또한 딸보다 자기 경력에 더 신경을 쓴다고 비난할지도 몰랐다.

필리-크루셀은 연단에 올라 탄력근무제가 얼마나 유익한지 설명하고, 탄력근무를 선택해도 승진 등에서 불이익을 받는 일은 없을 거라고 약속했다. 그런 다음 심호흡을 한 번 하고는 자신이 그 제도를 사용하는 첫 번째 직원이 될 거라고 말했다. 그렇지만 그래서 탄력근무제를 지지하는 건 아니라고, 딸과 시간을 보낼 필요가 있기 때문이라고 덧붙였다. "우리 모두 인간입니다. 살다 보면 우리가 통제할 수 없는 일들이 벌어집니다." 결과부터 말하면, 필리-크루셀이 시범 시행한 탄력근무제는 성공을 거뒀다. 그리하여 다른 부서들도 그 프로그램을 도입했고, 결국 직원 채용과 유지에 도움이 됐다. 처음에 필리−크루셀은 행여 직원들이 오해할까 걱정했지만, 솔직함이 공감을 이끌어냈다는 확신이 들었다.

우리는 약점을 보이는 걸 두려워하지만, 대개는 기우에 지나지 않는다. 오히려 솔직함이 신뢰를 얻고, 솔직함에 약점을 드러내는 것이 포함될 때 더 큰 신뢰를 얻는다. 약점이 음치든 자녀 문제든 간에 말이다. 가장 깊은 감정을 드러내는 건 용기가 필요하고, 그렇기 때문에 그런 행동은 주변 사람들에게 우리처럼 하도록 영감을 줄 뿐아니라 존경을 불러일으킨다. 또한 사람들은 우리의 용기 있는 행동을 보고 우리와의 사이에 깊고 끈끈한 연결고리를 형성한다. 반항아는 이 모든 걸 정확히 이해하고, 다른 사람들 앞에서 기꺼이 알몸을 드러낸다.

개인적인 정보를 공유하는 건 강력한 관계를 형성하고 유지하는 핵심이다. 우리가 사적인 정보를 공개할 때 주변 사람들의 신뢰와 호감도가 상승하고 우리와 더 가까워졌다는 기분을 느낀다.[6] 자기노출(self−disclosure)은 스스로에게도 긍정적인 영향을 준다. 자신이 더 진실하다고 생각되는 것이다(또한 더 진실한 사람처럼 보이게 만든다). 이를 뒷받침하는 연구 결과가 있다. 나와 동료들은 대학생들을 둘씩 짝지어 컴퓨터 채팅을 나누도록 했는데,[7] 자신의 약점을 드러내도록 요청받은 학생들은 짝으로부터 더 긍정적인 반응을 얻었다. 서로 신뢰가 필요한 게임을 할 때도 자신의 약점을 밝힌 학생들이 그러지 않은 학생들을 능가했다.

심지어 유명인도 실수로 이득을 본다. 2013년 아카데미 시상식에서 〈실버 라이닝 플레이북〉으로 최연소 여우주연상에 호명됐을 때 제니퍼 로렌스는 무대로 올라가다가 드레스 자락을 밟아 넘어지고 말았다. 본인은 부끄러운 듯했지만 관객은 오히려 기립박수를 보냈다. 그녀는 수상 소감에서 "내가 넘어져 걱정돼 다들 일어나주셨네요"라고 농담을 했다. "넘어지는 실수를 하다니 정말 당황스러워요."[8]

심리학자 엘리엇 애런슨(Elliot Aronson)이 '실수 효과(pratfall effect)'라고 부르는 현상이 있다.[9] 애런슨은 한 실험에서 전문 배우에게 퀴즈대회 출전자처럼 행동하도록 훈련시켰고 그가 어려운 문제에 척척 대답하는 것을 녹음했다. 그의 대답은 거의 정답이었을 뿐 아니라 그는 자신의 뛰어난 학업 성적과 학교생활 등등에 대해서도 말했다. 한편 애런슨은 또 다른 버전의 녹음테이프도 준비했다. 앞의 내용에다 주인공이 커피를 옷에 쏟는 부분까지 녹음된 테이프였다. 애런슨은 한 집단에게는 앞의 테이프를, 다른 한 집단에게는 뒤의 테이프를 들려줬다. 실험 결과는 매우 흥미로웠다. 커피를 쏟는 내용까지 생생하게 들은 집단이 그에게 더 큰 호감을 보였다. 우리는 아주 유능한 사람들에게는 공감하기 힘들지만 결점이 있는 사람들에게는 마음을 쉽게 연다. 이유는 단순하다. 우리 자신도 결점이 있는 사람이기 때문이다.

심리학자 조앤 실베스터(Joanne Silvester)는 면접 중에 과거의 실수를 인정하는 입사 지원자가 자신의 실수를 숨기는 지원자보다 고용 주로부터 더 좋은 평가를 받는다는 사실을 발견했다.[10] 요컨대 자신의 실수를 인정할 때 사람들에게 더 강렬하고 좋은 인상을 준다.

2015년 5월 나는 이런 현상을 직접 목격했다. 인튜이트 창업자 스콧 쿡이 모교인 하버드경영대학원의 졸업식에 참석했다가 계획에 없던 즉석 축사를 하게 됐다. 현재 인튜이트 경영위원회 회장을 맡고 있는 쿡은 1976년 하버드경영대학원에서 MBA 학위를 취득했고, 졸업 후 프록터앤갬블(Procter & Gamble, P&G)에서 브랜드 매니저로 일한 다음 경영전략 컨설팅 업체인 베인(Bain)으로 옮겨 금융과 기술산업을 담당했다. 몇 년 후 쿡은 실리콘밸리로 이사를 했는데, 소프트웨어 개발 붐이 최절정이던 때였다.[11]

삼십대 초반이던 쿡이 어느 날 아내와 식탁에 앉아 있다가 아내가 수표를 한 장 한 장 쓰는 모습을 봤다. 문득 쿡은 공과금을 지불하는 더 간단한 방법이 있어야 한다는 생각이 들었다. 가계재무를 관리해주는 소프트웨어를 만들면 어떨까? 그 질문이 인튜이트 창업으로 이어져 터보택스(TurboTax), 퀴큰(Quicken), 퀵북스(QuickBooks), 민트(Mint) 등 재무 관련 소프트웨어가 개발됐다. 1983년 무에서 시작한 인튜이트는 오늘날 50억 달러(약 5조 6천억 원)짜리 거인으로 성장했고 직원이 8천 명이 넘는다.

2015년 908명의 하버드경영대학원 졸업생들이 2년에 걸친 수업과 그룹 프로젝트 그리고 인턴을 마치고 (물론 졸업을 앞두고 많은 파티도 있었다) 드디어 학위수여식을 눈앞에 두고 있었다. 파란 하늘 아래서 학생들은 가족과 친구들과 함께 따뜻한 5월의 햇살을 받으며 잔디밭에 마련된 의자에 앉아 있었다. 그들이 쿡에게서 무슨 연설을 기대했는지는 빤하다. 열심히 노력하면 무엇이든 할 수 있다는 식의 연설을 듣게 될 줄 알았을 것이다. 그런데 뜻밖의 상황이 벌어졌다. 쿡이 자신의 실패에 대해 말하기 시작한 것이다. "내가 회사에 걸림돌이 된다는 걸 깨달았습니다. 내가 반드시 짊어져야 하는 몫이지만 나는 좋아하지도 않고 잘하지도 못하는 일이었습니다."

쿡은 회사 최고책임자로서 자신의 한계를 처음으로 깨달았을 때 인튜이트는 고속 성장 중이었다고 회상했다. 당시 인튜이트는 시장을 선도하는 리더로서 성공적인 기업공개 이후 영국시장까지 진출했다. 그렇지만 인튜이트에서 가장 높은 자리에 있던 남자는 자신이 힘에 부치는 자리에 있을 뿐 아니라 최고경영자에게 필요한 능력이 없으며 회사의 긴급하고 중요한 문제들을 해결할 방법을 모른다고 걱정했다. 결국 쿡은 사임을 결정했다. 그리고 그 결정을 좀 더 일찍 했어야 한다고 말했다. 더욱이 리더의 역량을 발전시키지 못했고 회사가 후퇴하게 만들었다고 자책했다.

CEO 시절 사내에서 인사고과를 받지 않던 유일한 사람으로서 쿡은 경영자 전문 코치에게 자신에 관한 다면평가를 요청했다. 결과는 나빴다. 하지만 쿡은 평가 결과를 숨기는 대신 직원들에게 솔직하게 공개했다. 쿡은 하버드경영대학원의 졸업생들에게 고백했다. "나는 동료들을 찾아가 '이것이 내가 받은 피드백입니다. 문제를 고치겠으니 여러분이 도와주십시오'라고 말했습니다." 그와 같은 지위에 있는 사람이 결점을 기꺼이 인정하고 심지어 자신 아래에 있는 사람들에게 도움을 요청하는 건 흔치 않은 일이었다. 그가 말을 마치자 따뜻한 박수가 길게 이어졌고, 이내 쿡은 더 많은 이야기를 듣고 싶어 하는 졸업생들에게 에워싸였다. 이것이 바로 진정성의 힘이다.

최근 하버드대학교의 연구진이 흥미로운 현장연구를 진행했다. 투자 유치를 위해 투자자들로 구성된 심사단 앞에서 1~2분짜리 짧은 프레젠테이션을 하는 '패스트 피치(fast pitch)' 경연에 참가한 기업들이 대상이었다. 피치 경연에서 투자자들은 기업가들을 평가하고 우승자에게 투자한다. 결과부터 말하면, 그런 경쟁적인 상황에서도 약점을 드러내는 것이 유익했다. 피치 결과가 발표되기 전에 연구진은 기업가들에게 다른 사람의 피치를 녹음한 테이프를 들려줬다. 그 사람은 경연에 참가한 다른 기업가라고 말했고, 그에 대해 평가해달라고 했다.[12]

녹음테이프는 2가지 버전이었다. 한 테이프에는 자신의 성공에 대해서만 설명하는 내용이 들어 있었다. "나는 이미 구글과 GE 같은 거물고객을 확보했습니다. 또한 나는 놀랄 만한 성공을 거뒀고 작년에는 오직 혼자 힘으로 시장점유율을 200퍼센트 증가시켰습니다." 다른 녹음테이프에는 동일한 내용이지만 실패를 이야기하는 내용이 추가됐다. "내가 늘 성공의 길만 걸었던 건 아닙니다. 지금 이 자리에 오기까지 많은 어려움이 있었습니다. 회사 초창기에는 잠재고객들이 우리 회사의 사명을 왜 믿어야 하는지 증명해 보이지 못했습니다. 그래서 많은 잠재고객을 놓치고 말았습니다." 결과를 말하면, 성공만이 아니라 성공과 실패 모두를 얘기하는 녹음테이프를 들은 집단이 그 사람을 덜 부러워했고 자신의 스타트업을 성공시키기 위해 열심히 노력하겠다는 동기부여가 더 잘됐다.

학교에서 실패에 대해 토론하는 것도 학생들에게 동기를 부여할 수 있다. 그것이 성적 향상으로 이어진다는 연구 결과도 있다.[13] 예를 들어 아인슈타인 같은 천재에 대해 공부할 때는 다음과 같은 세부사항을 알려주는 것이 좋다. 어릴 적 아인슈타인은 아버지가 가족을 부양하기 위해 힘들게 일하는 모습을 지켜봤다. 그의 가족은 아버지의 일자리를 따라 이사를 자주 다녔고 잦은 전학은 어린 아인슈타인에게 쉬운 일이 아니었다. 학교를 자주 옮기다 보니 학창시절 내내 소외감을 느꼈을 뿐 아니라 수업을 따라가기 위해 발버둥 쳐야 했다.

성공 스토리뿐만 아니라 실패 스토리도 성공에 대한 동기를 부여한다. 대부분 유색인종으로 이뤄지고 가난한 동네에 있는 한 고등학교의 1학년과 2학년 학생 400명에게 아인슈타인, 퀴리 부인 그리고 벤젠을 발견한 영국의 위대한 화학자이자 물리학자 마이클 패러데이(Michael Faraday)에 관한 이야기 중 하나를 읽도록 했다. 800자 정도로 써진 그 이야기들은 3가지 주제 중 하나에 초점을 맞췄다. 첫 번째 주제는 '성공적인 과학자 이야기'로, 노벨상을 받았다거나 획기적인 논문을 발표하고 새로운 연구 분야를 개척했다는 식의 성취에 관한 내용이었다. '실패해도 반복해서 시도하기'라는 두 번째 주제는 실패한 실험 등 지적인 난관을 설명했다. 마지막 주제인 '삶의 도전 극복하기'는 가난이나 차별 같은 개인적인 역경을 다뤘다.

학생들이 이 3가지 중 하나의 주제에 대한 이야기를 읽고 6주 후, 연구진은 교사들에게 학생들이 과학수업에서 어떻게 하고 있는지 물었다. 그러자 흥미로운 대답이 돌아왔다. 교사들은 지적인 것이든 개인적인 것이든 어려움을 주제로 한 이야기를 읽은 학생들이 성공에 관한 이야기를 읽은 학생들보다 성적이 더 좋다고 대답했다. 실험을 시작할 당시 성적이 좋지 않았던 학생들에게서 그 차이가 특히 두드러졌다. 이 결과에서 우리는 무엇을 알 수 있을까? 위대한 사람들의 실패나 도전에 대해 배우는 것이 도움이 필요한 학생들에게 가장 유익할 수 있다는 것이다. 또한 과학자들이 겪은 어려움을 이해하는 건 그들을 역할 모델로 생각하는 데도 도움이 된다.

소방관을 대상으로 한 실험에서도 비슷한 결과가 나타났다. 소방관들에게 실수를 저지르는 백전노장 소방관들에 관한 사례연구와 전혀 실수하지 않는 노련한 소방관들에 관한 사례연구를 보여줬다.[14] 결과는 어땠을까? 전자를 읽었을 때 훈련 후에 부과된 과제에서 더 좋은 성과를 보였다. 나와 동료들도 비슷한 연구를 진행한 적이 있다. 10년간 6,500회 이상의 심장 수술을 집도한 71명의 외과의사들에 관한 데이터를 조사했더니, 그들은 다른 의사들의 성공보다는 실패에서 더 많이 배웠고 이런 대리학습(vicarious learning, 관찰학습이라고도 함-옮긴이)은 환자 사망률을 감소시킨 것으로 드러났다.[15]

프린스턴대학교 심리학과 교수 요하네스 하우스호퍼(Johannes Haushofer)는 2016년 초 자신의 업무용 웹사이트에 이력서를 수정해서 올린 후 실패의 영웅 같은 존재가 됐다. 이른바 실패 이력서에서 하우스호퍼는 이제까지 신청했다가 거부당한 많은 자리와 상을 열거했다. 〈워싱턴포스트〉와의 인터뷰에서 그는 간단하게 해명했다.[16] "내가 시도하는 대부분의 일이 실패합니다. 하지만 그런 실패는 눈에 안 띄는 반면 성공만 부각되죠. 그러다 보니 가끔 나를 오해하는 사람들이 있는데, 내가 성공의 탄탄대로를 걷는다고 생각하는 겁니다. 그런 한쪽 모습만 보고 사람들은 자신의 실패를 탓합니다. 사실은 세상 일이 본래 확률게임이고, 뭔가를 신청하고 지원하는 것 자체가 도박이며, 선정위원회와 심판들의 일진이 나빴기 때문일 수 있는데 말입니다."

우리는 언제나 숨을 방법을 찾는다. 성격의 일부를 꽁꽁 감추거나 진짜 감정을 표현하지 않는다. 우리의 두려움과 약점을 드러내지 않는다. 그러나 취약성은 타인과 강한 연결고리를 만드는 데 도움이 된다. 가사를 잊어 당황한 길버트와 함께 끝까지 국가를 부르는 모리스 칙스의 목소리를 듣고 그가 훌륭한 가수라고 착각한 사람은 없을 것이다. 아니, 그가 노래를 잘 부르는지 아닌지는 아무도 신경 쓰지 않았다. 관중은 칙스가 만든 연결고리 때문에 한 목소리로 어우러졌다. 우리는 진정한 자아를 드러낼 때 거부당할 거라고 걱정한다. 그래서 완벽하고 강인하고 지적이고 세련돼 보이려고 최선을 다한다. 그러나 이런 전략이 가끔은 정반대의 효과를 낸다는 사실은 꿈에도 모른다.

2001년 미국에 처음 도착했을 때 나는 보스턴 시내에 있는 한 아파트에서 룸메이트 둘과 함께 지냈다. 2년 전부터 함께 살았던 둘은 나보다 몇 살 위인 미국인이었다. 내가 이사 들어간 날 그들이 저녁 식사에 나를 초대했다. "그냥 저녁으로 중국음식을 배달시켜 간단히 때울 생각이에요"라고 한 룸메이트가 말했다. "가끔 일요일이면 그렇게 하거든요." 나는 "나도 좋아요"라고 말했다. "그렇게 하면 편하고 좋겠네요." 사실 나는 중국음식을 좋아하지 않았다. 함께 저녁을 먹자고 초대받은 사실만 고맙고 기뻤다. 그리하여 중국음식을 배달시켜 먹는 게 일요일의 전통이 됐고, 나는 점점 그 시간이 끔찍해졌다. 룸메이트들이 평소 즐겨 먹던 메뉴에 매운 닭발을 추가했던 저녁을 지금도 생생히 기억한다. "닭발 자체는 별로 먹을 게 없어요. 그래도 뼈에 붙은 힘줄은 발라 먹을 만하죠"라고 한 룸메이트가 말했다. 도무지 내 손으로 닭발을 집을 엄두가 안 났다. 그러자 룸메이트들이 내 접시에 닭발을 덜어줬다. 나는 매운 닭발을 깨작거리다가 조금 베어 문 다음 씹지도 않고 그대로 꿀꺽 삼켰다. 더 이상 이렇게는 안 되겠다고 속으로 생각했다.

식성을 숨기는 것 정도가 대수냐고 생각할지 모르겠다. 특히 저녁으로 뭘 먹든 별로 중요하지 않은 사람에게는 더욱 그럴 것이다. 하지만 그렇지 않다. 종국에는 우리의 자부심과 업무 성과와 대인관계 모두가 타격을 입는다. 그것은 연쇄반응을 일으킨다. 작은 어려움도 커 보이고 자기 생각을 솔직하게 표현하기가 주저되며 건강이 나빠진다. 자신에게 솔직하지 못하다고 생각할수록 스트레스는 커지고 행복감은 줄어들며 탈진할 가능성은 높아진다. 직업에서든 사생활에서든, 어떤 행동을 했는데 자신에게 솔직하지 못했다는 생각이 들었던 때를 떠올려보라.

나와 동료들이 진행했던 한 연구에서, 한 집단에게는 자신에게 솔직하지 않은 행동을 했던 순간에 대해 글을 쓰도록 하고 다른 집단에게는 마지막으로 슈퍼마켓에 갔을 때에 대해 글을 쓰도록 했다. 하필 왜 슈퍼마켓이었을까? 중립적인 경험이라고 생각했기 때문이다. 솔직하지 못한 행동에 대해 글을 쓴 집단은 최근 슈퍼마켓에 갔을 때에 대한 글을 썼던 집단보다 초조함과 불안감이 컸고 자신의 도덕성에 대한 확신이 줄었다. 심지어 그들은 도덕적 죄책감 때문인지 몸을 깨끗이 씻고 싶어 했다.[17]

거짓된 행동에는 더욱 미묘한 또 다른 대가가 따른다. 가끔 나는 실제로는 모르면서 안다고 주장하는 사람들을 목격한다. 가령 회의에서 노련한 직원들이 머리글자를 딴 모호한 약어를 사용할 때 신입 직원들이 이해하지 못하면서도 고개를 끄덕이는 식이다. 물론 좋은 인상을 주고 싶은 마음에 그렇게 하는 것이리라. 하지만 우리가 간과하는 재미있는 사실이 있다. 진실하지 못한 행동으로 칭찬을 받을 때 우리의 자존감은 낮아진다.

한 연구에서 대학생들은 처음에 자존감 수준을 측정하는 질문지에 대답했고, 그런 다음 두 개의 시험 중 하나를 치렀다. 한 집단은 '비저너리(bisionary)' 같이 엉터리 단어 몇 개를 이해하는 것처럼 행동하지 않고는 모든 문항에 답할 수 없는 시험을 봤다. 다른 집단은 아무것도 가장할 필요가 없는 정상적인 시험을 치렀다. 시험을 끝낸 후 두 집단 모두 성적이 좋다고 칭찬받았고, 그런 다음 자존감 수준을 측정하는 질문들에 또다시 대답했다.[18] 모르면서도 아는 체했던 집단은 자존감이 하락한 반면 다른 집단은 자존감 수준이 높아졌다.

이런 행동은 일자리를 구하는 것도 더 힘들게 만들 수 있다. 이탈리아의 명문 보코니대학교(Bocconi University)의 셀리아 무어(Celia Moore) 교수와 동료들은 구직자의 92퍼센트가 면접에서 본모습을 적극적으로 숨긴다는 사실을 밝혀냈다.[19] 자신을 실제와 매우 다르게 포장하는 것이다. 그런 행동에는 대가가 따른다. 약점에 관한 질문을 교묘히 회피하고 진짜 성격을 숨기는 등 진실하지 못한 지원자들은 합격할 가능성이 더 낮다. 영화 〈악마는 프라다를 입는다〉에서 앤 해서웨이가 연기한 주인공 앤디의 방식이 훨씬 바람직하다. 앤디는 패션 잡지의 비서직에 지원하면서도 자신이 날씬하지도 않고 글래머도 아니며 심지어 패션에 관심이 없다고 솔직히 인정한다. 그럼에도 취업에 성공했다.

투자자를 모을 때도 솔직하고 진실한 것이 최선이다. 패스트 피치 경연에 참가한 기업가 166명은 노련한 투자자 3명으로 이뤄진 심사단의 평가를 기다리고 있었다.[20] 심사단은 최종 라운드에 올라갈 10명을 결정하기 위해 숙고에 들어갔다. 한편 피치를 마친 기업가들은 2가지 질문을 받았다. "당신이 방금 끝낸 프레젠테이션을 돌아볼 때 얼마나 진정성 있었다고 생각합니까?" "당신이 방금 끝낸 프레젠테이션을 돌아볼 때 얼마나 독창적이었다고 생각합니까?" 진정성이 있었다고 대답한 기업가들은 심사위원들로부터 더 높은 점수를 받았고 우승자에 포함될 확률이 세 배나 높았다.

진정성이 없으면 동기부여에도 방해가 된다. 미국 프로야구 팀 보스턴 레드삭스 팬들의 등골을 오싹하게 만들 연구가 이를 증명한다.[21] 노스웨스턴대학교 켈로그경영대학원의 마리암 코우차키(Maryam Kouchaki)와 나는 레드삭스 팬들을 모집해 절반에게는 레드삭스 손목밴드를 차도록 했고 나머지 절반에게는 레드삭스의 영원한 앙숙이자 최대 라이벌인 뉴욕 양키스의 손목밴드를 차도록 했다. 그런 다음 모두에게 주로 사용하는 손─오른손잡이는 오른손, 왼손잡이는 왼손─을 얼음 양동이에 담그고 얼마나 오래 참는지 측정했다. 한편 우리는 참는 시간에 비례해서 돈을 지불하겠다고 했다. 결과는 어땠을까? 양키스 손목밴드를 한 레드삭스 팬들이 더 짧게 참았다.

이는 사회적 고통, 즉 배제되거나 거부된다고 느낄 때 경험하는 불편한 감정에도 적용된다. 코우차키와 했던 또 다른 실험에서 우리는 진정성이 있거나 진정성이 없다고 느꼈던 순간을 회상하도록 해 본격적인 실험을 위한 밑밥을 깔았다.[22] 그런 다음 사이버볼(Cyberball)이라는 컴퓨터게임을 하도록 했다. 선수 둘과 공을 주고받는 게임이었는데 처음에는 두 선수가 서로에게는 물론 참가자들에게도 공을 던져주다가 갑자기 자기들끼리만 공을 주고받기 시작했다. 앞서 진정성을 느끼도록 조장된 참가자들은 심리적으로나 생리적으로 스트레스 수준이 훨씬 낮았다. 이 결과에서 알 수 있는 점은,

진정성은 우리가 부정적인 경험으로부터 회복하는 데 필요한 용기와 에너지와 자신감을 준다는 사실이다.

진정성은 사교생활에도 긍정적인 영향을 미친다. 진정성이 없을 때 사람들은 금방 알아본다.[23] 정확히 말하면 그들의 몸이 우리의 비진정성을 알아챈다. 일례로 누군가가 자신의 진짜 감정을 숨길 때 그 사람과 상호작용하는 사람들의 혈압이 상승한다.[24] 이런 생리적인 반응은 '가짜'처럼 보이는 사람들과 함께 있을 때 우리가 경험하는 불편한 감정을 설명할 수 있다.

이런 부정적인 생리반응은 아주 강력해서, 우리는 겸손한 체하면서 은근히 제 자랑을 하는 재수 없는 사람보다 대놓고 자랑하는 재수 없는 사람이 더 낫다고 생각한다. 전자는 자신의 행운이나 재능을 자랑할 기회를 엿보는 것이다. 쉬운 예를 들어보자. 친구가 여러 대학원에서 합격통지서를 받았음에도 자신의 행운을 자랑하고 싶어 입이 근질거린 나머지 면접을 망쳤다는 둥 끊임없이 불평을 늘어놓는 식이다. 내 연구를 보면, 사람들은 솔직하게 자랑하는 것보다 겸손한 체하며 자랑하는 걸 훨씬 부정적으로 생각한다.[25] 그렇지만 역설적이게도 그런 거짓된 겸손이 먹힐 뿐 아니라 효과적이기까지 하다. 우리는 어릴 적부터 자기 자랑은 무례한 일이고 또한 우리의 진짜 어려움을 드러내는 건 안전하지 않다는 혼란스러운 메시지를 받으며 성장한다. 그래서 우리는 거부당하고 판단받을까 두려워하고, 결과적으로 거부당하고 판단받아 우리의 두려움은 현실화된다. 부정적인 자기실현 예언과 같다.

보투라가 1995년에 오스테리아 프란체스카나를 시작했을 때 전통에 죽고 사는 이탈리아 사람들로부터 상당한 반대에 부딪혔다. "단순한 저항 이상이었습니다"라고 그가 내게 말했다. "그들은 적극적으로 싸움을 걸어왔습니다. 그들은 우리 레스토랑이 망하기를 바랐습니다. 자기들 할머니의 비법이 내 손에 오염되는 게 싫었기 때문이죠." 처음 몇 년간 보투라는 레스토랑을 유지하기 위해 사력을 다했다. 그는 끝내 포기하지 않았다. 그렇게 할 수 있었던 한 가지 이유는 2000년 여름 스페인 카탈루냐에 있는 엘 부이(El Bulli)에서 일하며 얻은 교훈 덕분이었다.

당시 엘 부이는 세계 최고의 레스토랑에 꼽히곤 했다. 천재 요리사로 칭송받는 셰프 페란 아드리아(Ferran Adrià)는 보투라에게 언제나 스스로에게 정직해야 한다고 가르쳤다. "요리는 기술이 전부가 아니라는 사실을 나는 금방 깨달았습니다. 나를 변화시킨 건 페란이 내게 보내준 자유의 메시지였습니다. 나 자신의 열정을 느끼는 자유, 나의 내면을 들여다보는 자유, 내 생각을 요리로 만들어내는 자유 말입니다. 모두가 페란을 요리의 달인이라고 우러러보는데, 나는 그의 요리에서 가장 중요한 핵심은 자유라고 생각합니다. 그는 우리가 어떤 식으로든 자신을 표현할 수 있는 자유를 허락했습니다."

자유에는 자신을 솔직하게 표현하는 것도 포함된다. 얼마 전 세계 최대 장식미술과 디자인 박물관인 런던의 빅토리아 앨버트 박물관(Victoria and Albert Museum)을 둘러봤다. 450만 점의 예술품 중 특히 내 관심을 끌었던 건 헤라클레이토스 조각상과 데모크리토스 조각상이었다. 고대 그리스의 사상가인 둘은 '우는 철학자'와 '웃는 철학자'로 알려져 있다. 이런 별명에 걸맞게 헤라클레이토스는 슬프고 우울해 보인 반면 데모크리토스의 얼굴에 드러난 유쾌함은 나까지 미소 짓게 만들었다.

많은 연구에서 밝혀진 대로, 우리는 행복해 보이는 사람들을 더 좋아한다. 스피드 데이트에 관한 연구를 보면, 긍정적으로 보이는 사람들은 다른 이들의 기분까지 밝고 좋아지게 만들고 두 번째 데이트 신청을 받을 가능성이 더 높다.[26] 하지만 우리가 언제나 데모크리토스처럼 유쾌할 수는 없다. 언제나 유쾌한 체하는 건 어리석은 일이다. 학생부터 직장인에 이르기까지 다양한 사람들을 대상으로 한 수십 건의 연구에 따르면, 비진정성은 정서적 건강과 신체적 건강 모두에 막대한 피해를 입힌다.[27] 수면 부족, 두통, 흉통이 대표적이다. 물론 직장에서 웃는 것이 선택의 문제가 아닌 사람들도 있다. 비행기를 탈 때 우리는 승무원이 행복한 얼굴로 우리를 반겨줄 걸로 기대한다. 문제는 그들이 언제나 행복하진 않다는 점이다.

미국 북서부의 한 운송 회사에 근무하는 78명의 버스 기사들을 대상으로 2주일간 하루 세 차례에 걸쳐 설문조사를 한 적이 있다.[28] 근무 시작 전과 근무 후 그리고 잠자리에 들기 직전이었다. 기사들은 수면, 근무 중과 근무 후의 기분, 그날 연기를 하거나 가면을 쓰고 있었는지 등에 관한 질문을 받았다. 조사 결과, 감정을 꾸며내며 연기하는 것이 불면증, 불안증, 심리적 고통과 관련 있을 뿐 아니라 가정 생활에서 갈등을 일으킬 가능성을 높이는 것으로 드러났다. 반면 진정성 있게 행동한다고-억지 미소를 짓는 게 아니라 정말로 행복해서 미소를 짓는다고-응답한 기사들은 수면의 질이 훨씬 높았다.

의사와 간호사를 대상으로 한 흥미로운 연구도 있다. 펜실베이니아주립대학교 심리학 교수 얼리샤 그랜디(Alicia Grandey)는 동료들과 함께 호주 한 대형병원의 다양한 부서에서 설문조사를 실시했다.[29] 질문 중 하나는 환자를 대하고 있지 않을 때 혹은 공공장소에 있지 않을 때 동료들에게 자신의 진짜 감정을 얼마나 솔직히 표현할 수 있다고 생각하는지였다. 집단에 진정성의 분위기가 얼마나 조성돼 있는지 알아보기 위해서였다. 그 결과, 진정성의 분위기가 조성돼 있을 때 구성원들은 환자와 보호자들로부터 부당한 대우를 받는 등의 어려운 상황에 더 잘 대처할 수 있었다. 팀 내에 조성된 진정성의 분위기는 구성원들이 감정적 자원을 보충하고 감정노동의 피해에서 회복할 수 있는 기회를 제공했다.

오스테리아 프란체스카나에서 진정성은 하나의 철칙이다. 매주 보투라는 셰프들에게 다른 직원들을 위해 각자 고향의 향토음식을 요리하도록 한다. 이 전통은 각 셰프가 자기 얘기를 공유할 기회를 줄 뿐 아니라 같은 식재료를 활용하는 다양한 방법을 보여주는 일석이조의 효과가 있다. 어느 날 아침 직원들이 식기를 닦고 있었을 때의 일이다. 미술사 학위가 있는 한 인턴 직원이 자신이 찍은 그림 사진들을 보여주면서 각 그림에 얽힌 뒷이야기들을 상세히 설명했다.[30] 왜 그랬을까? 보투라가 자신에게 충실하라고, 일에 자신을 더 많이 담으라고 계속 요구했기 때문이다. 보투라는 모든 정직원은 물론 인턴들에게도 같은 주문을 했다.

직원들이 주방과 홀에서 자신만의 독특함을 표현할 방법을 찾으면서 오스테리아 프란체스카나의 요리는 더 정교하고 맛있어졌다. 2001년 이탈리아에서 가장 유명한 음식 칼럼니스트 중 한 사람이 로마에서 밀라노로 가던 길에 교통체증에 걸리자 막힌 도로가 풀릴 동안 식사를 하러 오스테리아 프란체스카나를 찾았다. 이후 그는 프란체스카나를 극찬하는 글을 썼다. 그로부터 채 1년이 지나기도 전에 보투라의 레스토랑은 처음으로 미쉐린 스타를 받았다. 그러나 이는 역사의 시작에 불과했다.

거대한 조직 대부분은 약점을 토대로 직원들을 관리한다. 나는 이런 관행을 이해하기 힘들다. 인사고과가 보통 어떻게 이뤄지는지 생각해보라. 조직이 생각하는 이상적인 행동과 직원들의 실제 행동 사이의 격차가 확인되고, 뒤이어 피드백이 주어진다. 직원들은 피드백 덕분에 자신에게 무엇이 부족하고 무엇이 문제인지 이해하고 개선 방법에 대해 고민하기 시작한다. 그렇다고 피드백이 강점을 전혀 고려하지 않는 건 아니다. 가끔이지만 피드백에 강점이 포함될 때도 있다. 그러나 우리는 부정 편향(negativity bias)에서 벗어나지 못한다. 즉 인간이라면 선천적으로 부정적인 정보, 부정적인 생각, 부정적인 감정, 부정적인 경험에 끌린다. 부정적인 것들이 우리에게 더욱 깊은 인상을 남기는 경향이 있다. 타인에게 피드백을 줄 때 우리는 종종 칭찬이나 격려의 말보다는 인사고과에서 확인한 문제점에 초점을 맞춘다.

업무 외적으로 자기계발에 대해 생각할 때도 우리는 약점에 집중하는 경향이 있다. 새해 다짐의 단골로 등장하는 레퍼토리는 건강관리, 체중 감량, 절약, 규칙적인 생활 등등이다. 그러나 실현 가능성이 없는 목표다. 왜 그럴까? 독일 하이델베르크대학교 심리학 교수 안드레아스 슈타이머(Andreas Steimer)와 포르투갈 리스본에 있는 ISPA대학교(ISPA Instituto Universitário) 심리학 교수 안드레 마타(André Mata)는 우리가 약점에 집중하는 주된 원인 하나를 밝혀냈다.[31] 슈타이머와 마타는 실험 참가자들에게 자신의 성격 중 정말로 좋아하는 특성과 죽어도 싫은 특성 목록을 작성하게 했다. 전자는 강점이고 후자는 약점이다. 그런 다음 각각의 특성이 변할 가능성에 대한 그들의 생각을 알아보기 위해 일련의 질문을 던졌다. 그 결과, 사람들은 강점보다 약점을 변화시키기 쉽다고 생각하는 것으로 나타났다.

우리는 거꾸로 생각하고 있다. 우리는 약한 분야보다 강한 분야에서 더욱 신속하게 개선된다. 자기효능감(self-efficacy)에 관한 한 연구를 보면, 긍정적인 결과에 대한 확신이 있을 때 자기계발에 더욱 동기가 부여되고, 약점보다 강점에 초점을 맞출 때 자신의 노력이 긍정적인 결과를 불러올 거라고 생각한다.[32] 강점에 초점을 맞춰야 하는 이유는 셀 수 없이 많다. 무엇보다, 강점에 초점을 맞추면 진정성 있게 행동할 수 있을 뿐 아니라 참된 자아가 분명히 표출된다. 스포츠 팀 감독들이 선수들을 어떻게 훈련시키는지 생각해보라. 약점을 보완하는 데도 어느 정도 노력을 기울이지만, 대부분은 특출한 기량을 키우는 데 더 힘을 쏟는다.

이를 뒷받침하는 연구 결과가 있다.[33] 1950년대 네브래스카 학교 교육위원회(Nebraska School Study Council)는 주 전체에 걸친 대규모 연구를 진행했다. 그 연구의 일환으로 고등학교 1학년에게 속독 훈련을 시켰는데, 분당 평균 90개 단어로 읽는 속도가 보통이던 학생들은 속독을 배운 후 150개 단어까지 읽을 수 있었다. 약 1.7배의 성장을 보인 것이다. 하지만 평균보다 훨씬 큰 성과를 보인 집단이 하나 있었다. 속독 훈련을 시작하기 전부터 읽기 능력이 가장 우수했던 학생들이었다. 속독 훈련을 받기 전에는 분당 300단어였지만, 훈련이 끝난 후에는 무려 2,900개의 단어를 소화해서 8.3배가 향상됐다.

2013년 딜로이트(Deloitte)는 성과관리 시스템을 폐지하기로 결정했다.[34] 세계 4대 회계법인 중 하나인 딜로이트는 세계 최대 규모의 전문서비스 네트워크를 구축했고 연 매출이 350억 달러(약 39조 2,350억 원)를 넘으며 직원도 24만 4천 명에 이른다. 딜로이트의 성과관리 시스템은 여러 면에서 전형적이었다. 관리자들이 직원별로 업무 목표를 정하고 목표를 얼마나 달성했는지를 토대로 성취도를 평가했으며, 평가 결과는 합의 회의(consensus meeting)에서 결정되는 연간 등급의 기준으로 사용됐다. 합의 회의란 직원들의 대표자 격인 위원들이 토론을 통해 각 직원이 동료들과 비교해서 어디에 위치하는지 상대적인 등급을 결정하는 사정위원회였다. 등급은 정해진 항목들을 기초로 결정됐고 강제배분법(forced distribution, 근무성적 평정 등에서 평정 결과 분포가 집중되거나 관대해지는 것을 막기 위해 성적 분포 비율을 미리 정하는 방법-옮긴이)을 반드시 준수해야 했으며 등급에 따라 연봉이 결정됐다.

딜로이트의 리더들은 회사가 유능한 직원을 육성한다는 궁극적인 목표를 달성하지 못할까봐 걱정이 컸다. 게다가 이런 평가-양식을 작성하고 회의에 참석하며 등급을 결정하는 과정이 포함된-에 연간 180만 시간이 소요됐다. 이런 시간 대부분은 직원들과 일대일로 만나 개개인의 성과와 잠재력에 대해 토론하는 데 사용되기보다는 등급을 토론하는 데 사용되는 것 같았다. 딜로이트는 그리하여 비효율적인 이 시스템을 폐지했다. 대신 직원들에게 장기적으로 투자하는 데 초점을 맞춘 새로운 평가 시스템을 도입했다. 즉 평가 시스템은 계속 운영하되 훨씬 간소화시킬 계획이었다. 새로운 평가 시스템은 시간과 에너지를 코칭과 피드백, 경력 지도에 분배했다. 이런 모든 활동은 약점이 아니라 강점에 초점을 맞출 것이고, 직원마다 전담 코치를 붙여 강점을 발견해서 업무에 적용하고 피드백을 정확히 이해하도록 도움을 줄 계획이었다.

2014년 딜로이트는 미국에서 근무하는 직원 600명을 대상으로 새로운 시스템을 시험하기 위해 시범 프로그램을 운영했다. 결과가 매우 성공적이라 딜로이트는 시범 프로그램을 확대키로 결정했다. 얼마 지나지 않아 7천 명을 대상으로 시범 프로그램이 시행됐다. 두 차례에 걸친 시범 프로그램에서 얻은 데이터에 따르면, 직원들의 성과가 향상됐고 회사에 충성심이 증가했으며 업무에 대한 적극성도 높아졌다. 이런 경향은 직원들이 새로운 시스템에 참여하는 기간이

길수록 더 뚜렷해졌다. 또한 업무 성과에 대한 한 예측인자가 다른 어떤 인자보다 예측에 효과적이었다. 바로 강점을 발휘하는 것이었다. 2017년 말 약 8만 5천 명의 딜로이트 직원이 새로운 평가 시스템의 적용을 받았다.

여론조사기관 갤럽은 192개 조직의 5만 개 팀에서 일하는 140만 명 이상의 직장인을 대상으로 여러 해에 걸쳐 팀 성과를 조사하고 설문조사를 실시했다. 결과는 놀라웠다. "직장에서 나는 매일 내가 가장 잘하는 일을 할 기회가 있다." 이 문항에 "매우 그렇다"고 응답한 팀은 생산성이 38퍼센트 높았고 이직 가능성이 50퍼센트 낮았으며 고객 만족도에서 높은 점수를 받을 가능성이 44퍼센트 높았다. 고성과 팀과 저성과 팀을 구분하는 가장 강력한 척도는 강점 활용이었다.

그러나 딜로이트 같은 거대 기업이 스스로 성찰하는 일은 드물다. 조직은 덩치가 커질수록 성공할 수 있었던 원동력이 무엇이었는지 망각한다. 하버드경영대학원 최고경영자 과정에 등록한 290명을 대상으로 설문조사를 한 적이 있는데, 조직의 덩치가 클수록 직원들에 대한 투자를 우선순위로 삼을 가능성이 줄어드는 것으로 나타났다. 잡은 물고기에 먹이 안 준다는 얘기처럼 이미 '잡은' 인재들한테는 별다른 신경을 쓰지 않고 쉽게 잊을 수 있다. 특히 조직이 나날이 성장하고, 고위 리더들에게 회사와 더불어 성장하라는 압박감이 가해질 때는 더욱 그럴 수 있다. 성장에 발맞춰 새로운 시장, 새로운 제품, 새로운 서비스, 새로운 기술과 장비에 대한 투자로 초점이 옮겨간다. 그러는 동안 직원들에 대한 투자는 무시되고, 결과적으로 큰 기회가 낭비된다.

갤럽의 조사에 따르면, 강점을 매일 사용하는 직원들은 업무에 만족할 가능성이 6배 높고 스트레스와 불안은 줄어든다. 인적자원관리 전문연구기관인 기업리더십위원회(Corporate Leadership Council, CLC)의 조사도 비슷한 결과를 내놓았다. 관리자가 직원의 약점에 초점을 맞출 때 직원의 성과가 27퍼센트 감소하는 반면 강점에 초점을 맞추면 성과가 36퍼센트 증가한다.[35] 갤럽도 CLC와 비슷한 데이터를 수집해 분석했는데, 상사가 부하직원의 강점에 초점을 맞출 때 직원들은 관리자와 더 좋은 업무관계를 구축하고 성과가 향상되며 업무 적극성이 높아지는 것으로 드러났다.[36] 강점이 스포트라이트를 받을 때 직원들은 자신이 어떠해야 하는가에 대한 남들의 생각에 더는 신경 쓰지 않고 참된 자아에서 비롯하는 잠재력을 최대한 발휘할 수 있다.

강점이 무엇인지, 즉 자신이 뭘 잘하는지 아는 건 강력한 무기다. 우리는 하루 24시간 내내 생각에 매달려 살면서도 내면을 살펴보지 않는다. 혹은 자신의 강점을 검증할 시간을 들이지 않는다. 나는 미시건대학교의 줄리아 리(Julia Lee), 런던경영대학원(London Business School, LBS)의 댄 케이블(Dan Cable), 노스캐롤라이나대학교의 브래드 스타츠(Brad Staats)와 공동연구를 진행한 적이 있다. 우리는 참가자들로부터 그들의 가족, 친구, 동료 등의 연락처를 받아 연락을 취했고, 참가자가 가장 빛나 보이던 순간에 대해 글을 써서 보내달라고 부탁했다.[37] 한 참가자당 5~10명으로부터 글을 받았는데, 하나같이 놀랄 만큼 긍정적이었고 개중에는 예상을 뛰어넘는 독특한 글도 있었다. 이름만 바꾸어서 그중 하나를 소개하려 한다. 부하직원이 상사에 대해 쓴 글이다.

"로라는 회사를 위해 멀리 내다보는 눈이 뛰어나며 직원들이 일자리를 유지하는 데 도움이 된다면 무엇이든 가리지 않고 한다. 2012년 허리케인 샌디가 동부 해안지역을 강타했을 때였다. 우리가 사는 플로리다에는 영향을 주지 않을 것으로 예상한 터라 다들 샌디에 대해 별로 걱정하지 않았다. 그러나 로라는 달랐다. 샌디가 우리 회사에 영향을 줄까봐 걱정한 것이 분명했다. 우리 회사가 받을 미수금 계정의 상당수가 뉴욕과 뉴저지 주에 몰려 있었기 때문이다. 급기야 로라는 노후자금으로 모아둔 은퇴저축에서 대출을 받아 회사 운영자금으로 사용했다. 오죽하면 내가 시간제 직원 두 사람을 해고할 수도 있다고 먼저 제안했을까. 하지만 그녀는 시간제 직원들도 모두 언제나 최선을 다했고 그래서 자신이 할 수 있는 데까지 그들을 안고 갈 거라고 대답했다. 회사가 정상궤도로 돌아오는 데 반년이나 걸렸지만 우리 모두는 로라 덕분에 일자리를 잃지 않을 수 있었다."

우리는 참가자를 두 집단으로 나눠 한 집단에게는 그들에 대한 글을 정독하고 그 이야기들이 확인시켜주는 강점을 찾아보라고 했다. 다른 한 집단에게는 글을 읽히지 않았다. 그런 다음 팀을 짜서 과제를 수행하게 했다. 결과가 궁금한가? 과제 수행에 앞서 자신의 강점에 관한 글을 읽은 참가자들은 팀 구성원들이 자신을 어떻게 받아들일지 덜 걱정했고, 그 결과 그들의 팀은 더 많은 정보를 교환하고 더 큰 성과를 달성했다. 이것이 바로 자기 내면을 살펴보는 자기성찰의 힘이다. 자기성찰은 우리가 목표를 달성하는 데 필요한 자신감을 준다.

2011년 인도 IT기업 위프로(Wipro)의 비즈니스 프로세스 아웃소싱 사업부는 골치 아픈 문제로 힘든 시간을 보냈다. 위프로는 직원 교육에 상당한 예산을 투자했지만, 어찌된 영문인지 직원들은 두 달을 못 넘기고 퇴사했다. 나는 위프로의 의뢰를 받고 댄 케이블과 브래드 스타츠와 함께 직원들을 면담했다.[38] 그들 말에 따르면, 위프로는 직원들에게 정체성을 버리도록 요구했을 뿐 아니라 강점을 살려 일하는 걸 허용하지 않았다.

우리는 위프로의 일부 신입직원들을 대상으로 새로운 온보딩 프로그램을 적용했고, 프로그램의 일환으로 자기성찰 훈련을 실시했다. 자신의 특성과 강점에 대해, 그리고 직장에서 진정성 있게 자신을 드러낼 수 있는 방법에 대해 매일 30분씩 의무적으로 생각하도록 한 것이다. 7개월 후, 그들은 자신의 강점에 맞춰 업무를 조정하는 방법을 찾았다고 응답했다. 예를 들어 고객의 전화를 받으면 매뉴얼을 앵무새처럼 읊는 대신 스스로의 판단에 따라 자기 식대로 대응했다. 그들은 업무에 몰입했고 수준 높은 업무 수행력을 발휘했으며 위프로에 잔류할 가능성이 더 높았다. 이 모든 게 30분짜리 자기성찰 훈련 덕분이었다.

우리는 위프로에서 다른 연구도 진행했다. 이번에는 업무교육을 받는 직원들에게 매일 퇴근 직전 15분간 그날 배운 교훈을 글로 쓰도록 했다.[39] 단 한 달 만에, 그런 자기성찰은 교육기간 동안 배운 내용을 총괄평가하는 최종시험에서 성적을 평균 23퍼센트나 끌어올렸다.

전문적인 능력을 가진 자원봉사자들을 비영리 단체나 사회적 기업과 연결시켜주는 캐치어파이어(Catchafire) 창업자이자 CEO인 레이철 총(Rachael Chong)이 예전에 투자은행가로 일할 때였다.[40] 총은 금융 종사자들과 함께 자원봉사 프로그램에 참여했다. 뉴욕 브롱스(Bronx)에서 집짓기를 돕는 일이었다. 키가 157.5센티미터인 총이 공사장에서 목재를 옮기느라 낑낑대고 있을 때 문득 어떤 생각이 머리를 스쳤다. 이 일이 자신은 물론이고 다른 금융 종사자들의 강점을 활용하지 못한다는 생각이었다. 재무 모델을 개발하는 것처럼 금융 관련 도움이 절실히 필요한 비영리 조직들을 위해 전문적인 능력을 사용할 수 있는데 뭣 때문에 공사장에서 비지땀을 흘리고 있는 건지 의문이 생겼다. 그때부터 발동이 걸린 그녀는 몇 달간 자신의 재능으로 할 수 있는 자원봉사 일을 찾았다. 하지만 끝내 찾지 못하고 말았다.

1년 후 총은 세계 최대 비영리 조직 중 하나인 BRAC[Building Resources Across Communities, 방글라데시 농촌발전위원회(Bangladesh Rural Advancement Committee)가 전신이다—옮긴이]의 미국 지사 설립을 돕기 위해 대학생 자원봉사자들과 함께 방글라데시로 떠났다. 그곳에서 학생들은 저개발국의 소기업 육성을 위한 소액 금융(microfinance)에 대해 배웠고 공익 프로젝트들을 수행했다. 더 중요한 건 자원봉사 활동 자체에 대해 깊이 이해하고 그 의미를 가슴에 새기게 됐다는 점이다. "처음 자원봉사를 할 때는 '내가 과연 얼마나 도움이 될 수 있을까?' 라고 생각할 수 있습니다. 하지만 자원봉사로 보람을 느낀 경험이 있다면 '당연히 큰 도움이 될 수 있어!' 라고 생각하게 됩니다." 총이 내게 말했다. 총은 자원봉사가 도움을 받는 사람들뿐만 아니라 도움을 주는 사람에게도 유익하다고 생각하기 시작했다. 자원봉사를 통해 힘을 얻고, 더욱 열심히 활동하도록 영감을 받는다. 하지만 그렇게 되려면 자신이 잘하는 일에 참여해야 한다.

그로부터 얼마 지나지 않아 총은 자신의 재능을 기부하고 싶은 전문가들을 비영리 단체와 사회적 기업에 연결해주는 기업을 설립했다. 캐치어파이어는 밥 말리(Bob Marley)의 앨범에서 따온 이름이다. 총은 〈스터 잇 업(Stir It Up)〉 같은 밥 말리의 노래들이 자원봉사가 어떠해야 하는지 좋은 비유가 된다고 말한다. "당신 안에서 불꽃을 발견하는 겁니다." 그녀는 자원봉사가 내면의 불꽃을 찾도록 도움을 주고, 그 열정을 최대한 활용해야 한다고 생각한다.

"나는 대리석 안에 갇힌 천사를 봤고 그 천사가 자유로워질 때까지 대리석을 깎았다." 로마에 있는 피에타 상과 피렌체에 있는 다비드 상을 조각한 전설적인 조각가이자 화가 미켈란젤로 부오나로티가 1547년 이탈리아의 유명한 인문주의자 베네데토 바르키(Benedetto Varchi)에게 보낸 편지에 쓴 말이다. 미켈란젤로에게 조각이란 돌덩

어리를 깎아 그 안에서 잠자고 있는 이상적인 존재를 해방시키는 과정이었다. 우리의 내면에는 그런 이상적인 존재가 있다. 그것이 바로 우리의 대표적인 강점이다. 그래서 우리의 숙제는 삶을 조각해서 그 존재를 해방시키는 것이다.

매일 우리는 동료들 앞에서 알몸을 드러내고 약점을 노출하며 실수를 솔직하게 말할 기회가 있다. 또한 우리의 강점이 무언인지 성찰할 수 있다. 상사가 등을 떠다 밀 때까지 기다릴 필요가 전혀 없다. 우리 스스로 그 과정을 시작할 수 있다. 그렇지만 리더가 해야 할 중요한 역할도 있다. 멜로디 홉슨(Mellody Hobson)은 시카고에 본사가 있는 유명한 재무관리 회사 아리엘 인베스트먼트(Ariel Investments) 사장이다.[41] 대학을 졸업하고 스물두 살의 어린 나이에 입사했을 때, 홉슨은 자신의 본모습에 충실할 수 있는 허가증을 받았다. 그녀가 내게 해준 말을 직접 들어보자. "출근 첫날 아리엘의 창업자이자 CEO인 존 W. 로저스 주니어(John W. Rogers Jr.)로부터 잊을 수 없는 조언을 들었습니다. 그가 이렇게 말했어요. '이제 자네는 엄청난 연봉을 받고 화려한 직함을 가진 사람들에 둘러싸여 일하게 될 걸세. 그렇다고 자네의 아이디어가 그들보다 못하다는 뜻은 아니야. 나는 자네의 아이디어를 듣고 싶네. 자네의 생각을 솔직하게 말하는 것이 자네의 의무임을 잊지 말게.'"

홉슨은 그날부터 기회가 생길 때마다 입이 닳도록 그 얘기를 했다. 사람들이 그 얘기를 듣는 것 자체가 선물이라고 생각했기 때문이다. 일례로 작년에 신입직원을 채용하는 과정에서 홉슨은 한 지원자에게 "대화에 활력을 불어넣고 불만이나 이견이 있을 때는 솔직하게 말해서 우리가 앞으로 나아가도록 압박해주기를" 기대한다고 말했다. 그 지원자는 오늘날 아리엘의 리서치 팀에서 일하고 있다. 리더는 구성원들이 이를 확실히 알도록 알려줄 책임이 있다고 흡슨은 생각한다. 업무에서 강점을 발휘하고 진정성 있게 행동할 때 조직에 대한 헌신이 깊어지고 경력을 추구하는 과정에서 더 많은 기쁨을 얻는다.

　내가 학생들에게 즐겨 보여주는 동영상이 하나 있다. 동영상은 야구모자를 쓴 소년이 야구공과 배트를 들고 뒤뜰에서 의기양양하게 걷는 장면으로 시작한다. "나는 세상에서 가장 훌륭한 타자야"라고 말한 다음 소년은 공을 던지고 배트를 휘두른다. 헛스윙이다. "원 스트라이크!" 소년이 소리친다. 헛스윙에도 풀죽지 않은 소년은 공을 집어들며 조금 전과 똑같이 말한다. "나는 세상에서 가장 훌륭한 타자야!" 그런 다음 또다시 공을 던지고 배트를 휘두른다. 이번에도 역시 공을 맞히지 못한다. "투 스트라이크!" 이제 소년은 진지한 눈길로 배트와 공을 살펴본다. 손바닥에 침을 뱉고 두 손을 문지른다. 모자를 고쳐 쓴 다음 또다시 주문을 왼다. "나는 세상에서 가장 훌륭한 타자야!" 공을 위로 던지고 배트를 힘차게 휘두르지만 애석하게도 헛스윙이다. "스트라이크 아웃!" 소년은 혼란스러워하며 가만히 서서 잠시 생각한다. 그러다가 큰소리로 말한다. "와, 나는 세상에서 가장 훌륭한 투수야!" 소년의 얼굴에 미소가 피어난다. 자신의 강점을 찾은 사람의 미소다.

REBEL TALENT

7장

처음부터 재미있는 영화는 없다

어떻게 몰입할 수 있을까

"시장에서 이기려면 먼저 직장에서 이겨야 한다."[1]
—더그 코넌트(Doug Conant), 캠벨수프 전 CEO

새벽 6시 36분, 나는 비행기가 이륙하기를 초조하게 기다리고 있다. 마침내 기장이 방송을 시작하고, 나는 안도감에 한숨을 내쉰다. 폭설 예고가 있어 걱정했는데 다행히 눈발만 조금 날려 비행기가 정상 운항하게 됐다. 뉴욕에서 하루 종일 강의가 잡혀 있어 뉴어크공항으로 가는 길이다. 마지막 승객까지 좌석에 앉자 기내방송이 나온다. "승객 여러분, 방금 좌석벨트 표시등이 켜졌습니다. 가지고 계신 짐은 앞좌석 밑이나 머리 위 선반에 보관해주십시오." 승무원은 비상구 위치와 담배연기 감지기에 대한 안내를 이어가지만, 내 머릿속은 그날 예정된 강의에 대한 생각으로 가득 찬다. 나는 40명의 경영자들을 대상으로 어떤 게임을 해볼 생각이다. 그런데 준비가 잘됐는지 걱정스러워 자꾸 마음이 쓰인다.

마침내 비행기 문이 닫히고 안내방송이 다시 시작된다. "승객 여러분, 저는 오늘 여러분을 모실 사무장 제니퍼 캡스톤입니다. 기장과 모든 승무원을 대신해 환영인사를 드리겠습니다. 저희 비행기는 보스턴을 출발해 뉴어크까지 직항으로 운항하는 유나이티드항공 343편입니다." 그녀가 편명과 비행 고도와 속도에 대해 설명하는 동안 내 마음은 또다시 방황한다. 그날 첫 수업을 위해 몇 가지 메모를 한다. 승무원들이 안전 시범을 보이기 위해 각자 자리를 잡는다. 나는 잠시 올려보다가 이내 시선을 메모로 돌린다. 얼마 지나지 않아 비행기가 하늘을 난다. 비행을 하는 동안 몇 번 안내방송이 나오지만, 아무것도 내 귀에 들어오지 않는다. 최고 고도 가까이 도달한 것 같은데 어느덧 비행기는 착륙을 위해 하강하기 시작한다.

나는 수업시간보다 훨씬 일찍 도착한다. 드디어 수업이 시작되고, 게임을 소개한다. 100달러짜리 지폐를 경매하는 것이다. 규칙은 간단하다. 최고 액수와 두 번째 최고 액수를 부른 사람들은 입찰가를 지불해야 하지만 최고 입찰가를 부른 사람만 내가 건 100달러짜리 지폐를 가져갈 수 있다. 그리고 입찰은 5달러부터 시작해 한 번에 5달러씩 올라간다. 대화는 금지되고 자신의 입찰가만 큰소리로 말할 수 있다. 경매를 시작하자 많은 학생들이 손을 든다. 학생들이 경매에 참여할수록 가격이 신속하게 올라간다. 호가가 100달러에 이르자 이제 두 학생만 경매에 참여한다. 둘은 더 낮은 액수를 부르는 사람이 돈을 잃게 될 거라는 걸 깨달은 듯하고 그래서 누구도 포기할 마음이 없다. 결국 100달러짜리 지폐 경매에 호가가 100달러를 훨씬 넘어선다. 낙찰가는? 360달러였다!(두 번째 높은 호가는 355달러였다.) 이는 의사결정에 영향을 미치는 보편적인 실수에 대해 토론을 시작하는 좋은 방법이다. 혹시 오해가 있을까봐 하는 말인데, 경매 '수익금'을 내 개인적으로 챙기지 않았다. 나는 절대 남의 등을 쳐먹는 사람이 아니다. 수업이 끝난 후에 음료수를 사서 마실 수 있도록 학생들에게 돌려줬다.

오후 5시 나는 보스턴으로 돌아오는 비행기에 앉아 있다. "승객 여러분, 방금 좌석벨트 표시등이 켜졌습니다……" 승무원들은 입사한 순간부터, 한 치의 오차도 없이 반드시 따라야 하는 다양한 절차를 배운다. 응급의료 상황부터 난동을 부리는 불량 승객에 이르기까지 모든 것에 대처하는 법을 교육받는다. 또한 구급상자부터 구명보트와 소화기까지 기내에 비치된 모든 긴급 장비를 어떻게 사용하는지 완벽히 숙지한다. 승객의 안전을 보장하는 데 절대적으로 중요한 일이다. 승객 입장에서도, 긴급 상황에서 산소 마스크를 어떻게 꺼내 쓰는지 정확히 알고 혹은 비행에 방해가 되지 않게 전자기기 전원을 끄도록 안내받는 것이 좋다. 그러나 내가 비행기를 타고 있을 때 그런 모든 정보는 거의 귀에 들어오지 않았다. 대부분의 승객도 나와 같았을 거라고 확신한다. 승객 입장에서 볼 때, 너무 지루해서 안전에 관한 정보에 귀를 기울이지 않는 것보다는 승무원들이 매뉴얼에 적힌 것을 앵무새처럼 읊지 않아서 귀를 기울이게 되는 편이 훨씬 낫다.

이제는 승무원들의 입장에서 안내방송이 어떨지 생각해보자. 승무원들은 비행 때마다 토씨 하나 다르지 않은 말을 반복하고 낯선 사람들 앞에서 똑같은 손동작을 하며 좌석벨트 매는 법과 구명조끼 입는 법을 시연한다. 자동인형처럼 비상구 위치를 가리키고 화장실에서 금연이라는 사실을 상기시킨다. 게다가 그들은 승객들이 자신의 말에 관심을 기울이지 않는다는 사실을 안다. 요컨대 승무원들은 지루함과 좌절감을 느낄 수밖에 없다.

이런 딜레마는 승무원들만 경험하는 게 아니다. 업종을 떠나 모든 직장인이 그런 딜레마에 부딪친다. 새 직장에 처음 출근할 때, 의욕도 열정도 없고 좌절감을 느끼는 사람은 없다. 새로운 시작에 흥분하고 새로운 동료들을 만날 생각에 들뜨며 그들에게 좋은 인상을 줄 거라는 희망에 부푼다. 하지만 밀월기간은 대개 금방 끝난다. 다양한 산업에서 수집한 데이터를 보면, 새로운 직장에 출근한 처음 며칠간은 에너지와 흥분, 헌신 수준이 높지만 첫해가 지날 무렵이면 콩깍지가 벗겨진다. 첫 직장이든 아니든 상관없다. 흥분이 지루함으로 변하고, 업무에 강점을 쏟아붓고 싶은 욕구는 차츰 줄어들어 마침내 대세를 따르며 흐름에 맡기는 성향이 굳어진다. 좌석벨트 표시등이 켜졌다는 안내방송을 백 번쯤 하고 나면 업무에서 느끼는 전율이 완전히 사라진다.

갤럽은 1998년부터 다양한 국가와 산업의 직장인 수백만 명을 대상으로 설문조사를 벌여 업무 몰입도를 조사하고 있다.[2] 갤럽이 2016년에 수집한 데이터에 따르면, 미국 직장인 중 업무에 몰입하고 열정을 느끼며 헌신하는 비율은 32퍼센트다. 반면 업무에 비몰입된 업무방해형(actively disengaged) 직장인은 20퍼센트에 이른다. '업무방해형 직원'은 직장에서 불행하지는 않지만 행동을 통해 적극적으로 불행을 표현하는 이들을 설명하기 위해 갤럽이 사용하는 용어다. 그들은 매일 조금씩 조직을 갉아먹고 동료들의 태도에 악영향을 미친다.

세계적인 경영컨설팅 업체 타워스-왓슨(Towers-Watson)이 진행한 연구는 더욱 암울한 그림을 내놓았다. 연구 결과에 따르면, 업무에 완전히 몰입하는 직원은 겨우 15퍼센트 안팎이다. 반면 65~70퍼센트가 업무에 대충 몰입하고 15퍼센트는 전혀 몰입하지 않는다. 갤럽의 2016년 조사를 보면 글로벌 평균은 더욱 심각하다. 142개국 직장인들 중에서 업무에 몰입하는 비율은 겨우 13퍼센트다.

비몰입에는 값비싼 대가가 따른다. 비몰입은 직원들의 헌신, 생산성, 혁신을 방해하는 것은 물론 직원 유지율에도 악영향을 미친다. 갤럽은 몰입하는 직원들이 성과가 20퍼센트 높고 창의성은 3배이상 높다는 사실을 발견했다. 또한 비몰입이 생산성 손실로 미국경제에 연간 5,500억 달러(약 617조 원)의 손해를 야기한다고 추정한다. 구글과 아웃도어 업체 레크리에이셔널 이큅먼트(Recreational Equipment, Inc.)처럼 직원들의 몰입도가 높은 기업은 수익성 22퍼센트, 생산성은 21퍼센트 더 높다. 또한 그런 기업은 결근율이 37퍼센트, 제품 불량률이 41퍼센트 더 낮고, 안전사고 발생 건수는 48퍼센트 적으며 이직률도 낮다(이직률이 높은 조직군에서는 평균보다 25퍼센트, 이직률이 낮은 조직군에서는 평균보다 65퍼센트 낮다). 특히 우려되는 점은 직원 비몰입 문제가 성장과 정비례한다는 점이다. 즉 성장할수록 그 문제가 심각해진다. 갤럽에 따르면 대기업 직원들이 중소기업 직원들보다 몰입도가 떨어진다.

비몰입은 비단 직장에만 만연한 문제가 아니다. 갤럽이 미국 유치원생부터 고등학교 3학년까지 약 100만 명을 대상으로 한 설문조사에 따르면, 공부에 몰입한다고 응답한 학생은 절반가량인 반면 "몰입하지 못한다"고 응답한 학생은 29퍼센트, "적극적으로 비몰입된" 상태라고 밝힌 학생은 21퍼센트였다. 우리의 사생활에도 동일한 문제가 널리 퍼져 있다. 최근 나는 연인관계 혹은 아주 가까운 사이라고 응답한 1,000명 이상의 미국인을 대상으로 설문조사를 했다. 놀라지 마라. 무려 80퍼센트 이상이 그 관계가 에너지와 기쁨을 만드는 게 아니라 걱정과 좌절감을 야기한다고 말했다. 요컨대 우리는 삶에서 몰입의 위기에 봉착해 있다.

"승객 여러분, 잠시만 집중하는 체해주시면 감사하겠습니다." 텍사스에 본사가 있는 사우스웨스트항공의 승무원 마티 코브(Marty Cobb)가 2014년의 어느 날 유타 주 솔트레이크시티로 가던 비행기에서 한 말이다. "지금부터 제 전 남편과 새 남자친구 그리고 그들의 이혼을 담당한 변호사가 보잉737-800 시리즈의 안전수칙에 대해 안내해드리겠습니다. 좌석벨트를 맬 때는 평평한 부분을 버클에 밀어넣고 벨트를 풀 때는 버클을 들어올리시면 됩니다. 좌석벨트를 엉덩이 위로 조였다 풀었다 조절해보세요. 저희 할머니가 보정속옷을 입으실 때처럼 말이에요."

코브가 계속 말했다. "혹시 어린아이들과 여행하는 분이 계신가요? 심심한 위로의 말씀을 드립니다. 아이 둘 이상과 여행을 하신다면 미래에 돈을 가장 많이 벌 것 같은 아이 하나만 선택하세요." 승객들이 낄낄거렸고, 이는 그들이 관심을 기울인다는 뜻이었다. 코브는 빤한 인사말을 약간 뒤틀며 안내를 마쳤다. "저희가 여러분의 비행을 더 즐겁게 해드릴 수 있다면 무엇이든 말씀해주세요. 물론 솔트레이크시티에 착륙한 직후에 말이죠. 그리고 여러분이 우리의 비행을 더 즐겁게 해줄 수 있는 일이 있다면 즉시 알려드릴게요. 사우스웨스트는 그런 일에 얌전 빼지 않는답니다."

코브는 사우스웨스트에서 매뉴얼에 구애받지 않고 자유롭게 말하는 유일한 승무원이 아니다. 전직 컴퓨터 프로그래머이자 개인 트레이너였던 데이비드 홈스(David Holmes)는 2009년 라스베이거스로 가는 비행기에서 랩을 부른 동영상이 널리 퍼진 후 '랩하는 승무원'으로 유명인사가 됐다. (가사 몇 구절을 들어보자. "우리는 현금을 받지 않아요. 신용카드로 결제해야 해요. 할인쿠폰이 있으면 정말 좋죠.") 또 다른 승무원 잭 설리번(Jack Sullivan)은 선글라스에 스카프까지 하고 엘비스 프레슬리를 흉내 낸 걸로 유명하다.

콜린 배럿(Colleen Barrett)이 1990년부터 2001년까지 사우스웨스트 운영 부문 부사장으로 근무할 때, 그녀의 우선순위 중 하나는 직원들이 업무에서 자신다움을 유지하도록 하는 것이었다.[3] 항공업계의 일반적인 임원들과는 달리 배럿은 승무원들이 법적 고지 의무가 있는 정보를 빠지지 않고 전달하는 한에서는 대본을 철저히 따르도록 요구하지 않았다. 오늘날까지도 사우스웨스트는 승무원들이 각자 진정성 있는 방식으로 승객을 따뜻하게 맞이하고 즐겁게 해주도록 장려한다.

사우스웨스트의 인재 채용방식은, 진정성과 유머가 성장의 압박을 받는 상황에서도 창의적이고 활기차게 일하고 건강을 유지하는 데 도움을 준다는 믿음을 기초로 만들어졌다. 이 철학은 사우스웨스트가 승객 수와 수익성, 고객 만족이라는 세 마리 토끼를 잡을 수 있었던 진짜 공신이었다. 사우스웨스트는 낮은 이직률과 완벽에 가까운 안전 기록을 보유하고 있다. "예나 지금이나 우리는 취미가 직업이 될 수 있다고 생각합니다. 그래야 출근할 때 아무것도 연기로 꾸며낼 필요가 없기 때문입니다"라고 배럿은 강조했다.[4]

사우스웨스트가 창조한 것은 몰입도 높은 일터다. 업종의 특성상 틀에 박힌 업무가 직원들을 영혼 없는 앵무새처럼 만들기 십상이지만, 그런 환경에서도 사우스웨스트 리더들은 인간의 본성을 존중할 뿐 아니라 직원 각자가 가장 일을 잘할 수 있는 방법을 스스로 결정하도록 허용한다. 물론 전제가 있다. 그런 행동은 안전이라는 회사의 주요 목표에 부합해야 한다.

이런 접근을 통해 직원들은 물론 승객들도 지속적으로 몰입할 수 있다. 몰입은 직원과 리더, 조직 모두에게 유익하다. 우리가 조직에 헌신하고 업무로 힘을 얻을 때 생산성에 강력한 엔진이 장착되고 창의적인 아이디어들이 생각나며 관계가 단단해진다. 조직이 더욱 성공할 수 있고 고객들도 우리의 제품과 서비스에 만족할 가능성이 높아진다. 언젠가 사우스웨스트를 이용했을 때 착륙 후 승무원이 했던 말을 생각하면 지금도 웃음이 나온다. "비행기에서 내리실 때 잊어버리고 내리는 물건이 없도록 다시 한 번 확인해주시기 바랍니다. 두고 내리신 물건은 승무원들이 골고루 나눠 갖겠습니다. 특히 아이나 배우자를 두고 내리지 않도록 유의하십시오."

몰입은 누구에게나 기쁨을 준다. 수없이 들었던 것과 토씨 하나 다르지 않는 지루한 안내방송을 듣는 것보다 랩을 들으며 비행기 여행을 시작하는 게 훨씬 좋은 것처럼 말이다. 하지만 우리 인간은 순응처럼 유익하지 않는 습관에 굴복하는 경향이 있다. 우리는 사회적 동물로 다른 사람들에게 받아들여지고 인정받고자 하는 강렬한 욕구가 있고, 순응은 그런 우리에게 편안함을 준다. 그러나 순응은 일에서건 대인관계에서건 몰입도를 떨어뜨린다. 가장 반항적인 사람들을 제외하고 나머지는 현상 유지를 선호한다. 이는 조직 운영에 큰 영향을 미치는 동시에 구성원들을 비롯해 주변의 모든 사람들까지 뭔가에 갇힌 듯 답답한 관행으로 이어질 위험이 있다.

비즈니스 세계의 역사에는 지속적으로 동기를 부여하지 못해 직원들이 좌절감에 빠지거나 짐을 싸서 떠나고 말았던 조직에 관한 이야기로 넘쳐난다. 더그 코넌트가 2001년 캠벨수프 사장 겸 CEO에 취임했을 때 일이다.[5] 막상 뉴저지 주 캠든(Camden)에 있는 본사에 출근해보니 손볼 데가 한둘이 아니었다. 주차장 주위는 가시철조망이 둘러 있었고 헐벗은 벽들은 새로 페인트를 칠할 필요가 있었으며 바닥 카펫도 교체가 시급했다. 그러나 캠벨은 한동안 재정적으로 매우 어려웠고, 그 고통은 모든 직원에게 고스란히 돌아갔다. 직원들은 코넌트에게 본사 건물을 "감옥"으로 묘사했다.

캠벨은 1990년대 말 이후부터 심각한 위험에 처했다. 1990년대 말 고위 경영진은 가격 인상을 결정했고 그 결과 매출이 감소하기 시작했다. 2001년에는 캠벨 주가가 1998년 11월 기록했던 최고가에서 절반으로 떨어졌다. 가격 인상이라는 실수를 바로잡기 위해 경영진은 광고비를 삭감하고 400여 명의 직원을 해고하는 등 비용 절감에 팔을 걷어붙였다. 코넌트의 말을 직접 들어보자. "닭고기 수프에서 닭고기를 빼야 할 만큼 비용을 절감해야 했습니다. 그러니 캠벨의 얼굴이었던 닭고기 수프가 경쟁력을 잃을 수밖에 없었죠."[6] 캠벨은 하향곡선을 타고 계속 추락했다.

예전에는 역사 깊은 세계 최고의 식품 회사에 다닌다는 자긍심이 있었지만 이제 직원들의 그런 자긍심은 타격을 입었다. 1869년에 설립된 캠벨수프는 오랫동안 꾸준한 성장을 일궜다. 1970년대 초에는 해외로 진출했고 세계 최대 식품 기업 중 하나가 되었다. 세계적인 팝아티스트 앤디 워홀의 캠벨수프 캔 시리즈를 보면 알 수 있듯 미국에서 캠벨이라는 브랜드는 하나의 기업을 넘어 식품 전체를 대표하는 상징이 됐고, 많은 미국인이 "음, 음, 맛있어!(Mm, Mm, Good!)"라는 캠벨수프의 광고 문구를 흥얼거릴 정도였다. 뿐만 아니라 캠벨의 토마토 수프(캠벨의 베스트셀러 중 하나다) 한 그릇과 구운 치즈샌드위치는 전형적인 컴포트 푸드(comfort food, 기분을 좋게 해주거나 안정감을 주는 음식. '위로 음식'이나 '위안 음식'이라고도 불린다-옮긴이)로 야구와 애플파이에 버금가는 미국적 상징물이었다.

침몰하는 배의 선장이 되고 얼마 지나지 않아 코넌트는 직원들의 몰입도를 높이는 게 최우선 과제라고 선언했다. 그의 선언을 듣고 많은 임원이 코웃음을 쳤다. 그들이 보기에 훨씬 긴급한 문제가 산적해 있었기 때문이다. 일부 회의론자들은 직원들에게 투자할 게 아니라 비용 절감을 계속하는 것이 낫다며 의심을 거두지 않았다. 또 다른 비판가들은 제품 포트폴리오와 마케팅에 투자해야 한다고 생각했다. 그러나 코넌트의 말마따나 캠벨은 "매우 유독한 문화"에 흠뻑 젖어 있었다.[7] 관리 시스템은 엉망이었고 직원들의 사기는 바닥에 떨어졌다. 코넌트는 침몰하는 캠벨 호의 뱃머리를 들어올려 다시 정상 항해하려면 2만 명의 직원들에서 시작할 필요가 있다고 판단했다.

회사에 대한 낮은 신뢰와 무력감 등 코넌트가 직원들에게서 본 문제들은 2002년 그가 갤럽에 의뢰했던 설문조사 결과가 뒷받침해줬다. 그 조사의 목표는 직원들이 회사와 회사의 목표에 대해 느끼는 헌신의 수준을 측정하는 것이었다. 어쨌든 결과는 참담했다. 어느 정도였냐 하면 갤럽이 이제껏 〈포춘〉 500대 기업을 대상으로 얻은 최악의 성적표 중 하나였다. 직원의 60퍼센트 이상이 업무에 몰입하지 않는다고 응답했고, 적극적으로 비몰입한 상태라고 밝힌 직원도 10퍼센트가 넘었다. 즉 그들은 직장에서 매우 불행해서 성과를 내는 몇몇 직원의 노력을 적극적으로 방해했다. 고위 경영진도 다르지 않았다. 무관심 상태에서 일하는 비율이 40퍼센트 이상이었다. 그들은 회사의 목표에 기여하는 데 거의 관심이 없었다.

특단의 조치가 필요했다. 이를 위해 코넌트는 말 그대로 몸을 움직였다. 그는 본사에 있을 때든 유럽과 아시아 공장을 돌아볼 때든 만보기를 단 채 운동화를 신고 다녔다. 그는 매일 1만 보를 걷고 가능한 한 많은 직원과 의미 있는 상호작용을 하겠다는 목표를 세웠다. 또한 '일 대 다수(One-Over-Ones)'라고 이름 붙인 일련의 회의를 시작했는데, 모두가 한 배를 탔다는 느낌을 전달하기 위해 그런 이름을 붙였다. 그 회의는 직원 한 사람과 그의 관리자가 정기적으로 만나 성과를 검토하는 것으로 시작했다. 그런 다음 둘은 코넌트와 인사부서 총책임자와의 회의에 초대됐다. 솔직한 대화를 위해 회의는 비공식적인 형태로 진행됐고, 관리자와 직원 모두 질문을 하고 마음에 걸리는 문제가 있으면 허심탄회하게 토론하며 아이디어를 제안할 수 있었다. 아니, 정확히 말하면 그렇게 하도록 장려됐다.

그런 회의는 관리자와 직원 모두가 CEO한테 어떤 질문도 할 수 있고 아무 아이디어라도 제안할 수 있는 절호의 기회가 됐다. 두 사람이 참석하는 성과 검토 회의와는 달리 네 사람을 포함시킴으로써 일 대 다수 회의는 토론 범위를 넓혔다. 더욱이 코넌트와 인사 총책임자는 직속 부하직원들하고만 대화할 때보다 더 많은 정보에 다가 갈 수 있었다. 뿐만 아니라 그런 회의는 코넌트의 비전이 회사 전체로 퍼져나가는 효과적인 통로가 됐다. 이 두 노력, 즉 발품 팔기와 일 대 다수 회의는 회사가 직원들을 소중하고 가치 있게 여긴다는 걸 상징적으로 보여줬다.

또한 코넌트는 직원 각자에게 그들의 성공과 특별한 기여에 대해 고마움을 표현하는 편지를 하루에 최대 스무 통씩 보내기 시작했다. 직원들에게 일일이 편지를 쓰는 데 날마다 1시간씩 매달렸다. 이메일로 보내도 될 것을 왜 하필 손편지였을까? 직원 중 절반 이상이 컴퓨터를 사용하지 않았기 때문이다. 2011년까지 CEO로 일하던 10년간 캠벨이 보낸 감사편지는 3만 통이 넘었고, 직원들은 책상 위에 그 편지를 자랑스럽게 걸어뒀다.

코넌트는 본사 건물을 둘러싼 가시철조망을 철거하고 울타리를 설치했고 잡초와 웃자란 식물도 말끔히 뽑아냈으며 도로 턱을 새로 페인트칠했다. 그렇게 외부 단장을 끝낸 후 내부를 손보기 시작했다. 카펫을 교체하고 실내장식을 대대적으로 손봤으며 구석구석 페인트를 칠했다. 코넌트는 이런 활동을 통해 턴어라운드(turnaround, 넓은 의미의 기업회생으로 구조조정, 리엔지니어링 등이 포함된다-옮긴이), 즉 직원들과 조직을 위해 더 나은 미래의 신호를 보여주고 싶었다. 직원들의 의욕과 사기를 다시 북돋기 위해 코넌트는 가시철조망이든 사일로(silo, 곡식이나 사료를 저장하는 굴뚝 모양의 창고에 빗대어 조직 내 부서들이 서로 담을 쌓고 내부 이익만 추구하는 현상-옮긴이)든 아이디어와 대화를 가로막는 장벽을 없애야 한다고 판단했다. 덕분에 직원들의 행복감이 높아졌고, 직원 성과와 직원 유지율이 상승 국면으로 접어들었으며 몰입도도 증가하기 시작했다. 일단 업무에 대한 열의가 높아지고 나자 직원들은 품질 개선과 혁신으로 이어지는 아이디어들을 내놓았다. 뚜껑에 부착된 고리를 들어올려 쉽게 딸 수 있는 팝—톱(pop-top) 방식의 캔, 고객들이 원하는 수프를 쉽게 찾을 수 있도록 해줄 슈퍼마켓용 새로운 선반 시스템이 대표적이다.

그런 코넌트가 관리자들에게는 저승사자나 다름없었다. 몇 년에 걸친 갤럽의 조사에 따르면, 관리자들은 직원의 몰입도에 핵심적인 역할을 한다. 사람들이 회사를 그만두는 주된 이유는 업무가 아니라 상사 때문이다. 몰입의 70퍼센트가 관리자에 의해 좌우될 만큼 그들의 역할은 중요하다. CEO에 취임하고 처음 3년간 코넌트는 고위 리더 350명 중 300명을 내보냈다. 그 자리를 메우기 위해 150여 명을 승진시켰고, 나머지는 높은 성과가 검증된 리더들을 영입했다. 2009년이 되자 캠벨은 S&P 가공식품 지수의 평균 총주주수익률을 웃돌고 S&P 500의 총주주수익률도 상회했다. 2001년부터 2011년까지 코넌트가 CEO로 있던 10년간 매출과 수익이 약 24퍼센트 증가했다. 같은 기간 S&P 500 기업들의 수익은 평균 10퍼센트 가까이 하락했다.[8]

월스트리트의 애널리스트와 투자자 모두는 캠벨의 성공적인 턴어라운드의 일등공신이 코넌트라고 입을 모았다. 코넌트는 직원 몰입의 3가지 요소를 주입해서 어떻게 직원들에게 영감을 주고 그들이 재능을 발휘토록 할 수 있는지를 보여주는 좋은 예다. 그렇다면 직원 몰입의 3가지 요소는 무엇일까? 업무에 대한 자부심과 도전정신을 불러일으키는 헌신(dedication), 업무에 전념하는 몰두(absorption), 업무에 대한 에너지를 나타내는 활력(vigor)이다.[9] 하루 30분씩 발품을 팔며 직원들을 만나고 일 대 다수 회의에 참석함으로써 코넌트는 직원들로 하여금 조직에 대한 자신의 기여가 소중하게 여겨지고 인정받는다는 기분을 갖게 만들었다. 우리가 하는 일이 중요하다고 느낄 때 우리의 헌신은 깊어진다. 코넌트는 직원 개인의 발전과 만족감에 많은 관심을 기울인다는 사실을 행동으로 확실히 보여줬다.

코넌트는 물리적인 환경을 변화시켜 집중력을 흩뜨리는 요소들을 제거했고 덕분에 직원들은 업무에 집중할 수 있었다. 관심을 집중시킬 때 우리는 몰두의 상태에 이르고 시간은 순식간에 흘러간다. 손편지도 차이를 만든 요소였을 것이다. 내 연구가 보여주듯이 누군가에게서 감사를 받을 때 우리는 어려움이 닥쳐도 포기하지 않고 계속 전진할 가능성이 커진다.[10] 에너지와 회복탄력성이 커질 때 활력이 생긴다. 헌신, 몰두, 활력의 삼박자가 갖춰질 때 직원들의 몰입도가 증가한다.

2009년 갤럽이 캠벨 직원을 대상으로 설문조사를 했을 때 2002년의 조사 결과와는 사뭇 다른 결과가 나타났다. 68퍼센트의 직원이 자신의 일에 적극적으로 몰입한다고 응답한 반면 업무태만형 직원은 3퍼센트에 불과했다. 코넌트는 직원 몰입이 캠벨의 핵심 문제인 동시에 턴어라운드의 열쇠였음을 증명했다.

당신이 가장 몰입했던 때를 떠올려보라. 콘서트에 갔는데 음악에 완전히 사로잡혀 창의적인 아이디어들로 머리가 터질 듯했을지도 모르겠다. 혹은 영감을 주는 강의를 들은 후 책상에 앉아 차분히 글을 쓰기 시작했을 때였을 수도 있다. 심지어 지하철에서 만난 낯선 사람과 우연히 대화를 나눴는데 그와 며칠이라도 계속해서 대화할 수 있을 듯한 기분을 느꼈을 수도 있다. 어떤 경우든 몰입할 때 우리의 행복과 틀에 얽매이지 않는 독창적인 생각, 생산성이 동반 상승하고 우리의 조직도 이득을 본다.

캘리포니아에 본사를 둔 토마토 가공 업체 모닝스타에서 진행한 현장연구에서 있었던 일이다. 우리는 토마토를 수확하는 사람들에게 짧은 동영상을 보여줬다. 한 동료가 그들의 일이 공장에 미치는 긍정적인 영향에 대해 말하는 동영상이었다. 그런 다음 그들을 상대로 설문조사를 했다. 동영상을 본 직원들은 그러지 않은 직원들보다 업무에 더욱 몰입한다는 결과가 나왔다. 뿐만 아니라 생산성도 증가했다. 동영상을 본 이후 몇 주간 토마토 수확에서 시간당 생산성이 7퍼센트 증가했다.[11] 후속연구에서도 비슷한 결과가 나왔다. 심지어 창의성까지 끌어올렸다.

직원들의 몰입 수준이 낮으면 품질, 생산성, 고객 만족, 재무 성과 모두 부정적인 영향을 받는다. 예를 들어 글로벌 리더십 훈련기관인 데일카네기연구소(Dale Carnegie Training)가 실시한 연구에 따르면, 직원들의 이직으로 인해 연간 수십억 달러의 손실이 발생한다. 또한 직원들이 몰입하는 기업들은 몰입도가 낮은 직원들이 일하는 기업들보다 200퍼센트 이상 성과가 높다. 갤럽은 또 낮은 직원 몰입도는 건강관리 비용 증가와 낮은 생산성과 관련 있다고 주장한다.

몰입의 긍정적인 효과는 일터에만 국한되는 것이 아니다. 몰입한다고 응답한 대학생들이 시험을 통과할 가능성이 더 높다. 학생들은 공부함으로써 에너지를 얻을 때 학업 성과가 더 높다.[12] 연인이나 친구 같은 친밀한 관계에서는 몰입과 열정이 지속적인 헌신, 행복과 만족감, 어려운 시기가 닥쳐도 함께 헤쳐나가려는 강력한 의지 등으로 이어진다. 부모와 자녀 사이에서도 몰입은 많은 긍정적 효과를 낳는다. 서로 간의 신뢰가 두터워지고 가족에 대한 헌신이 커지며 가족 구성원 간의 상호작용에서 더 많은 기쁨을 얻는다.

이 책 전반에서 반항아에게서 반복적으로 발견되는 여러 재능을 소개했다. 상기시키는 차원에서 다시 말하면 참신함, 호기심, 폭넓은 관점, 다양성, 진정성의 재능들이다. 하지만 정말 놀라운 것은 이런 모든 재능을 하나로 묶는 뭔가가 있다는 사실이다. 바로 몰입이다. 사실 그런 재능 각각이 몰입으로 이어지는 경로다. 참신함을 발휘하는 재능은 판에 박힌 일상과 전통에 따라오는 지루함과 싸울 무기가 되고, 호기심을 느끼는 재능은 현상을 유지하려는 경향에 저항하게 만든다. 폭넓은 관점으로 사고할 수 있는 재능은 문제를 해결하거나 뭔가를 결정할 때 오직 하나의 관점, 즉 우리 자신의 관점에만 초점을 맞추지 않을 수 있는 원동력이 된다. 다양성을 추구하는 재능은 인간 본성에 깊이 뿌리 내린 고정관념에 맞서도록 해주고, 진정성을 발휘하는 재능은 자신의 우선순위와 감정, 신념에 대해 솔직해질 수 있는 힘을 준다.

반항아의 핵심적인 특징은 몰입한다는 점이다. 그들은 에너지가 충만하고 회복탄력성이 뛰어나며 일과 관계에 투자하고 어려움이 닥쳐도 무소의 뿔처럼 나아간다. 그들은 자신의 일과 주변 사람들로부터 영감을 얻는 동시에 일과 주변 사람들에 열정을 돌려줄 뿐만 아니라 영감을 준다. 몰입할 수 있기에 반항아는 성공한다.

그렇다면 몰입을 촉진할 수 있는 방법은 무엇일까? 솔직히 방법을 찾기가 쉽지 않다. 침몰하는 수프 회사의 구원투수로 등장한 더그 코넌트는 구석구석 발품을 팔고 페인트칠을 하고 직원들과 솔직한 대화를 하고 고맙다는 인사를 3만 번이나 함으로써 캠벨을 성공적으로 기사회생시켰다. 그렇지만 코넌트의 방식만이 유일한 것은 아니다.

뾰족한 두 귀와 곤봉처럼 생긴 더듬이가 있고 눈이 세 개에 손가락이 세 개씩인 양손을 옆으로 펼친 녹색 외계인이 나를 빤히 올려다봤다. 물론 진짜 외계인이 아니다. 내가 목에 건 방문증에 그 외계인이 들어 있었다. 방문증에 적힌 내 이름 아래에 무시무시한 경고문이 있었다. "외부인!" 때는 2017년 화창한 어느 봄날, 장소는 샌프란시스코 베이에어리어(Bay Area) 북부에 위치한 에머리빌(Emeryville)이었다. 나는 그곳에 둥지를 튼 픽사를 방문했다. 식물이 무성한 정원이 즐비하고 야구장, 축구장, 600석짜리 원형극장, 테니스 코트, 수영장 같은 편의시설을 구비한 거대한 복합단지다. 픽사 본사의 중앙에는 면적이 11만 3,155제곱미터에 달하는 2층짜리 스티브 잡스 빌딩이 있는데, 수백 명이 그곳에서 일하고 먹고 논다.[13] 1985년 애플에서 쫓겨난 잡스는 루카스필름(Lucasfilm)으로부터 픽사[당시엔 그래픽스 그룹(Graphics Group)이라고 불렸다]를 인수하고 2006년 디즈니에 인수될 때까지 픽사의 최대 주주이자 CEO를 지냈다. 스티브 잡스 빌딩 앞에는 픽사의 마스코트인 룩소 주니어(Luxo, Jr.) 조각상이 서 있는데, 픽사가 1986년 처음 제작한 단편 애니메이션에 나왔던 인간의 감정을 지닌 책상용 램프다.

잡스는 그 건물을 지을 때 가장 세세한 곳부터 전경에 이르기까지 모든 걸 일일이 감독했다. 픽사의 전 직원이 매일 지나가야 하는 거대한 아트리움을 포함시키자는 아이디어도 잡스의 머리에서 나왔다. 그 아트리움을 지나다니면서 직원들 사이에 우연한 만남과 대화가 이뤄진다. 철제와 벽돌을 써서 현대적인 감각으로 지어진 아트리움은 햇볕이 잘 들고 내부에는 실물 크기의 픽사 캐릭터들이 서 있으며 아카데미와 골든글로브, 애니상(Annie Awards)에서 수상한 많은 트로피가 전시된 진열장도 있다. 스티브 잡스 빌딩의 실내장식은 매년 픽사가 제작하는 영화와 관련된 것들은 물론이고 영화와 관련 없는 직원들의 미술작품을 전시하기 위해 정기적으로 바뀐다. 스티브 잡스 빌딩에는 픽사의 구내식당인 카페 룩소(Luxo)가 있고 장작불에 구운 피자, 멕시코 음식인 부리토(burrito), 오늘의 특선 요리, 공짜 음료가 제공된다. 또한 우편물실, 무료 시리얼 바, 기념품가게, 다양한 휴식공간이 마련돼 있다. 독특하게도 그 건물의 1층에 있는 화장실은 아트리움에만 몰려 있다. 소문에 따르면 잡스는 본관 전체에서 아트리움에만 화장실을 설치하자고 제안했다. 화장실을 한 곳에 모아두면 사람들이 오가면서 서로 마주치고 질문을 하며 아이디어를 교환할 기회가 저절로 만들어진다.

나는 2016년에 픽사의 공동창업자이자 사장인 에드 캣멀을 만났는데, 그 만남 이후 픽사를 꼭 방문하고 싶은 마음이 생겼다. 픽사는 작품성과 흥행성이라는 두 마리 토끼를 다 잡은 성공적인 영화를 수없이 탄생시킨 애니메이션 영화의 위대한 산실이다. 그러나 캣멀이 나를 처음 만났을 때 말했듯이, 수많은 성공작에도 불구하고 픽사 역시 다른 영화사들만큼이나 많은 실패를 했다. 캣멀은 대중이 성공작만 기억하는 건 실패한 픽사의 영화들은 공개되지 않았기 때문이라고 생각했다. 그러면서 픽사의 개봉작들 가운데 시나리오가 대폭 수정됐던 사례를 죽 열거했다.

2007년에 개봉한 〈라따뚜이〉는 최초 시나리오에 있던 줄거리 하나만 남기고 모든 게 수정됐다. 2009년 애니메이션 영화로는 최초로 칸영화제 개막작으로 선정된 〈업〉은 첫 번째 버전에서는 하늘을 떠다니는 성(城) 이야기였다. 캣멀은 이렇게 설명했다. "최초 버전에서 살아남은 건 딱 두 가지였습니다. 새와 '업'이라는 단어였죠. 다음 버전에서는 하늘을 떠다니다가 러시아의 실종된 비행선에 착륙하는 집이 등장했습니다. 그다음 버전에서는 새가 장수(長壽)를 가져다주는 알들을 낳습니다." 즉 우리가 극장에서 보는 것처럼 최초 버전부터 재미있고 감동적이면서 구성이 탄탄한 영화는 없었다. 각 시나리오는 영화로 탄생하기까지 온갖 수정을 거친다. 캣멀은 이를 "실패"라고 부르지 않고 "우리가 시도했던 것들"이라고 설명한다.

픽사의 영화들은 어린아이부터 어른에 이르기까지 모든 연령대의 관객을 사로잡는다. 어린아이들은 말하는 장난감처럼 등장인물들의 예상치 못한 역할에 웃음을 짓는 반면, 어른들은 복잡한 주제를 유머로 포장하는 작가들의 능력이나 영화에 담긴 독창성에 깊은 인상을 받을지 모르겠다. 픽사의 영화들은 광범위한 관객에게 감동을 안겨주고 처음부터 끝까지 눈을 떼지 못하고 열중하게 만든다. 그렇다면 픽사의 영화에 어떤 특별한 것이 있기에 관객으로 하여금 계속 몰입하게 만드는 걸까? 우리는 어떤 교훈을 얻을 수 있을까?

픽사는 세상에서 가장 성공적인 영화제작사 중 하나로 아카데미영화제에서 열다섯 번이나 수상했고 영화 한 편이 전 세계에서 벌어들인 평균 수입이 6억 달러(약 6,756억 원)가 넘는다. 게다가 비전통적인 구성과 아이디어는 픽사의 DNA에 각인돼 있다. 픽사의 우주에는 말하는 자동차들의 세상(《카》), 수천 개의 풍선에 집을 매달아 남아프리카공화국으로 날아가는 노인(《업》), 요리사를 꿈꾸는 쥐(《라따뚜이》), 한 소녀의 머릿속에 존재하는 감정들(《인사이드 아웃》)이 있다. 나는 픽사를 방문하기 전에 픽사의 모든 영화를 다시 찾아봤고, 일단 영화를 보기 시작하면 간간이 큰 소리로 웃으면서 자리에서 일어날 수가 없었다. 스토리가 하나같이 너무 완벽해서 넋을 잃고 집중했다.

하지만 천하의 이야기꾼도 첫 시도에 사람들이 곧바로 몰입하게 만들진 못할 것이다. 〈몬스터 주식회사〉〈업〉〈인사이드 아웃〉의 감독 피트 닥터(Pete Doctor)를 보라. 방년 스물두 살의 청년으로 1989년 대학을 졸업한 다음 날부터 픽사에서 일하기 시작한 닥터는 그 자신이 만화영화 캐릭터 같은 인상을 풍긴다. 키가 194센티미터에 이르고 상반신은 갈대처럼 야위었으며 두 팔은 아주 유연해서 마음대로 구부릴 수 있고 두 눈은 언제나 호기심으로 가득 차 있다. 예전에 동료들은 그의 길쭉한 두상을 연필 지우개에 비유하기도 했다.

물론 그가 처음부터 책임이 막중한 업무를 맡은 건 아니었다. 처음엔 제한적인 역할로 시작했지만 얼마 지나지 않아 시나리오 집필, 애니메이션, 녹음, 음악 등에서 더 큰 역할을 담당하기 시작했다. 〈토이 스토리〉의 핵심 시나리오 작가 삼인방 중 하나로서 닥터는 자기 모습과 닮은 버즈 라이트이어라는 캐릭터를 창조했다. 그 캐릭터를 그리던 중에 간간이 그는 거울을 쳐다봤다고 한다. 〈토이 스토리〉 제작에 참여한 후에는 〈몬스터 주식회사〉를 감독했다. 〈몬스터 주식회사〉는 감독 데뷔작일 뿐만 아니라, 그는 이 영화로 픽사의 공동창업자이자 최고경영자였던 존 래시터(John Lasseter)의 뒤를 이어 픽사에서 메가폰을 잡은 두 번째 감독이 된다. 그때까지 픽사에서 만든 세 편의 영화는 전부 존 래시터가 감독했다.

〈몬스터 주식회사〉의 주인공 설리는 존 굿맨이 목소리 연기를 했는데 큰 덩치의 파란 털북숭이 괴물로 아이들을 겁주는 일을 한다.

아이들의 비명은 괴물들이 사는 세상에 전력을 공급하는 데 필요하다. 설리의 가장 친한 친구이자 코치 격인 마이크는 빌리 크리스털이 목소리를 연기했는데, 감자같이 생긴 외눈박이 연녹색 괴물이다. 아이들을 겁주는 직업을 가진 괴물들이 관객을 몰입시키는 효과적인 장치가 될 거라고 닥터는 생각했다. 하지만 시험 상영에서 관객들은 영화가 시작되고 15분쯤 지나자 시계를 자꾸 들여다보기 시작했다. 그야말로 재앙이었다.

당시는 닥터가 개인적으로 상당히 힘든 과도기였다. 오랫동안 철저히 픽사맨으로만 살아오다 그의 삶에 작은 생명체가 찾아왔다. 첫 아들 아들 닉에게 그는 깊은 연결감을 느꼈고 아빠로서 어떻게든 닉을 잘 보살피고 싶었다. 닥터는 첫 감독 작품인 〈몬스터 주식회사〉를 어떻게 수정할까 고민하다가 가장 중요한 사실 하나를 깨달았다. 자신에게 닉이 있듯 설리에게도 누군가가 필요했다. 설리는 오직 일에만 집중했고, 그래서 관객은 그에게 공감하기가 힘들었다.

줄거리를 수정하면서 닥터는 새로운 캐릭터를 창조했다. 짙은 갈색 머리를 양 갈래로 묶은 커다란 눈의 두 살짜리 여자아이 부였다. 설리는 자신의 최대 경쟁자이자 여덟 개의 다리를 가진 도마뱀 랜달의 손아귀에서 부를 구출한다. (수정된) 영화 전반에 걸쳐 설리와 마이크는 랜달의 사악한 음모를 피해가며 어려움에 처한 부를 연이어 구출하고 그러는 동안 설리와 부는 점점 정이 든다. 한 번은 부가 도망치다 랜달에게 붙잡히고, 랜달은 괴물 세계의 전력난을 해결하기 위해 강제로 비명을 생산하는 실험에 부를 사용하려 한다. 그렇지만 이번에도 설리가 부를 구해낸다. 오직 일만 하는 괴물에서 부를 보살피는 아빠 같은 괴물로 바뀌면서 설리는 관객이 공감할 수 있는 캐릭터가 된다.

몰입도가 높은 이야기들에는 설리와 부 사이의 *끈끈한 정*처럼 핵심적인 깊은 감정이 담겨 있다. 도전에 맞닥뜨린 주인공은 진정성 있게 반응하고 자신의 취약성을 노출한다. 비록 주인공에게 완벽히 공감하진 못할지라도, 그의 반응과 감정이 진짜처럼 보인다면 관객은 마치 자신의 이야기인 양 그에게 일어나는 일에 깊은 관심을 기울이기 시작한다. "주인공은 관객의 대리인과 같은 존재입니다." 닥터가 내게 말했다. "주인공은 관객과 동시에 정보를 발견하고 학습하죠. 그래서 영화가 끝날 때쯤이면 관객은 주인공과 똑같은 감정적인 여행을 한 것 같은 기분을 느끼게 됩니다." 닥터의 예상은 적중했다. 현실의 아빠와 딸처럼 부에 대한 설리의 감정적 연결이 흥행 면에서나 비평 면에서 〈몬스터 주식회사〉를 구해냈다.

감정적 연결은 직장에서 몰입을 촉발시키는 데도 사용될 수 있다. 캠벨수프의 코넌트는 직원들을 이해하고 그들의 기여를 인정하고 칭찬함으로써 그들과 감정적인 연결고리를 만들었다. 대형 분석 소프트웨어 개발 업체 SAS의 창업자이자 CEO인 짐 굿나잇(Jim Goodnight)이 직원들에게 많은 자유를 허용함으로써 감정적 연결고리를 촉진한 것도 좋은 예다. SAS에서는 점심시간이 한참 지난 후 사내 피트니스센터에서 땀 흘리는 직원들을 보거나 굿나잇이 오후 서너 시쯤 사내 미용실에서 머리를 다듬는 모습을 보는 게 어렵지 않다. 내 연구에서 보면, 업무에서 선택의 자유가 허용될 때 진정성과 통제감이 커진다고 느낀다. 직원들은 이런 자유감을 진정한 선물로 환영한다. 조직과의 관계를 거래가 아니라 감정적인 관계로 생각하게 만들기 때문이다.

괴물이나 물고기 혹은 로봇이나 자동차가 주인공일지라도 인간의 본성과 관련된 진실에 호소할 때 이야기는 울림을 주고 오래 기억된다. 픽사는 이를 정확히 이해한다. 최근 당신이 감동받은 영화나 소설을 생각해보라. 무엇이 당신의 감정을 유발했는가? 대개는 등장인물의 약하거나 불완전한 모습을 볼 때 마법이 일어난다. 진정성이 있다고 느껴질 때 우리는 그 이야기에 감정 이입이 된다.

조직에서도 비슷하다. 리더가 직원들에게 진정성을 갖고 자신다워지도록 독려할 때 그들은 몰입감을 느낀다. 조직은 크고 작은 방식으로 직원들이 업무에서 자신을 더 많이 표현하도록 장려할 수 있다. 가령 픽사에서 애니메이터들은 업무공간을 원하는 방식으로 꾸밀 수 있다. 한 애니메이터는 자신의 공간을 오두막처럼 꾸몄고, 또 다른 애니메이터는 2층으로 만들었다. 또한 정육면체처럼 생긴 몇 개의 공간이 작은 땅콩주택으로 탈바꿈했다.

캣멀은 스티브 잡스 빌딩 2층의 널찍하고 밝은 사무실을 사용한다. 창문 너머로 푸른 잔디밭이 내려다보이고, 픽사 영화의 캐릭터 인형들이 사무실 선반을 가득 채우고 있다. 캣멀은 화려한 반팔 셔츠와 청바지를 입고 편안한 소파에 나와 마주 보고 앉았다. 그는 픽사가 한동안 정말 어려운 시기를 겪었다고 말했다. 2006년 디즈니의 품에 안기고 7년이 지난 2013년에는 안팎으로 상당히 고전했다. 영화 제작 예산이 자꾸 초과됐고 DVD 시장이 줄어들었으며 제작 원가는 치솟았다. 또한 경영진은 조직문화의 핵심이-직원들이 자신의 마음을 자유롭게 표현하고자 하는 의지가-예전 같지 않다는 걸 갈수록 실감했다.

"창의성이 꽃피는 문화의 상징은, 구성원들이 아이디어는 물론이고 개인적인 의견과 비판도 자유롭게 표현할 수 있는 것입니다." 캣멀이 말했다. 그는 모든 구성원의 꾸미지 않은 날것 그대로의 관점에 의해 더 나은 결정이 내려진다고 덧붙였다. 또한 솔직함은 협업의 핵심이라고 말했다. "솔직하지 못하면 여기저기에서 오류가 발생하게 되죠." 이 신념은 창업 이래 픽사의 문화에서 핵심이었다. 픽사는 설립 때부터 창의성을 담당하는 4~5명의 핵심 리더로 구성된 '브레인트러스트(Braintrust)' 집단을 만들었다. 일종의 두뇌위원회인 브레인트러스트는 픽사에서 만들어지는 모든 영화의 전 과정을 감독하는데, 몇 달에 한 번씩 만나 제작 중인 영화의 진행 과정과 문제점을 체크한다. 캣멀의 설명을 직접 들어보자. "영리하고 열정적인 사람들을 한 곳에 모아놓고 문제를 찾아 해결하는 임무를 부여하는 거죠. 무엇보다 솔직해지도록 독려합니다." 회사의 이익이라는 공통의 목표를 위해 갈등에 대한 두려움 없이 마음껏 토론하고 자유롭게 의견을 표현할 수 있어야 한다는 것이다. 브레인트러스트는 아무런 공식 권한이 없다. 그래서 감독은 그들의 권고를 따를지 말지 스스로 결정할 수 있다.

2010년대 들어 지속적으로 성장하면서 픽사는 꾸준히 영역을 확장했다. 덕분에 점점 더 많은 인력을 채용했다. 꿈의 직장에 다니게 된 신입직원들은 당연히 흥분했다. 그러나 유능한 인재들과 일하는 것에 대부분은 주눅이 들었고, 그래서 자신의 아이디어를 자유롭게 표현하기를 힘들어했다. 경영진은 상황을 개선하기 위해 대담한 계획을 세웠다. 바로 노트데이(Notes Day)였다. 2013년 초, 픽사는 노트데이를 임시 휴업일로 정하고, 오직 직원들로부터 솔직한 피드백을 이끌어내는 데만 집중한다. 노트데이는 브레인트러스트의 정신을 확장시킨 프로그램이다. 다시 말해 경영진은 자유롭고 편안하게 의견을 교환하는 브레인트러스트의 문화를 조직 전체로 확장시키고 싶었다. 노트데이에 직원들은 자신이 찾은 문제점을 바탕으로 회사를 개선할 방법에 관한 브레인스토밍 토론회에 참석한다. 직원들이 편안하고 솔직하게 말할 수 있도록 관리자들은 참석하지 않는다.

노트데이는 완전히 새로운 프로그램은 아니었다. 경영진을 대상으로 제작 중인 영화를 상영하면 경영진이 서면으로 피드백을 하는 영화사들의 관행에서 영감을 받은 것이다. 대부분의 영화사에서는 비록 강제적이지는 않아도 감독들이 그런 '노트'의 내용을 따르도록 장려된다. 하지만 픽사는 노트를 다른 식으로 사용했다. 최종 스토리라인이 확정되기 훨씬 전인 초기 단계에서 전 직원을 대상으로 영화를 상영하고, 모두가 자유롭게 피드백을 할 수 있다. 더욱이 감독은 피드백을 영화에 꼭 반영하지 않아도 된다. 그건 제안일 뿐이다. 쉽게 말하면 픽사의 노트데이는 크라우드소싱에 더 가깝다.

노트데이는 영화뿐 아니라 전반적인 관행에도 같은 원칙을 적용했다. 가령 노트데이를 시작한 처음의 목표 중 하나는 비용을 10퍼센트까지 절감할 방법에 대해 직원들로부터 아이디어를 얻는 것이었다. 경영진은 4년 후로 시간을 돌린 가상 시나리오와 함께 중요한 질문들을 제시하면서 직원들에게 노트데이를 준비하도록 했다. "2017년이다. 올해에 준비한 영화 두 편 모두 예산을 초과하지 않고 성공적으로 잘 제작됐다. 이번 영화들이 목표 예산을 초과하지 않는 데 도움을 준 혁신은 무엇이었을까? 이전과는 달랐던 구체적인 접근법은 무엇이었을까?" 전 직원에게 질문지가 발송됐다. 직원들은 열렬한 반응을 보여줬다. 픽사 영화들에 내재된 성 편견 감소, 제작기간 단축, 업무환경 개선 같은 1,000개 이상의 주제에 대해 4천 개이상의 아이디어가 돌아왔다.

경영진은 그중 106개의 주제를 선택해 주제별로 토론회를 조직했다. 토론회는 본사의 세 개 건물에서 열렸고 직원들은 관심 있는 주제의 토론회에 참가할 수 있었다. 직원들 가운데 훈련받은 진행자가 각 토론회를 이끌었다. 토론회가 끝날 때쯤이면 구체적인 제안과 기발한 아이디어가 탄생했다. 또한 각 토론회는 몇몇을 '아이디어 수호자(idea advocates)'로 지정했는데, 그들의 임무는 사람들이 아이디어를 제안하는 걸 도와주는 역할이었다. 권고안을 결정한 후 직원들은 핫도그와 맥주로 간단한 뒤풀이를 했다.

픽사는 106개의 주제 중 21개를 골라 즉각 행동을 취했다. 그 가운데는 편집된 필름을 감독에게 더 빠르고 안전하게 전달하는 것처럼 작은 변화도 있었다. 하지만 아무리 작아도 변화는 결국 나비 효과처럼 더 큰 뭔가로 전환됐다. 캣멀은 "노트데이에서 나온 작은 아이디어들이 픽사를 더 좋게 변화시켰다"고 했다. 그러나 노트데이의 가장 큰 효과는 능률 개선이 아니었다. "노트데이의 가장 큰 효과는 직원들이 자기 생각을 솔직하게 털어놔도 괜찮다고 생각하게 된 점이다." 캣멀은 그의 저서 《창의성을 지휘하라》에서 말했다. "노트데이는 다른 사람 의견에 동의하지 않아도 괜찮다고 생각하게 해줬다."

이후 몇 년간 픽사는 직원들의 솔직함으로 톡톡한 효과를 봤다. 2015년에는 〈인사이드 아웃〉과 〈굿 다이노〉, 2016년에는 〈도리를 찾아서〉, 2017년에는 〈카 3〉와 〈코코〉를 개봉해서 많은 사랑을 받았다. 특히 〈인사이드 아웃〉은 매체와 평론가들로부터 만장일치에 가까운 극찬을 받으며 픽사의 최고 흥행작 중 하나가 됐고, 순수익이 6억 8,900만 달러(약 7,758억)에 이르렀다. 또한 개봉 첫 주 성적으로 볼 때 역대 픽사 작품 중 〈토이 스토리 3〉에 이어 2위의 성적을 거뒀지만, 기존 캐릭터가 아닌 새 영화로는 독보적인 1위였다.

픽사는 언제나 갈등이 창의성의 핵심적인 면이라는 사실을 똑바로 인지했다고 캣멀이 말했다. 그는 스티브 잡스가 회장으로 있던 시절의 일화를 웃으면서 들려줬는데, 《창의성을 지휘하라》에도 상세하게 나와 있다. 한 번은 같이 일하는 사람들의 관점이 잡스의 관점과 다를 때 어떻게 되는지 캣멀이 물었다. 잡스의 대답은 간단했다. "그들이 이해할 때까지 내가 옳은 이유를 계속 설명합니다."

26년간 함께 일하는 동안 캣멀과 잡스는 한 번도 화를 내며 언쟁을 벌인 적은 없었지만 의견이 충돌했던 적은 꽤 많았다. "내가 어떤 주장을 하면 두뇌 회전이 나보다 훨씬 빠른 잡스는 내 주장에 곧바로 반박했습니다." 그러면 캣멀은 일주일쯤 기다렸다가 다시 연락을 취했다. "나는 그에게 전화를 걸어 반론을 제기했습니다. 그러면 그가 또다시 내 주장에 반박했습니다." 캣멀은 또다시 일주일을 기다렸다가 잡스에게 전화를 걸었다. "가끔은 몇 달간 이런 상황이 이어지기도 했습니다."

결말은 어떻게 됐을까? "잡스가 '오, 알겠습니다. 당신이 옳습니다'라고 항복할 때도 있었고 내가 그의 의견을 따랐던 경우도 있었죠. 둘 다 끝까지 주장을 굽히지 않았던 적도 있었는데 그럴 때 그는 내 생각대로 하도록 내버려두고 더 이상 이러쿵저러쿵하지 않았어요." 잡스는 까다롭고 요구가 많은 걸로 유명했고, 아무도 그가 갈등 해결의 달인이라고 말하지 못할 것이다. 그러니 캣멀은 자기주장이 강한 상사를 설득하기 위해 최선을 다할 수밖에 없었다. 하지만 중요한 사실은 캣멀도 잡스도 서로 의견이 다른 걸 마음에 담아두지 않았고 그것이 협업을 방해하게 만들지 않았다는 점이다.

긴장과 갈등을 수용해야 좋은 아이디어가 나타날 수 있다. 갈등은 참신한 아이디어를 탐색하게끔 만든다.[14] 가령 프란츠 카프카의 〈변신〉처럼 황당무계해 보이는 단편소설을 읽을 때 독자들이 경험하는 혼돈과 갈등은 새로운 정보를 알고 싶은 욕구를 높인다는 사실이 증명됐다.[15] 갈등을 겪는 사람들은 어려운 상황에 대해 더 독창적이고 다양한 해결책을 생각해낸다는 사실도 밝혀졌다.[16] 갈등을 겪을 때 우리는 대안들을 면밀히 조사하고 심도 있게 파헤치는 경향이 있고, 이를 통해 참신한 통찰을 얻게 된다.[17] 내 연구를 보면,[18] "독창적인 신제품을 적은 예산으로 개발하라"같이 상충적인 목표를 달성해야 할 때 사람들은 그런 목표 중 하나만 달성해야 할 때보다 혁신적인 아이디어를 생각해낸다.

서로의 주장에 동의하지 않을 때 아이디어가 개선되는 효과가 있다. 자금관리 회사 아리엘 인베스트먼트에서는 회의에 '악마의 변호인(devil's advocate)' 이라고 불리는 선의의 비판자들을 참여시켜 건설적인 이견을 장려한다. 악마의 변호인은 의사결정 과정에서 구멍을 내는, 즉 허점을 찾는 임무를 수행한다. 2008~2009년 금융위기 때는 이들의 활약이 컸다. 가령 누가 어떤 주식에 주목하면, 다른 누군가에게 반론을 제기하는 임무를 맡겼다. 각자는 토론을 이어가면서 자신의 의견을 건설적으로 설명하기 위해 노력했다. 아리엘 인베스트먼트의 멜로디 홉슨 사장이 회의를 시작할 때 자주 하는 말이 있다. "팀이 옳은 결정을 하는 데 도움이 되도록 문제가 있으면 당당히 제기하고 다른 사람 의견에 기꺼이 반론을 내세요."

우리는 갈등을 두려워한다. 갈등은 부정적인 감정을 불러일으키기 때문이다. 그러나 건설적인 방식으로 표현된다면 갈등은 새로운 가능성을 탐색하고 놀라운 해결책을 도출하며 자신과 타인에 대한 중요한 통찰을 얻는 소중한 기회가 될 수 있다. 갈등이 없다면 픽사의 영화들도 없었을 것이다. 니모가 납치되지 않았으면 어떻게 〈니모를 찾아서〉가 탄생할 수 있었겠는가? 일흔여덟 살의 풍선장수 할아버지가 아내를 하늘나라에 보내고 실의에 빠지지 않았더라면 〈업〉은 관객의 공감을 얻지 못했을 것이다. 현 상태에 만족할 때는 통찰을 얻는 것도 혁신을 이루는 것도 거의 불가능하다. 개인적인 삶이든 영화와 소설 같은 창작물이든 조직이든 갈등은 몰입으로 이어진다. 반항아는 긴장과 갈등을 환영한다. 캣멀이 내게 했던 말마따나 "아이디어는 도전받고 검증받을 때만 위대해질 수 있습니다." 적절한 양의 갈등은 좋은 스토리텔링과 보람 있는 삶을 가능하게 해주는 자양분이다.

1996년 픽사는 첫 번째 장편 애니메이션 〈토이 스토리〉 속편 제작에 들어갔는데, 두 번째 작품인 〈벅스 라이프〉를 제작하던 중이었다.[19] 픽사는 두 번째 프로젝트를 시작할 만한 인력은 충분했지만 실력이 검증된 크리에이티브 부문의 리더들은—〈토이 스토리〉를 성공시킨 주역들이었다—〈벅스 라이프〉의 막바지 작업을 하느라 정신없이 바빴다. 그리하여 한 번도 영화 제작을 이끌어본 적 없는 사람들로 새로운 크리에이티브 팀이 만들어졌다.

〈토이 스토리 2〉는 스토리가 탄탄해 보였다. 카우보이 인형인 우디가 주인 앤디와의 카우보이 캠프 여행을 고대하며 들떠 있다. 마침내 그는 앤디를 독차지하고 즐거운 시간을 보낼 수 있을 테니까. 동시에 우디는 자신이 집을 비운 사이에 책임감이 매우 부족한 장난감들에게 무슨 일이 생길까봐 걱정이 크다. 하지만 우디는 팔이 부러지는 부상을 당하고 앤디는 우디를 두고 카우보이 캠프로 떠난다. 게다가 얼마 지나지 않아 또 다른 위기가 찾아온다. 장난감 수집가가 우디를 납치해서 자신의 아파트로 데려가고, 그곳에서 우디는 새로운 장난감들을 만난다. 카우걸 제시, 불스아이라는 이름의 말, 아이들의 손을 타본 적이 없어 새것이나 다름없는 스팅키 피트라는 인형 등등. 그들은 우디에게 자신들은 모두 1940년대와 50년대에 방영된 TV 인형극 〈우디 라운드업〉에 나온 장난감들이라고 설명한다. 이제 우디까지 합류했으니 〈우디 라운드업〉의 장난감들은 한꺼번에 일본의 장난감박물관에 팔릴 수 있다. 그리 되면 두꺼운 유리 안에 갇힌 채 영영 아이들과 떨어져 살아갈 수밖에 없다.

애니메이션 영화 제작 과정에서 스토리보드는 초기에 만들어지고, 임시로 음악과 대사가 입혀 편집된다. 스토리보드로 만든 초벌 영상인 이 편집본을 영화계에서는 스토리 릴(story reel)이라고 부른다. 스토리 릴은 대개 완성도가 떨어지지만 영화에서 해결할 필요가 있는 문제들을 확인하는 데 도움이 된다. 이후 새로운 버전의 스토리 릴이 지속적으로 만들어지고, 각 릴은 앞의 릴을 개선한 것이다. 하지만 〈토이 스토리 2〉는 이렇게 되지가 않았다. 처음의 아이디어는 충분히 창의적이었지만 스토리 릴을 아무리 수정해도 나아지지 않았다. 본격적인 애니메이션 작업이 시작됐을 때도 마찬가지였다. "설상가상으로 감독과 제작자들은 문제를 해결하기 위해 힘을 합치려 하지도 않았습니다." 〈하버드 비즈니스 리뷰〉 기사에 실린 캣멀의 말이다. 문제는 줄거리가 너무 빤하다는 점이었다. 다시 말해 다음에 무슨 일이 벌어질지 상상할 여지를 주지 않았다. 스토리 전개상 핵심적인 순간에 우디는 중요한 결정을 해야 하는 상황에 놓인다. 집을 떠나서 일본으로 갈지 아니면 앤디의 품으로 돌아가기 위해 수집가의 집에서 탈출할지 양자택일을 해야 한다. 〈토이 스토리〉의 팬이라면 너무나 잘 알듯 우디와 앤디는 각별한 사이다. 어쨌건 우디는 앤디가 좋아하는 장난감이다. 그러니 우디가 어떤 선택을 할지 불을 보듯 빤하다. 앤디에게 돌아가고 싶을 게 틀림없다.

픽사는 〈토이 스토리 2〉에 예측 불가능성을 주입해야 하는 난관에 봉착했다. 〈토이 스토리 2〉의 첫 번째 크리에이티브 팀은 묘안을 찾지 못했다. 다행히도 〈벅스 라이프〉에 투입됐던 '드림 팀'이 때마침 작업이 끝났고, 덕분에 친정으로 돌아와 〈토이 스토리 2〉의 크리에이티브 작업을 이끌 수 있게 됐다. 그래도 문제가 있었다. 개봉 날짜를 맞추려면 일정이 너무 빡빡했다. 날짜를 조정하는 것도 불가능했다. 당시의 상황으로 보면 18개월 만에 영화를 완성하는 것도 벅찬데, 개봉 날짜까지 8개월밖에 남지 않았다.

두 번째 크리에이티브 팀은 '제시 이야기'라고 불리는 장면을 창조했다. 우디와 함께 일본으로 보내질 카우걸 인형 제시가 왜 탈출하고 싶지 않은지, 왜 일본으로 가고 싶은지 감성적인 노래로 들려주는 장면이다. 〈그녀가 나를 사랑했을 때(When She Loved Me)〉라는 제목의 노래에서 제시는 어린 소녀가 좋아하던 인형이었지만 소녀가 자란 후 버림받았다는 자신의 이야기를 들려준다. 제시는 사랑하는 누군가를 잃는 것이 애초에 그 사람을 만나지 않는 것보다 훨씬 마음 아프다고 믿는다. 그래서 일본에 간다면 앤디가 자랐을 때 버림받는 아픔을 겪지 않아도 된다는 논리로 우디를 설득한다. 게다가 스팅키 피트의 가슴 아픈 사연도 있다. 선반에 놓인 채 아이들과 놀 기회가 전혀 없는 피트도 차라리 박물관에 전시되는 편이 낫다고 생각한다. 어쨌건 박물관에 가면 적어도 오래 살 수는 있을 것이다. 뿐만 아니라 제시와 스팅키 피트가 확신하듯, 만약 우디가 앤디에게 돌아간다면 〈우디 라운드업〉의 장난감들은 수집가의 캄캄한 상자에 갇혀 평생을 살게 될 것이다. 수집가는 완전한 세트가 아니면 장난감들을 일본으로 팔지 않을 것이기 때문이다.

우리 모두는 우디와 그의 새 친구들이 느끼는 두려움에 공감할 수 있다. 이제는 우디가 어떤 선택을 할지 예측하기 힘들고, 그래서 영화에 몰입한다. 사실 픽사의 모든 영화는 앞부분만 보고는 어떻게 전개될지 혹은 결말이 어떨지 예측하기 힘들다. 픽사의 영화뿐만 아니라 사람들을 가장 몰입하게 만드는 모든 이야기가 그렇다. 그런 이야기는 뜻밖의 놀라움과 반전으로 가득하다.

〈토이 스토리〉의 크리에이티브 팀은 영화의 어느 순간에서 버즈 라이트이어의 등에 묶인 로켓을 활용하고 싶었다. 하지만 뻔한 방식이어서는 안 됐다. 예상치 못한 놀라움을 안겨주는 방식으로 그렇게 하고 싶었다. 앤디의 옆집에 사는 시드는 장난감을 고문하기 좋아하는 가학적인 꼬마다. 시드는 의사인 양 마스크를 쓰고 여동생의 인형에 수술을 시작한다. 급기야는 인형의 머리를 잘라내고 다른 장난감의 머리를 이식한다. 그러고는 "이젠 다 나았어"라며 여동생에게 인형을 돌려준다. 버즈는 가만히 살펴보다가 "아무래도 의대를 다닌 솜씨는 아냐"라고 말한다.

하지만 버즈는 우디와 함께 시드의 집에 갇히고, 탈출 계획을 세워야 한다. 바로 그때 시드가 버즈 등에 로켓을 묶는다. 다른 장난감도 전부 그렇게 해 한꺼번에 날려버릴 작정이다. 앞서 시드가 우디를 그릴에 넣어 태워 죽이려 한 적이 있었는데, 그때 불에 아주 가까이 갔던 우디가 성냥을 몰래 집어 차고 있던 권총집에 숨겼다. 크리에이티브 팀은 그 성냥으로 버즈의 등에 묶인 로켓에 불을 붙여 우디와 버즈가 '날아서' 앤디의 집으로 돌아가도록 만들 수 있겠다고 생각했다. 하지만 크리에이티브 팀은 관객도 그런 전개를 훤히 예상할 수 있음을 깨달았다. 그래서 우디가 성냥으로 불을 붙이되 자동차가 지나가는 바람에 불이 꺼진다는 설정을 집어넣는다. 마침내 우디는 버즈의 헬멧 반사경을 이용해서 로켓에 불을 붙이고, 그들은 하늘로 날아오른다.

놀라움은 새로움에 대한 우리의 갈증을 해소해주고 호기심을 만족시켜주며 다음에 무슨 일이 일어날지 궁금하게 만든다. 조직도 예측 불가능성을 이용해 몰입을 증가시킬 수 있다. 코넌트가 보낸 감사의 손편지는 직원들에게 놀라움을 안겨주고 동기를 부여해줬다. 하버드경영대학원이 프리랜서 계약 사이트 오데스크[oDesk, 지금은 업워크(Upwork)로 이름을 바꿈]를 조사한 결과, 깜짝 보너스가 직원들의 노력을 이끌어내는 데 더욱 효과적이라는 사실이 밝혀졌다.[20] 하버드 경영대학원 연구진은 오데스크에 4시간쯤 걸리는 데이터 입력 작업을 할 사람을 구한다는 글을 두 개 올렸다. 하나는 시간당 3달러, 다른 하나는 시간당 4달러였다. 그리고 시급 3달러와 4달러 일자리 모두에 사람들을 뽑았다. 그런 다음 시급 3달러를 받을 걸로 아는 사람들을 두 집단으로 나눠 한 집단에게 회사가 더 많은 예산을 책정했다고 말했다. "그래서 우리는 시간당 3달러가 아니라 4달러를 지불할 것입니다." 결론을 말하면, 처음부터 시급 4달러 조건으로 채용된 사람들은 3달러로 채용된 사람들보다 더 열심히 일하지 않았다. 그러나 깜짝 보너스를 받게 된 사람들은 나머지 두 집단보다 훨씬 더 열심히 일했다. 특히 데이터 입력 경험이 있었던 사람들은 1달러의 추가 비용을 상쇄하고도 남을 만큼의 많은 노력을 보여줬다.

캣멀을 만나고 나오면서 나는 중앙 아트리움에 세워진 버즈 라이트이어의 동상을 보고 절로 미소가 나왔다. 버즈 라이트이어는 물론 버즈 같은 캐릭터들을 창조한 사람들이 내 마음을 사로잡았다. 나는 픽사를 떠나고 싶지 않았다. 몰입한 상태일 때는 시간이 쏜살같이 흐르고 삶과 일 모두가 평소보다 더욱 깊고 색다른 의미를 갖는다. 내가 그날 두 눈으로 확인하고 온몸으로 느꼈던 픽사 직원들의 열정과 몰입은 어떤 기사를 떠올리게 만들었다. 냉전이 최고조에 달했던 1962년에 나사를 방문했던 케네디 대통령 이야기였다. 케네디 대통령은 아폴로 계획에 관한 유명한 연설을 하고 얼마 지나지 않아 나사를 방문했다. 한 청소부가 대통령의 눈에 들어왔다. 청소부는 자신의 일에 완전히 빠져 있었고 대통령이 시찰하는 공간을 빗자루로 열심히 쓸고 있었다. "안녕하세요? 잭 케네디입니다." 대통령이 청소부에게 말을 걸었다. "하시는 일이 무엇입니까?" 그 말이 떨어지기 무섭게 조금도 주저하지 않고 청소부가 대답했다. "저는 지금 인류를 달에 보내는 일을 돕고 있습니다."

REBEL TALENT

8장

해적 선장을 탄핵하라

반항하고 일탈하라

"당면한 문제에 대해 모두가 동등한 투표권을 가진다." [1]
―영국 웨일스 출신의 전설적인 해적 블랙 바트(Black Bart)의 해적선을 다스리는 헌법 제1조[2]

18세기 초의 어느 해 여름, 무더운 날씨 속에서 해적 일당이 미국 버지니아 해안을 항해 중이었다. 망을 보던 해적이 남쪽 방향에서 상선을 발견했다. 해적들은 공격을 시작했고 상선을 향해 머스킷 총을 난사하고 수류탄을 퍼부었다. 부상당한 상선의 조타수가 키를 놓쳤고 그러자 배가 중심을 잃고 심하게 요동치다가 걷잡을 수 없이 표류했다. 해적들이 상선에 올라 도끼와 단검을 휘둘렀다. 이윽고 험악한 외모의 해적 선장이 상선에 올라탔다. 그는 도화선이 달린 모자를 쓰고 있었는데, 도화선에 붙은 불이 내뿜는 연기에 가려 얼굴이 잘 보이지 않았다. 넓은 가슴팍에 X자로 두른 멜빵에는 단검과 권총이 매달려 있었고, 치렁치렁 기른 검은 수염을 땋아 늘어뜨려 검은색 리본으로 끝을 묶었다. 당대에 가장 악랄했던 해적이 또

다시 배를 탈취했다.[3]

얼굴을 뒤덮다시피 한 검은 수염 탓에 블랙비어드(Blackbeard)라고 불렸던 그는 영국 출신의 악명 높은 해적으로 1700년대에 서인도제도와 북미 주변을 항해하던 선원들에게 공포의 대상이었다. 가끔은 기습공격을 감행했고 또 가끔은 목표물로 점찍은 선박의 국기를 매달아 안심시켰다가 마지막 순간에 해적 깃발로 바꿔 올리는 것 같은 속임수를 사용했다. 블랙비어드의 해적단은 키를 조작하는 조타수를 제일 먼저 공격했다. 그런 다음 튼튼한 줄에 묶인 갈고리들을 던져 목표 선박이 도망가지 못하게 단단히 옭아매놓고 해적선을 가까이 갖다 대어 선박에 올라탔다. 공격이 끝난 후에는 승객과 선원을 포로로 붙잡았고 선실을 샅샅이 뒤져 금은보화를 찾아냈다.

우리는 해적이라고 하면 폭력, 약탈, 아수라장 같은 혼란을 떠올린다. 물론 틀린 것은 아니다. 그렇지만 해적에게서 얻을 수 있는 교훈도 있다. 공해상에서 상선은 떠다니는 독재 국가였다. 선박 소유주의 든든한 후원을 등에 업고 선장은 선원을 자기 마음대로 다뤘고, 가끔은 매우 가혹했다. 선원은 폭력과 과로와 저임금에 시달리며 때로는 굶주리기도 했다. 당연히 선원의 사기는 땅에 떨어졌고 행여 반대의 목소리라도 낼라치면 반란에 준하는 처벌을 받았다.

반면 해적은 혁명적인 형태의 민주주의를 실천했다. 꼬박 열 달을 순조롭게 항해하고 폭동이 일어나지 않도록 선장은 직접 뽑았고 선장의 권한을 제한했으며 선원의 자유로운 발언을 보장했다. 그들은 갑판수도 투표로 뽑았는데, 갑판수는 ─사소한 분란을 해결하고 보급품과 돈을 배분하는─ 본연의 임무 외에 선장을 견제하는 역할도 했다. 당연히 전투가 한창일 때는 선장이 전권을 휘둘렀지만, 그때를 제외하고 해적선에서는 지배자─피지배자 관계가 존재하지 않았다. 모두가 평등했다는 말이다. 선장과 선원 모두가 모든 일에 투표권을 행사했다. 목적지, 목표물 선정, 공격 방법은 물론 포로의 운명까지 투표로 결정했다. 충분한 표를 모으면 선원이 선장의 권한을 제한하거나 심지어 탄핵할 수 있었다. 또한 선장을 외딴섬에 버리거나 바다에 던져버릴 수도 있었다. 뿐만 아니라 규칙에 이의가 제기될 때는 선장이 아니라 선원으로 구성된 배심원단이 그 문제를 결정했다. 밥 딜런이 1966년에 발표한 명곡 〈더없이 달콤한 마리(Absolutely Sweet Marie)〉의 가사처럼 "법을 떠나 살려면 정직해야 한다(To live outside the law, you must be honest)."

모든 해적은 처벌에 대한 두려움 없이 불만이나 문제점을 제기할 수 있었다. 규약으로 보호받았기 때문이다. 규약은 각 해적선들이 만든 헌법이다.[4] 규약은 민주적인 방식으로 작성됐고, 그런 규약에 의거해서 출항하려면 만장일치의 찬성이 있어야 했다. 규약은 선원의 권리와 의무, 분쟁을 다루는 규칙, 전투 시 용감한 행동을 독려하기 위한 인센티브와 보험금 등을 규정했다. 또한 전투 중 부상당한 선원을 위해 매우 상세한 보상체계까지 구축했다.

선원의 손으로 리더를 뽑고 또한 탄핵할 수 있었다는 사실은, 대부분의 상선에서 벌어졌던 선장의 폭정과 독재와 극명한 대조를 이뤘다. 상선을 나포한 후 해적은 포로에게 해적단에 합류하고 싶은지 물으며 선택권을 줬다. 해적이 누리던 상당한 자유와 힘 그리고 그들의 활동에 배어 있는 반권위주의와 자치의 정신을 고려할 때, 포로로 잡힌 상선 선원이 그 기회를 붙잡는 건 드문 일이 아니었다. 해적의 포로가 된 선원은 인종, 종교, 민족이 다양했고, 그 결과 해적은 글로벌 집단을 형성했다.

흑인 역시 동등한 존재로 환영받았다. 본토에서는 흑인 노예가 흔했지만, 바다에서 흑인 해적은 똑같은 투표권을 가졌고 전리품을 동등하게 나눠 가졌으며 무기를 휴대할 수도 있었다. 대부분이 백인인 해적들을 이끄는 선장에 선출되기도 했다. 요컨대 해적선에 필요한 선원은 유능하고 근면 성실하면 족했다. 피부색은 전혀 중요하지 않았다. 해적은 더 유능한 흑인을 찾기 위해 노예가 일하는 대규모 농장과 노예선을 급습하기도 했다. 블랙비어드의 해적선은 당시의 미국보다 더 민주적이었다. 미국의 저명한 역사학자 마커스 레디커(Marcus Rediker)는 저서에서 "해적은 자신이 떠나온 세상의 방식에 대한 저항정신의 발로로 그 세상과 극적으로 대비되는 자신들만의 세상을 건설했다"고 썼다.[5]

본명이 에드워드 티치(Edward Teach)인 블랙비어드와 관련하여 놀라운 점이 또 있다. 앞서 말했듯이 블랙비어드는 긴 수염을 땋아 끝을 검은색 리본으로 묶었다. 더 험악하게 보이려고 모자 밑에 줄을 넣어서 불을 붙여 서서히 타게 만든 것도 맞다. 또한 악랄한 저승사자로 악명이 높기도 했다. 그러나 블랙비어드는 해적으로 활동하던 2년 남짓한 동안 한 사람도 죽이지 않았다. 선박을 탈취하고 선원을 포로로 붙잡았지만 그들의 목숨을 빼앗지는 않았다. 본인과 그의 해적들이 만들어낸 블랙비어드의 이미지는 그에게 영예와 돈을 가져다준 동시에 누구의 목숨도 해할 필요가 없는 18세기 식의 독창적인 마케팅의 일부분이었다.

1950년대에 사회심리학자 로버트 프리드 베일스(Robert Freed Bales)는 집단 상호작용에 관한 실험을 위해 대학생들을 모집하여 3~7명씩 묶어 여러 집단으로 나눴다.[6] 각 집단에는 정해진 리더가 없었고, 구성원들은 몇 시간 동안 과제를 해결했다. 학생들은 서로 모르는 사이였지만, 공통점이 있었다. 모두가 하버드대학교 2학년 남학생이었다. 학생들 모두 상당히 비슷한 배경이었음에도 불구하고 베일스는 특정한 현상을 발견했다. 각 집단에서 위계 구조가 자연스럽고 신속하게 만들어진 것이다. 단 몇 분 만에 만들어진 집단도 있었다. 위계는 누가 말을 얼마나 많이 하는지 같은 단순한 행동에서 기인했다. 말을 많이 하는 것은 지위와 영향력과 좋은 아이디어가 있다는 일종의 신호였다.

　베일스의 실험 결과에서 우리는 무엇을 알 수 있을까? 구성원들이 동등한 입장에 있는 것처럼 보일 때조차 지위-영향력과 중요성 등-에 기초한 위계 구조가 형성된다는 것이다. 전 세계 어디서나 집단과 조직은 질서를 확립하고 능률을 높이기 위해 위계에 의

존한다. 집단에서는 리더가 자연스럽게 부상하고 몇몇 핵심적인 인물이 집단 내의 지위 대부분을 차지한다. 조직은 피라미드 형태를 취한다. 맨 아래에 사람이 제일 많고 올라갈수록 그 수가 줄어든다.

인간 사회와 영장류 동물의 사회는 이처럼 위계 구조에 의존한다. 하물며 네 살짜리 꼬마들이 함께 노는 모습을 봐도 위계 구조가 만들어지는 걸 볼 수 있다.[7] 조직이 위계 구조를 피하거나 억제하려 노력해도 대개는 실패하게 마련이다.[8] 위계 구조에도 나름의 장점이 있다. 가령 인간의 심리적 욕구 중 하나인 질서 욕구를 충족시켜주고 서로에 대해 더 쉽게 배우도록 해준다. 하지만 위계 구조는 자원과 권력이 불공평하게 배분되는 경향을 만든다. 말을 많이 하는 사람과 말수가 적은 사람이 똑같은 아이디어를 제안해도, 전자의 아이디어가 더 좋은 평가를 받는다.[9] 집단은 지위가 높은 구성원들의 성과는 과대평가하고 지위가 낮은 구성원들의 성과는 과소평가하며, 그리하여 전자의 기술과 능력에 부당한 가산점을 부여한다.[10] 위계 구조는 값비싼 대가를 치르게 하고 비효과적일 수 있다. 구성원 각자의 실력에 맞는 적절한 지위를 부여하지 못할 뿐 아니라 자격이 없는 사람들이 계층 구조의 맨 꼭대기를 차지할 수도 있다. 이는 나쁜 결정과 낮은 성과로 이어진다.[11]

예로부터 가파른 계층 구조는 구성원들의 낮은 업무 만족도와 사기 저하 그리고 빈약한 동기부여와 관련이 있었고, 조직에 대한 충성심을 떨어뜨렸으며 구성원들 사이에 더 많은 스트레스와 불안감을 야기했다. 사람들은 상사에게 불만이나 문제를 제기하는 걸 불편하게 생각하기 때문에 위계 구조는 의견 차이를 억압할 위험이 크다. 5,100팀 이상의 히말라야 원정대를 조사한 연구를 보면, 위계적인 국가─아프리카, 아시아, 중동의 국가들이 서유럽 국가들과 미국에 비해 더 위계적이다─의 원정대가 생존 가능성이 더 낮다.[12] 위계가 가파르지 않고 완만한 조직을 '수평적 조직(flat organization)'이라고 부르는데 나는 그보다 '반항적 조직'이라는 용어를 더 좋아한다. 반항적 조직은─해적선이든 오스테리아 프란체스카나 같은 레스토랑이든─지금까지 이 책에서 소개한 반항적 재능의 전형적인 예다. 다시 말해 진부한 일상과 안일함의 함정을 성공적으로 피한다.

캘리포니아 버클리를 방문했다가 허기가 지면 치즈보드피자(Cheese Board Pizza)를 찾아가보라. 그곳은 협동조합 형태로, 분명한 위계 구조가 없다. 치즈보드피자는 매일 한 종류의 피자만 제공한다. 만약 오늘의 토핑이 빨간 피망, 양파, 페타 치즈, 타프나드 소스, 파슬리라면 내일은 전혀 다른 종류의 피자를 기대해도 좋다. 이 독특한 영업방식은 아주 효과적이다. 2016년 미국 최대 지역정보 사이트 옐프(Yelp) 사용자들은 치즈보드피자를 미국 최고의 피자가게로 꼽았다(내가 먹어봐도 확실히 최고였다).

맛도 맛이지만 민주주의적 정신이 성공에 일조했을 것이다. 치즈가게(본래 치즈가게로 시작했다)와 빵집도 운영하는 이곳은 1971년에 문을 연 이래 "공통의 노동윤리, 높은 기준, 직원들 사이의 깊은 유대감"을 중시해왔다고 치즈보드피자 웹사이트에 나와 있다.[13] 직원들은 공동으로 가게를 운영하고 공평하게 수익을 나눈다.

피자가게는 다른 조직보다 더욱 수평적인 구조가 가능할지도 모르겠다. 역할과 업무가 예측 가능하기 때문이다. 그러나 덩치가 크고 복잡한 벤처 기업들은 어떨까? 치즈보드피자를 방문하고 몇 달 후, 나와 동료들은 게임개발 업체 밸브소프트웨어에 관한 사례 연구를 진행했다. 하프-라이프(Half-Life)와 카운터-스트라이크(Counter-Strike) 같은 게임 외에도 밸브소프트웨어의 많은 성공작에는 PC게임을 유통하는 선도적 플랫폼인 스팀(Steam)도 포함된다. 밸브는 100퍼센트 독자적으로 자금을 조달하는 비상장 회사로 직원 1인당 수익성이 구글, 아마존, 마이크로소프트보다 높다. 밸브 직원들은 논쟁과 설득을 통해 의사결정을 한다. 가령 새로운 프로젝트의 효과성을 입증하고 싶다면, 먼저 그 프로젝트를 추진할 팀을 만들기 위해 사람들을 모아야 하고 이때 설득이 필요하다. 물론 개중에는 설득력이 뛰어난 직원들이 있게 마련이다(이제까지 좋은 실적을 기록하고 있다면 설득하는 데 도움이 된다). 하지만 밸브소프트웨어에는 누군가에게 무얼 하라고 지시할 공식 권한을 가진 사람이 없다. 밸브는 1996년 창업 때부터 상사 없는 조직 구조를 유지하고 있다.

밸브의 공동창업자 게이브 뉴얼(Gabe Newell)과 마이크 해링턴(Mike Harrington)은 마이크로소프트에서 같이 일하던 동료였다. 그 경험이 마이크로소프트와는 다른 길을 걷도록 만들었다. 상선 선원들이 해적선에 합류할 기회를 붙잡는 것처럼 말이다. 뉴얼과 해링턴은 수평적인 조직을 구축하기로 했다. 직원들은 어떤 프로젝트를 추진할지 스스로 선택한다. 이는 밸브 직원들의 모든 책상에 바퀴가 달려 있는 이유인 동시에 다른 팀에 합류하려면 컴퓨터 플러그만 뽑으면 되는 이유이다. 직원들에게 자유를 주는 것은 그들의 재능과 창의성이 훨훨 날아오를 날개를 달아주는 거라고 뉴얼은 확신한다.[14]

이런 셀프 매니지먼트(self-management)는 조직에 대한 헌신과 업무에 대한 자부심을 심어준다. 그러나 대부분의 CEO들은 이를 이해하지 못한다(이해를 못하니 활용하는 건 언감생심이다). 뉴얼은 다른 회사에서 온 사람들은 종종 문화충격을 받는다고 내게 말했다. 오죽하면 직원안내서에서 신입직원에게 "놀라지 않는" 방법을 조언할까. 사실 직원에게 많은 권한을 주는 기업이 밸브가 처음은 아니다. 가령 1940년대 말 도요타는 직원에게 조립라인을 통제하는 전권을 줬고, 그리하여 조직 피라미드의 가장 밑에 있는 직원이라도 문제를 발견하면 생산라인 전체를 중지시킬 수 있었다. 얼마 지나지 않아 도요타는 그런 조치로 품질과 생산성, 시장점유율에서 확실한 이득을 얻기 시작했다. 그러자 경쟁 업체들이 자사의 조립라인에 그 기법을 도입했고 비슷한 성과를 거뒀다. 이는 일본산 자동차가 세상에서 가장 믿을 만하고 잘 만든 자동차 중 하나라는 평판을 가져다줬다. 이런 새로운 시스템 아래서 도요타 직원들은 각자가 조직의 목표를 달성하는 데 기여할 방법을 찾았다. 한편 관리자들은 직원들의 참여도를 끌어올리려면 자신의 통제력을 어느 정도 상실하는 것에 대한 두려움을 반드시 극복해야 한다는 사실을 깨달았고, 그런 통찰을 토대로 직원들에게 발언권을 부여했다. 책임감과 주인의식이 생기자 도요타 직원들은 문제를 더욱 신속하게 해결할 수 있게 됐다.

800명이 넘는 직장인을 대상으로 한 조사에 따르면, 주인의식이 강한 직원이 업무 만족도는 물론 생산성도 높다.[15] 언젠가 동료들과 나는 다양한 직종의 직장인 750여 명을 두 집단으로 나눠 한 집단에게는 주인의식을 느꼈던 아이디어, 프로젝트, 업무공간에 대해 글을 쓰도록 했고 다른 한 집단에게는 근무시간을 어떻게 보내는지 쓰도록 했다.[16] 그러고는 각자에게 업무와 관련 없는 몇 가지 질문을 한 후 우리 연구를 위해 무보수로 5분간 설문조사에 응해줄 수 있는지 물었다. 주인의식을 느끼도록 조장된 사람들이 부탁을 들어줄 가능성이 더 컸다. 수평적 문화를 만들면 주인의식이 소수에게 집중되기보다 널리 공유되고, 그 결과 구성원들이 발전한다.

우리 모두는 삶에서 선택의 순간에 직면한다. 우리는 직함이나 성취, 강한 자기주장으로 관계의 주도권을 잡을 수도 있고, 우리 삶에 포함된 모든 사람이 "당면한 문제에 대해 동등한 투표권"을 갖도록 할 수도 있다. 이것은 탈취한 선박 수로 따져 1690~1730년 해적의 황금 시대에 가장 성공적이었던 블랙 바트의 해적선을 다스리던 헌법 제1조였다.

반항적 리더십은 리더만의 전유물이 아니다. 그리고 반항적 리더가 되기 위해 굳이 당신을 위해 일하는 사람들이 있을 필요도 없다. 반항적 리더십이란 반항적인 조직에서 일하는 걸 좋아하고 조직이 반항적인 문화를 구축하도록 돕는 것이다. 또한 편안함과 익숙함을 원하는 인간의 본능적인 충동에 저항하는 것이다. 누구나 타인에게 받아들여지고 인정받고 싶은 욕구가 있기에 타인의 관점과 우선순위, 행동에 순응한다. 우리는 현재의 상태에 거의 의문을 품지 않는다. 우리는 기존의 규범을 비판 없이 받아들이고 고정관념 같은 무의식적인 편견의 함정에 빠지기 쉽다. 자신의 관점 그리고 자신이 옳음을 증명해주는 정보에만 초점을 맞추는 것은 인간의 본성이다. 반면 반항아는 자신이 어떤 사람인지 잘 알고 인간으로서 한계를 정확히 알지만, 자신의 가능성에 한계가 있다고 생각하지는 않는다.

해적과 마찬가지로 반항아는 자신의 '규약'을 따른다. 나는 이런 규약을 반항적 리더십의 8가지 원칙이라고 부른다. 그것은 다음과 같다.

1. 언제나 새로움을 추구한다

널찍한 공간에 직원들이 한 줄로 배치된 각자의 책상에 앉아 있다. 책상에는 나사못, 펜치, 망치 같은 도구들이 놓여 있다. 컨베이어벨트가 부품들을 전달한다. 직원들이 고개를 숙이고 부품을 조립해 타자기를 만드는 작업에 열중하고 있다. 올리베티 같은 공장의 1950

년대 조립라인이 바로 이런 모습이었다.

앞서 설명했듯, 아버지로부터 회사를 물려받았을 때 아드리아노 올리베티는 직원들이 1시간 동안 점심을 먹고 또 1시간 동안 "문화를 섭취"할 수 있도록 점심시간을 대폭 늘렸다. 이를 위해 이탈리아를 포함해 유럽 전역에서 활동하는 철학자, 작가, 지식인, 시인 등등을 초청해 강연회를 열었다. 책 읽기를 좋아하는 직원들은 수만 권의 도서와 잡지가 구비된 공장 내 도서관을 이용했다. 그러는 동안 회사는 날로 번창했다.

보투라의 집에 있는 서재에는 영감을 주는 물건들이 그득하다. 음반, 미술서적, 그림, 설치미술작품 등등. 그가 주방에서 만든 창조물 중에는 미술과 음악에서 영감을 얻은 것들이 상당하다. 가령 허브의 하나인 딜(dill) 맛이 나는 사워크림 위에 빈 캐비어 깡통을 올리고 거기에 흑진주 같은 렌틸콩을 담아내는 '올모스트 베터 댄 벨루가(Almost Better Than Beluga, '캐비어보다 낫다'는 뜻-옮긴이)'는 벨기에 출신의 초현실주의 화가 르네 마그리트(Renn Magritte)의 작품인 〈이건 파이프가 아니다(This Is Not a Pipe)〉를 모티브로 삼는다. 또한 보투라는 현대미술의 악동으로 불리는 영국 화가 데미미언 허스트(Damien Hirst)의 작품에서 영감을 얻어 송아지 요리인 '뷰티풀 사이키델릭 빌, 낫 플레임-그릴드(Beautiful Psychedelic Veal, Not Flame-Grilled, '불에 굽지 않은 아름답고 환각을 불러일으키는 송아지 고기'라는 뜻-옮긴이)'를 만들었다. 뿐만 아니라 언젠가 밤에 미국의 재즈 피아니스트이자 작곡가인 셀로니우스 몽크(Thelonious Monk)의 음악을 듣다가 보투라는 '트리뷰트 투 셀로니우스 몽크(Tribute to Thelonious Monk, '셀로니우스 몽크에게 바침'이라는 뜻─옮긴이)'의 아이디어를 떠올렸다. 그 요리는 재즈 거장의 키보드를 본뜬 것으로, 하얀 무와 초록 양파를 넣은 오징어 먹물에 익힌 은대구를 담아낸다.

보투라의 레스토랑은 마우리치오 카텔란(Maurizio Catellan)부터 카를로 벤베누토(Carlo Benvenuto)까지 다양한 화가의 작품은 물론 독일 출신의 설치예술가 요셉 보이스(Joseph Beuys)의 〈카프리 배터리(Capri Battery)〉까지 전시돼 있어 현대미술관을 방불케 한다. 심지어 직원 화장실도 작은 화랑처럼 꾸며졌다. 또한 홀과 주방에는 하루 종일 음악이 흐른다(손님들이 식사 중일 때는 음악을 틀지 않는다). 사방이 영감을 주는 것들로 가득하다.

이처럼 공통점이 없는 업종의 두 사람이─한 사람은 타자기 회사를 운영하고 다른 한 사람은 레스토랑의 셰프다─일에 예술을 담았다. 이것이 반항적 리더십의 첫 번째 원칙이다. 즉 언제나 새로운 것을 찾는다는 원칙이다. 반항아는 탐구심이 왕성하고 다양한 분야에 관심이 많다. 그리고 새로운 관심이 당장은 정당화될 필요가 없다. 그 관심을 탐구하는 과정에서 더 큰 통찰로 이어질 수도 있기 때문이다.

나는 어릴 적부터 모터사이클에 관심이 많았다. 특히 엔진과 레이싱에 호기심이 컸다. 자라면서 지역의 모터사이클 레이싱을 자주 찾았고, 일요일 오후마다 아빠, 오빠와 소파에 나란히 앉아 TV로 중계하는 레이싱을 보는 것이 우리만의 주말 의식이었다. 생전 처음

레이싱 트랙에 갔을 때를 지금도 생생히 기억한다. 피렌체에서 북쪽으로 약 19킬로미터 떨어진 토스카나 구릉지에 자리 잡은 오토드로모 델 무겔로(l' Autodromo del Mugell)는 이탈리아 모터스포츠의 성지와 같은 곳이다. 무겔로 서킷의 트랙 길이는 3.8킬로미터가 넘고 커브만도 15개다. 관중은 저마다 응원하는 팀을 상징하는 색상의 깃발을 들고 있었다. 나는 언덕배기에 앉아 모터사이클들이 위험한 커브에서 아찔한 곡예를 펼치는 걸 가슴 졸이며 지켜봤다. 관중이 길고 우렁찬 함성을 내질렀지만, 정작 내 귀를 사로잡은 건 모터사이클의 엔진 소리였다.

지금도 나는 으르렁거리는 익숙한 그 굉음을 들을 때마다 미소가 피어난다. 내가 모터사이클에 관심을 갖는 데 실용적인 이유 따위는 하나도 없다. 그렇지만 그건 분명히 내게 영감을 준다. 모터사이클에 대한 관심 때문에 세계 최고의 모터사이클 대회이자 세계 챔피언을 가리는 모터사이클 그랑프리(MotoGP)에 출전한 선수들을 인터뷰한 적도 있다. 모터사이클 그랑프리는 4대륙 14개국에 걸쳐 18회의 경주를 치른다. 선수들이 경기는 물론 훈련할 때조차 집중력을 어떻게 유지하는지 듣는 건 정말 황홀한 경험이었다. 또한 나는 모터사이클에 대한 관심 때문에 UAE 두바이 외곽의 사막을 찾아간 적도 있다. 그곳에서는 사륜 바이크를 빌려주는 가게에서 일하는 직원들을 인터뷰했다. 나는 한 번도 타보지 못했던 모터사이클 모델들에 대한 정보를 수집하고 다양한 회사들이 모터사이클을 어떻게 디자인하는지에 관한 기사들을 찾아 읽는 등 모터사이클에 대해 더 많이 알려고 항상 노력한다. 이 관심이 나를 또 어디로 데려갈지 누가 알까. 그렇지만 나는 그것에 대해 조금도 걱정하지 않는다.

레이싱에 대한 말이 나왔으니 포뮬러 원 1세대 레이서 후안 마누엘 판히오(Juan Manuel Fangio)의 유명한 일화를 언급하지 않을 수 없다.[17] 판히오는 아르헨티나 출신의 전설적인 레이서로 포뮬러 원 경주의 처음 10년을 지배했다. 1950년 모나코 그랑프리(Monaco Grand Prix) 경주에서 그는 앞이 전혀 보이지 않는 모퉁이를 돌다가 뚜렷한 이유도 없이 급브레이크를 밟았다. 그 커브 구간에 들어서면서 관중석을 보다가 그는 관중의 얼굴이 아니라 뒤통수만 보인다는 사실을 깨달았다. 문제가 생긴 게 틀림없었다. 우연히도 경주 하루 전날 판히오는 1936년 경주를 찍은 사진 중에서 비슷한 사진을 발견했다. 그렇다, 관중이 고개를 돌리고 있었던 것은 모퉁이 주변에서 충돌사고가 있었기 때문이다. 모든 퍼즐 조각이 딱 맞아 떨어졌다. 판히오는 자동차를 멈췄고, 다행히 연쇄 충돌사고를 피할 수 있었다. 이제껏 수없이 경험한 상황, 혹은 익숙한 일상적인 일조차도 달라 보이는 뭔가에 초점을 맞추면 새롭게 생각할 수 있다.

2. 의견 차이를 환영한다

1962년 10월 18일 쌀쌀한 밤이었다. 당시 미국의 법무장관이었던 로버트 케네디가 자동차에 올라 조수석에 앉았고 기사는 운전석에 올랐다.[18] 합참의장과 CIA 국장을 비롯해 8명의 최고위 관리가 앞좌석과 뒷좌석의 남은 공간에 몸을 구겨 가까스로 끼어 앉았다. 그들은 괜한 억측과 의혹을 사지 않으려고 리무진이나 자동차 두 대로 움직이는 대신 케네디 장관의 차를 이용하기로 결정했다. 자동차는 국무부를 출발해 로버트의 형인 존 F. 케네디 대통령이 기다리는 백악관으로 향했다. 며칠 전 케네디 대통령은 소련이 미국 본토를 겨냥해 핵탄두를 탑재한 미사일을 쿠바에 배치할 거라는 첩보를 입수했다. 그 미사일들은 발사 후 수분 내에 8천만 미국인의 목숨을 앗아갈 위력이 있었다. 미국과 소련은 전쟁이 언제 터질지 모르는 일촉즉발의 상황에 있었고 이제 결정의 시간이 됐다.

케네디 대통령이 쿠바 미사일 위기를 맞아 보여준 가장 놀라운 행동 중 하나는 조언자들에게서 반대 의견을 적극적으로 구했다는 점이다. 1년 반 전에 케네디 대통령은 쿠바의 정치 지도자 피델 카스트로를 축출하기 위해 비밀작전을 승인했다. 그렇지만 피그스 만 침공[1961년 4월 쿠바 정부를 전복시키기 위해 미국이 훈련시킨 1,400명의 쿠바 망명자들이 미군의 도움을 받아 쿠바 남부를 공격하다 실패한 사건. 쿠바 남쪽의 코치노스 만(Bahía de Cochinos)을 미국에서는 피그스 만(Bay of Pigs)이라고 부른다－옮긴이]이라고 불리는 그 작전 자체에 문제가 많았고, 당연히 대실패로 끝나고 말았다.

그 여파로 케네디 대통령은 의사결정 과정을 철저히 점검하라는 지시를 내렸고, 일련의 변화가 생겼다. 첫째, 의사결정 과정에 참여하는 각자는 특정 문제에 대해 특정 부서의 관점(대개는 자신이 속한 부서의 관점이었다)이 아니라 문제를 전체적인 관점으로 조망하는 '회의적 팔방미인(skeptical generalist)'이 돼야 한다. 둘째, 자유분방한 대화를 위해 구체적인 절차나 공식적인 의제를 비롯해 형식적인 모든 것이 철저히 배제된 환경에서 토론한다. 셋째, 전체 팀은 다수의 하위 집단으로 나누고, 각 하위 집단은 각기 다른 대안을 철저히 조사한 다음 모든 집단이 다시 모여 모든 대안에 대해 토론한다. 마지막으로 케네디는 종종 보좌진만 회의에 참석시킬 터인데, 회의 참석자들이 그의 관점에 맹목적으로 찬성하는 것을 막기 위해서였다. 케네디는 이런 변화들이 토론을 촉진하고 오직 장단점을 철저히 따져 가장 좋은 계획을 이끌어내는 확실한 방법이 될 거라고 생각했다. 이런 모든 조치의 목표는 집단사고를 근절하기 위해서였다. 앞서 언급했듯이 집단사고란 집단 구성원들이 지나친 응집력으로 서로의 생각에 동의하는 경향을 말하는 것으로, 그런 환경은 반대의 목소리를 잠재우고 대안들을 무력화시킨다.[19]

그날 밤 로버트 케네디의 자동차에 동승했던 남자들은 두 개의 하위 집단으로 나뉘었다. 한 집단은 군사행동을 주장하는 매파의 의견서에 대해 토론했고, 다른 집단은 섬 국가인 쿠바를 해상봉쇄하자는 비둘기파의 의견서에 대해 토의했다. 그런 다음 두 집단은 의견서를 바꿔 다시 토론을 벌였고, 최고의 전략을 도출하기 위해 아주 철저하고 엄격히 조사했다. "직급의 높고 낮음을 구분하지 않았고 사실상 회의 주관자도 없었다"라고 로버트 케네디가 그의 저서에서 밝혔다.[20] 결론부터 말하면, 케네디는 해상봉쇄와 능수능란한 외교적 노력으로 핵미사일 철수를 이끌어냈고 미국과 소련 간의 핵전쟁을 막았다.

REB3L TALENT

반항아는 어느 정도의 긴장은 유익하고 또한 불편함은 그것을 해결하고자 하는 노력으로 이어진다는 사실을 잘 안다. 또한 반항아는 다양한 관점과 경험을 추구한다. 언제 귀를 기울여야 하는지 아는 건 언제 말을 해야 하는지 아는 것만큼이나 중요하다.

앞에서도 설명했듯 아리엘 인베스트먼트의 회의에는 악마의 변호인이라는 독특한 역할이 있다. 합의된 의견에 이의를 제기하고 다른 관점을 제시하는 이들의 활약으로 더 나은 결정이 나온다. 패스트푸드 체인점 팔스서든서비스에서는 누군가가 새로운 메뉴나 작업 흐름에서의 변화 같은 아이디어를 제안할 때 그 아이디어는 세 개의 매장에서 동시에 시험대에 오른다. 하나의 매장은 그 아이디어를 지지하고 다른 매장은 그 아이디어에 반대하며 나머지 매장은 중립적인 입장을 취한다.

재능 기부자를 비영리 단체와 사회적 기업에 연결시켜주는 캐치어파이어의 창업자이자 CEO인 레이철 총은 입사 지원자들을 면접할 때 자신의 의견에 반기를 드는 사람들을 의도적으로 찾는다. 총은 회사가 내렸던 결정이나 결정을 앞두고 있는 사안을 설명한 다음 자신을 포함해 경영진과 다르게 생각하는 지원자를 찾는다. 〈포춘〉 500대 기업 중 7곳에 관한 조사에 따르면, 비공개 회의에서 의견 차이를 적극적으로 장려했던 경영진이 가장 성공적이었다.[21]

1937년부터 1956년까지 무려 20년간 GE의 회장을 지낸 앨프리드 슬론은 위험 부담이 큰 중요한 결정에 대해 토론했던 경영진 회의를 마치며 이렇게 말했다. "오늘 회의에서 여러분은 이 결정에 대해 만장일치로 동의하는 것 같군요. 이 사안에 대한 추가 논의는 다음 회의로 미루겠습니다. 다른 의견이 없는지 생각해보고 이 결정의 진정한 의미가 무엇인지 이해할 시간을 갖는 게 좋겠습니다."[22] 이것이 바로 반항아의 재능이다.

3. 경청하고 존중한다

픽사에서 작가와 감독이 머리를 맞대고 스토리를 짤 때 창의적인 해결책을 내는 건 매우 중요하다. 그래서 리더들은 '플러싱(plussing, plus+ing라는 뜻−옮긴이)'[23] 기법을 장려한다. 플러싱 기법의 핵심은, 더하기라는 말에서 알 수 있듯 비판하고 판단하는 언어를 사용하지 않고 아이디어를 개선하는 것이다. 요컨대 이미 나온 아이디어에 뭔가를 더한다. 가령 스케치를 비판하는 대신 그 스케치를 출발점으로 대화를 발전시킨다. "우디의 눈이 마음에 드는군요. 이건 어떻게 생각하십니까?" 다른 누군가가 말을 이어받아 자신의 생각을 '플러스' 한다. 플러싱 기법은 즉흥연기 수업에서 사용하는 "네, 맞아요. 그리고" 원칙과 비슷하다. 사람들은 경청하고 다른 사람들의 아이디어를 존중하며 자신의 아이디어를 내놓는다. 이런 협업적 환경을 유지하려면 많은 노력이 필요하다. 우리 모두는 타인과 그들의 아이디어를 판단하고 싶은 충동을 느끼는 것 같다. 가끔은 우리의 침묵이 반대의 말을 대신하기도 한다. 픽사의 에드 캣멀은 그걸 '죽음의 침묵(death pause)' 이라고 말한다.

반항아는 원활한 소통이 통찰을 이끌어내고 폐쇄적인 대화는 실패할 확률이 높다는 걸 잘 알기에 항상 열린 마음 상태를 유지한다. 이견을 환영하지만, 단 조건이 있다. 서로 존중하고 또한 모두가 한 배를 탄 동지라고 생각하는 경우여야 한다. 대화를 중단시킬 수 있는 요인은 아주 많다. 나태함, 주의 분산, 말이 너무 많은 사람이나 반대로 말에 지나치게 인색한 사람, 공격적인 발언, 비위를 맞추기 위한 비굴한 정중함 등등. 그리고 반항아는 그런 모든 것들에 당당히 맞선다. 반항아는 아무리 불편한 대화일지라도 새로운 대화를 시작함으로써 새로운 지식과 솔직한 피드백을 얻기 위해 노력한다. 진행이 순조롭지 않을 때도 대화를 이어가기 위해 최선을 다한다.

제임스 E. 로저스(James E. Rogers)는 오하이오 주 신시내티에 기반을 둔 전력 회사 시너지(Cinergy, 시너지는 이후 듀크에너지와 합병했다)의 회장 겸 CEO로 재직할 당시 관리자 집단들과 '무엇이든 좋아요' 경청회를 열곤 했다.[24] 로저스는 그런 경청회를 통해 불공평한 차등 보상에 관한 불만처럼 자신에게 보고되지 않았을 수도 있는 사안들에 대해 알 수 있었다. 또한 로저스는 자신에 대한 피드백은 물론 자신의 업무 성적을 A, B, C 등으로 등급을 매겨 익명으로 알려달라고 요청했다. 로저스는 직원들의 피드백을 통해 자신의 소통 기술에 문제가 있음을 깨달았고, 그래서 개선하기 위해 노력했다. 해적선의 선원은 보복에 대한 두려움 없이 선장에게 문제를 제기할 수 있었다. 대화의 장이 활짝 열릴 때 해적선은 신속하고 기민하게 움직인다.

4. 꾸밈 없이 자신을 드러낸다

끝없이 추락하던 캠벨수프의 CEO로 구원등판하고 얼마 지나지 않아 더그 코넌트는 일대일 회의를 통해 경영진을 이해하고 파악하는 시간을 가졌다. 코넌트의 표현대로 옮기자면, 그는 "업무 안팎에서 내게 중요한 것, 내가 조직에게 기대하는 것, 나의 운영방식, 내 행동의 이유 등등"에 대해 말했다.[25] 왜 그랬을까? 자신이 어떤 사람인지, 자신이 무엇을 중요하게 생각하는지, CEO로서 무엇을 성취하고 싶은지 등을 명확하게 알려주기 위해서였다. 코넌트는 이런 접근법이 효과적이고 건전한 업무관계에서 핵심이라고 생각했다. 그가 내게 말했다. "내 목표는 가능한 한 빨리 개인적인 방식을 통해 우리 관계에서 불명확한 요소를 제거하는 것이었습니다. 그래야 우리가 협력하고 함께 성취할 수 있기 때문입니다."

반항아는 자신을 드러내는 것이 얼마나 강력한 힘을 발휘하는지 잘 안다. 그래서 자신이 어떤 사람인지 숨기지 않는다. 또는 자신의 본모습과는 다른 거짓된 모습을 꾸며내지 않는다. 아울러 반항아는 다른 사람들이 스스로의 강점을 찾고 표현하도록 독려한다.

NBA 포틀랜드 트레일블레이저스 감독 시절 모리스 칙스는 팀을 승리로 이끌기 위해 만반의 준비를 했다. 그러나 2만 명이 넘는 열렬한 관중 앞에서 국가를 부를 준비는 전혀 돼 있지 않았다. 그렇지만 곤경에 처한 소녀를 봤을 때 그는 일말의 망설임도 없이 그녀의 곁으로 가 함께 국가를 불렀다. 그가 음치라는 사실은 아무도 신경쓰지 않았다.

패트리샤 필리-크루셀은 AOL타임워너의 부사장이 되기 전에 온라인 건강정보 업체 웹엠디 헬스(WebMD Health)에서 최고경영자로 일했다. 웹엠디의 리더로서 필리-크루셀은 실리콘밸리에서 일단의 엔지니어를 만났는데, 모두 남성이었다.[26] 그들은 만나자마자 그녀에게 엔지니어링에 대해 뭘 알고 있는지 물었다. 그녀는 손가락으로 '0'을 만들어 보이면서 말했다. "이게 내가 엔지니어링에 대해 아는 전부예요. 하지만 회사 운영에 대해서는 잘 압니다. 그러니 여러분의 세상에 대해 내가 알아야 할 것들을 가르쳐주시길 바랍니다."

우리 모두는 자신과 동료들을 성급하게 판단한다. 가령 세부사항에 면밀한 관심을 기울였다고 칭찬하기는커녕 마감일을 어겼다는 이유로 동료를 섣불리 판단한다. 배우자가 저녁 준비를 도와준 것에 감사하기보다 식기세척기에 그릇을 제대로 넣지 못했다고 지적한다. 타인의 성공보다는 부족한 부분에 초점을 맞추는 경우가 너무 많다.

조직도 마찬가지다. 대부분의 조직이 똑같은 함정에 빠진다. 그렇지만 그런 함정을 성공적으로 비켜가는 조직도 당연히 있다. 멜로디 홉슨은 대학을 졸업한 직후 아리엘 인베스트먼트에 입사했을 때 회사의 창업자이자 CEO였던 존 W. 로저스 주니어가 해준 말을 가슴 깊이 새겼고, 그의 조언대로 항상 솔직하고 당당히 목소리를 내고 자신다움을 잃지 않기 위해 최선을 다했다. 홉슨은 자신이 성공할 수 있었던 이유 중 하나가 기업 사다리를 올라가는 동안 진정성을 잃지 않았던 덕분이라고 생각한다.

우리 안에 있는 재능들과 '접속'할 때 우리는 무한한 가능성에 전율을 느낀다. 그레그와 내가 즉흥극 수업을 들을 때 우리는 자신의 모습에 갈수록 편안해졌고 자신감도 커졌다. 보투라는 법학도의 길을 포기하고 요리에 대한 열정을 좇기로 선택했다. 아버지가 실망하리라는 걸 잘 알았지만 어쩔 수 없었다. 그는 자신을 온전히 표현할 수 있는 요리법을 개발했고, 전통에서 벗어난 독특한 이탈리아 요리로 높은 명성을 얻었다. 처음 몇 년은 거센 저항에 부딪혔지만 자신이 사랑하는 일을 하고 자신다워지는 걸 포기할 수 없었다.

5. 모든 것을 배운 다음 모든 것을 잊는다

UCLA의 전설적인 농구 팀 감독 존 우든(John Wooden)에게는 매 시즌 첫 연습을 시작하는 독특한 의식이 있었다. 선수들에게 양말을 신고 운동화 끈을 묶는 훈련을 시키는 것이었다. 행여 선수가 운동화 끈을 잘못 묶어 발에 물집이 생기면 움직임이 둔해지는 등 문제가 생길 수 있었다.[27] 기량만큼 달리거나 점프하지 못한다면 리바운드를 놓치고 슛이 빗나갈 것이다. 그리고 리바운드를 놓치고 슛이 들어가지 않으면 팀은 경기에서 패할 것이다. 우든은 기본에 충실해야 좋은 성적을 거둘 수 있다고 생각했다.

반항아는 자신이 가진 지식의 한계를 잘 알 뿐 아니라 기본을 숙달하는 것이 평생의 숙제라는 사실도 정확히 안다. 동시에 반항아는 규칙의 노예가 되지 않는다. 가끔은, 기본으로 돌아갈 때만 지금까지와 매우 다르며 더 나은 전략을 발견할 수 있다. 대부분의 패스트푸드 체인에서 신입직원은 실전에 투입되기 전에 한 업무당 평균 2시간의 교육을 받는다. 하지만 팔스서든서비스에서 그런 일은 절대 있을 수 없다. 신입직원들은 평균 135시간의 교육을 받고 교육기간만 6개월이 걸릴 수도 있다.[28] 기본기를 탄탄히 다지면 노는 물이 달라지고 또한 개선에 대해 생각할 수 있는 유리한 입지를 확보한다.

비영리 조직 사마소스(Samasource) 설립자이자 CEO인 라일라 자나(Leila Janah)는 개발도상국에 직접 도움을 주고 세계은행(World Bank)같이 개발도상국을 지원하는 조직들과 협력하는 일을 하나부터 열까지 배우기 위해 수년간 노력했다.[29] 그러던 중 어느 순간 (돈, 의류, 음식 등) 물질적인 도움을 주는 일이 빈곤을 줄이는 가장 효과적인 방법인지 의문이 생겼다. 자나는 그렇지 않다는 결론을 얻었고, 그리하여 일자리를 제공해 가난한 사람들을 돕는 회사를 창업했다.

보투라의 또 다른 대표 요리에 대해 생각해보자. 그 요리는 아주 길고 복잡한 이름을 가졌다. 레 친쿠에 스타지오나투레 델 파르미지아노 레지아노 인 디베르세 콘시스텐제 에 템페나투레(Le Cinque Stagionature del Parmigiano Reggiano in Diverse Consistenze e Temperature), '5가지의 질감과 온도를 가진 5가지 숙성연령의 파르미지아노 레지아노'[30] 라는 뜻이다. 거창한 이름을 가진 이 요리는 20년 전 보투라가 다양한 질감과 온도를 실험하기 위한 노력의 하나로 탄생했다. 24개월간 숙성한 치즈는 뜨거운 수플레로, 30개월 동안 숙성된 치즈는 따뜻한 소스로, 36개월짜리 치즈는 차가운 거품으로, 40개월의 숙성기간을 거친 치즈는 바삭바삭한 칩으로, 50개월의 시간을 이겨낸 치즈는 '공기'로 변신한다.

한 마디로, 숙성기간이 파르미지아노 레지아노 치즈의 운명에 미치는 영향력을 찬양하는 요리다. 숙성기간에 따라 치즈는 어떻게 달라지는가? 근본적인 질문을 깊이 탐색함으로써 보투라는 이제까지 누구도 경험하지 못한 요리를 창조했다. 보투라는 직원들에게 "혁신하고 싶다면 모든 것을 알고 그런 다음 모든 것을 잊어야 한다"라는 말을 입버릇처럼 한다.

6. 제약 속에서도 자유를 찾는다

1970년 4월 아폴로 13호에 폭발이 일어났다. 그 일로 야심찬 달 탐사 계획에 지장이 생겼다.[31] 아폴로 13호에 부착된 기계선(service module)은 우주비행사들이 대부분의 시간을 보내는 사령선(command module)에 전력과 산소를 공급했다. 550만 파운드(약 2,495톤)의 폭약과 액체산소가 담긴 탱크 두 개가 기계선에 실려 있었다. 나중에 밝혀진 사실이지만, 우주비행사들의 침상 아래에 비치된 약 3미터짜리 제2탱크의 전선 피막에 이륙 전부터 균열이 있었다. 그러나 나사도 비행사들도 이륙 전에 그 문제를 발견하지 못했다.

비행을 시작하고 19시간이 흐른 후에 균열이 있었던 피막이 벗겨져 전선이 외부에 노출됐다. 이미 지구에서 약 32만 1,860킬로미터 떨어져 전체 거리의 5분의 4를 지난 시점이었다. 우주비행사들이 잠자리에 들기 전 산소탱크에 부착된 팬을 작동시켰을 때 피막이 벗겨진 전선들이 합선돼 피막에 불이 붙었다. 산소탱크의 폭발로 아폴로 13호는 심각한 손상을 입었고 세 사람의 우주비행사에게 공급할 산소가 줄어들었다.

지상의 엔지니어 팀은 아폴로 13호에 탑재된 장비들만 이용해 공기를 정화할 방법을 찾아내야 했다. 그나마도 시간이 아주 부족했다. 엄청난 제약 조건과 압박은 전혀 새로운 해결책을 찾게 만들었다. 사령선에 있던 사각형의 공기 여과 필터를 달착륙선의 둥근 여과 장치에 끼워 사용하자는 영리한 방법을 생각해낸 것이다. 네모 모양 못이 둥근 구멍에 들어가지 않는다고? 그것도 생각하기 나름이다.

반항아는 제약들을 극복하고 그 반대편에 있는 자유를 쟁취한다. 때로는 인간의 본성 자체가 가장 위협적인 도전이다. 편견, 현상 유지 편향, 분별력을 흐릴 만큼 지나치게 높은 자존감 등등. 반항아는 이런 제약을 정확히 알고 그 함정에 빠지지 않으려고 당당히 맞서 싸운다. 한 연구에 따르면, 제약에 맞닥뜨렸을 때 우리는 끈기를 발휘하고 자원을 효율적으로 활용하는 데 에너지를 쏟고, 그리하여 기대치를 뛰어넘는 성과를 낸다.[32] 1960년 닥터 수스(Dr. Seuss)라는 필명으로 더 유명한 동화 작가 시어도어 수스 가이젤(Theodor Seuss Geisel)은 랜덤하우스의 창업자 베넷 서프(Bennett Cerf)와 재미있는 내기를 했다. 50개의 단어만 반복적으로 사용해서 책을 쓰겠다는 내기였다. 물론 버거운 도전이었지만 닥터 수스는 내기에서 이겼다. 그렇게 탄생한 책이 바로 《초록 달걀과 햄(Green Eggs and Ham)》이다. 전 세계 많은 아이들과 마찬가지로 내 아들딸도 사랑해마지 않는 명작이며 닥터 수스의 베스트셀러다.

또한 제약은 마음의 문을 활짝 열게 만든다. 제약은 창의성을 방해하는 게 아니라 창의성을 발휘하게 한다. 주옥같은 명시는 각운과 두운 등의 운과 운문의 경계에서 나온다. 르네상스 시대의 명화들은 주제, 재료, 색상, 크기 같은 세부사항을 구체적으로 명시한 화가와 후원자 간의 계약에서 출발했다. 화가는 그 조건을 반드시 충족해야 했다.

우리의 일에서 제약은 빠듯한 예산부터 규격에 이르기까지 다양하다. 어떤 팀에게 막연히 신제품을 만들라고 하면 몇 가지 좋은 아이디어는 얻을 수 있을지 모른다. 하지만 빠듯한 예산 내에서 신제품을 만들라고 제약을 가하면 훨씬 창의적인 결과를 얻을 가능성이 크다. 사람들이 신제품을 어떻게 디자인하고 식사 준비를 어떻게 하며 고장 난 장난감을 어떻게 고치는지를 조사했던 한 연구에 따르면, 금전적인 제약은 자원 활용 능력을 높이고 더 나은 해결책으로 이어진다.[33] 업무를 수행하기 위해서는 자원이 필요하지만 부족한 자원의 때로는 혁신을 일으킨다.

7. 솔선수범한다

16세기의 프랑스 해적 프랑수아 르클레르(François Le Clerc)는 놀랄 만한 성공을 거두었다. 최근 경제 전문지 〈포브스〉가 수입 순으로 선정한 역대 해적 순위에서 당당히 13위에 올랐다.[34] (정말로 〈포브스〉가 해적 수입을 집계했다.)[35] 르클레르는 "선봉에 서서 이끄는" 해적이었고 종종 적의 선박에 가장 먼저 뛰어들었다. 이런 리더십 스타일 때문에 그는 다리 하나를 잃었는데 의족을 했다고 해서 '나무다리(Jambe de Bois)'로 불렸다. 한창때는 10척의 선단과 300명이 넘는 해적을 이끌었다. 두 다리가 멀쩡했을 때도 다리 하나가 없는 불구였을 때도 그토록 많은 해적이 르클레르를 따라 전투에 기꺼이 뛰어든 이유는 무엇이었을까? 르클레르가 뒤에서 지휘하는 게 아니라 함께 해적들과 싸웠기 때문이다.

미국 방송사 CBS가 제작한 TV 시리즈 〈언더커버 보스(Undercover Boss)〉에서 경영자들이 각자의 회사에 말단직원으로 위장취업한다. 그들은 언제나 불쾌하고 놀라운 사건들을 경험한다. 한 에피소드에서 저가 항공사인 프런티어항공(Frontier Airline)의 CEO 브라이언 베드퍼드(Brian Bedford)는 위장취업 후에 회사 운영에서 중요한 결함들을 발견했다. 비행과 비행 사이에 기내를 청소할 시간이 7분밖에 없는 것부터 승객들이 탑승수속을 하는 중간에 직원들이 교대하고 섭씨 40도에 육박하는 무더운 날씨에 수하물을 수작업으로 일일이 비행기에 싣는 것까지 문제가 한둘이 아니었다. 직원들과 함께 '참호'에 들어감으로써 경영자들은 사내의 문제점과 직원들이 경영자들을 어떻게 생각하는지 알 수 있다. 또한 직원들이 효율적으로 일하기 위해 무엇이 필요한지도 더 잘 이해한다.

반항아는 행동이 어디서 벌어지는지 잘 알고, 그래서 맨 꼭대기 층이나 안락한 임원 사무실에 칩거하는 게 아니라 행동이 벌어지는 바로 그곳에 있고 싶어 한다. 반항아는 사람들을 이끄는 가장 좋은 방법이 참호에 같이 들어가서, 즉 최일선에서 이끄는 것임을 잘 안다. 반항적인 리더는 직원들의 전우이자 친구이며 동지다. 나폴레옹이 사령관 집무실에서만 시간을 보냈을 것 같지 않다. 보투라는 레스토랑 앞의 도로를 비질하고 배달 트럭에서 짐을 내리며 주방을 청소한다.

내 수업을 들은 해군 장교들의 증언을 빌리면, 미국 해군의 특수부대 네이비실에서 이런 철학은 훈련 첫날부터 지원자들에게 깊이 각인된다. 아니, 해군 장교들은 모든 일에서 솔선수범하도록 교육받는다. 달리기든 수영이든 그들은 무리의 맨 앞에 서 있을 것이다. 700여 명의 직장인을 대상으로 진행한 설문조사 결과에 따르면, 가장 존경받는 리더는 가장 기꺼이 자신의 손을 더럽히는 사람들이다. 반면 직장인들이 존경하지 않는 리더는 불편한 상황에서 멀리 떨어진 관리자였다.

연구에 따르면, 어느 한 사람에게 통제력이 집중될수록 팀의 성과가 악화된다. 이를 거꾸로 생각하면, 구성원들 사이에 통제력이 분산될 때 팀의 성과가 향상된다는 말이 된다.[36] 보투라는 오스테리아 프란체스카나에 대해 말할 때 '나'보다는 '우리'라는 단어를 사용한다. 또한 그는 직원들과 함께 식사를 하고 오후에는 직원들과 축구를 즐기며, 자리를 비울 때는 직원들과 끊임없이 연락을 주고받으며 레스토랑 상황을 확인한다. 보투라가 레스토랑을 비우면 직원들이 그를 보고 싶어 할지는 몰라도 그가 없다고 팀 전체가 휘청거리진 않는다.

8. 우연을 활용한다

제2차 세계대전이 끝난 후 참전 군인들이 MIT에 대거 등록했다. MIT는 군인들과 그들의 가족을 수용하기 위해 교정의 서쪽 끄트머리에 주거 복합단지 웨스트게이트 웨스트(Westgate West)를 지었다. 100여 채의 건물이 들어선 그 주거단지를 주목했던 두 심리학자가 있었다. 특히 그들은 그곳에서 형성되는 사회적 네트워크에 호기심이 커서 거주민들에게 가장 친한 친구 셋을 알려달라고 요청했다.[37] 응답자들이 가장 자주 언급하는 사람들은 1층 계단 입구에 있는 집에 거주하는 경향이 있었다. 그리고 응답자의 42퍼센트는 바로 옆집에 사는 사람을 가장 친한 친구 중 한 사람으로 꼽았다. 이렇게 볼 때 친구란 당신이 오며가며 자주 마주치는 사람들이다.

1980년대 픽사에 새로운 본사가 필요했을 때 스티브 잡스는 다 쓰러져가는 델몬트의 통조림공장을 매입했다.[38] 처음에는 부서별로 (애니메이터, 컴퓨터과학자 등등) 독립된 공간을 제공할 계획이었지만, 잡스는 낡은 그 공장을 하나의 커다란 공간으로 꾸미고 중앙에 아트리움을 배치하기로 계획을 전면 수정했다. 잡스는 구내식당 겸 카페, 기념품점, 상영실 등은 물론이고 직원 우편함까지 널찍한 중앙 아트러움에 위치시켰다. (심지어 그는 건물 전체에서 화장실을 아트리움에만 만드는 걸 고려했지만 마음을 바꿨다.) 그는 각각 독특한 문화와 자신만의 문제 해결법을 가진 부서들을 서로 떨어뜨려놓으면 아이디어 공유가 힘들어질 거라고 우려했다.

픽사처럼 물리적인 공간을 색다르게 설계할 때만이 아니라, 보투라의 팀처럼 인적 구성을 독특하게 설계할 때도 이런 식의 생산적인 연결고리가 만들어진다. 보투라의 수 셰프(sous chef, 부주방장—옮긴이)는 다비데 디 파비오와 콘도 타카히코인데, 이름을 보면 알겠지만 둘은 국적이 (이탈리아와 일본) 다를뿐더러 강점도 다르다. 한 사람은 즉흥요리에 강점을 보이는 반면 다른 한 사람은 정교함에 집중한다. 보투라는 물과 기름 같은 상극적 특성이 주방을 혁신적으로 만들어준다고 믿는다.

성공이 위계질서와 지휘통제에서 비롯한다고 생각하는 리더가 너무 많다. 반면 반항아는 교차수분(cross-pollination, 다른 식물의 꽃가루를 받아 수분하는 것처럼 다른 분야끼리 교류해 새로운 가치를 창출하는 것—옮긴이)하는 작업공간과 팀의 가치를 믿는다. 또한 반항아는 실수가 획기적인 돌파구로 이어질 수 있다는 걸 잘 안다.

어느 날 오스테리아 프란체스카나에서 타카히코가 레몬 타르트를 떨어뜨렸다. 보투라가 그 타르트를 새로운 디저트로 탈바꿈시켰다. 바로 오늘날 유명한 '어머, 레몬 타르트를 떨어뜨렸네(Oops! I Dropped the Lemon Tart)'다. 이 디저트의 탄생 일화는 언젠가 내가 서점에서 우연히 집어들었던 보투라의 책에 상세히 나와 있다. 결국 그 책이 인연이 돼 나는 대서양을 건넜다. 보투라의 요리와 그 요리에 얽힌 사연이, 기대감 속에 기다리는 배고픈 손님들에게 전달되는 과정을 직접 보기 위해 모데나까지 찾아갔다.

REBEL TALENT

결국 몰입이다

바쁠수록 자유롭게

"예상치 못한 일에 언제나 문을 열어둬야 한다."[1]

—마시모 보투라

2012년 5월 20일 새벽 4시가 갓 지난 무렵이었다. 갑자기 지축이 흔들리고 땅이 뒤틀리기 시작했다. 벽돌이 바닥으로 무너져 내렸고 창문 흔들리는 소리가 대기를 가득 채웠으며 주차된 자동차들의 창문이 박살났다. 교회와 학교와 주택의 벽들이 힘없이 허물어지기 시작했고 전기가 끊겨 암흑에 휩싸인 마을이 한두 개가 아니었다. 휴대전화도 먹통이 됐다.

진도 6.0의 강진이 이탈리아 북부 에밀리아로마냐 지역을 강타해 역사적인 도시 볼로냐, 페라라(Ferrara), 모데나에 심각한 피해를 입혔다.[2] 여진이 계속되는 가운데 해가 떠올라 사방이 밝아지자 피해 정도가 확연해졌다. 꼭대기부터 바닥까지 기다란 금이 생긴 아파트 건물이 사방에 널렸고 거리는 무너진 건물 잔해로 넘쳐났다. 지진

피해를 입은 마을 중 하나에서는 수백 년 된 탑이 쪼개져 둘로 갈라졌는데, 한쪽은 무너져 돌무더기를 이루었고 다른 한쪽은 아슬아슬하게 서 있었다. 또 다른 마을에서는 14세기에 지어진 위풍당당한 성의 흉벽과 탑들이 폭삭 무너져 흔적을 찾기 힘들었고 수많은 가정에 수도 공급이 끊겼다. 또 다른 도시에서는 시 청사가 막대한 손상을 입었고 공공건물들이 붕괴됐다. 많은 사랑을 받던 인근의 유서 깊은 성당은 지붕이 함몰됐고 그 바람에 천사와 성인을 새긴 조각상들이 하늘 아래 그대로 드러났다.

에밀리아로마냐는 긴 장화 모양의 이탈리아 반도에서 입구에 해당하는 북쪽에 자리하고, 동해안의 아드리아 해에서 서해안의 리구리아(Liguria)까지 뻗어 있다. 에밀리아로마냐의 남쪽에는 꼭대기에 고색창연한 성이 자리 잡은 언덕들과 푸른 초원이 펼쳐져 있다. 저 멀리 아펜니노 산맥(Apennines)의 울창한 숲으로 뒤덮인 봉우리들이 절경을 이뤄 보는 이들의 숨을 앗아가고, 산중턱에는 인적이 드문 작은 마을들이 들어서 있다. 에밀리아로마냐의 북쪽은 당구대처럼 평평한 지역으로 남쪽과 극명한 대조를 이룬다. 풍경은 대부분 비옥한 농지로 이뤄져 있으며 농지는 포 강(Po River) 계곡 너머까지 뻗어 있다.

에밀리아로마냐는 이탈리아 미식의 본고장으로 여겨진다. 모데나에서 생산되는 발사믹 식초, 파르마 햄, 파르마산 치즈, 볼로냐 특산물인 고기가 들어간 라구 소스, 라자냐, 소시지의 일종으로 후추와 마늘을 첨가한 모르타델라(mortadella). 모두가 이탈리아를 대표하는 것들이다.

에밀리아로마냐는 세계 어디보다 풍부한 건축 문화재와 예술적 유물을 자랑한다. 중세 시대의 성, 로마네스크 양식의 교회, 예수를 표현하는 모자이크, 르네상스 시대의 아름다운 궁전이 곳곳에 남아 있다. 이 모든 유산은 수백 년을 거슬러 에밀리아로마냐가 도시국가의 하나였던 시절로 올라가고, 각각의 도시국가는 막강한 힘을 가진 지역 왕조가 다스렸다.

2012년의 지진으로 이런 문화유산들이 입은 피해는 광범위했다. 하루 종일 여진이 이어졌다. 지진으로 취약해진 건물과 파손된 주택 안에 있기가 두려웠던 사람들이 거리로 나와, 일부는 자동차에서 일부는 텐트에서 새우잠을 자거나 뜬눈으로 밤을 보냈다. 지진이 발생하고 9일이 지난 29일, 최악의 상황이 끝난 것처럼 보이자 사람들이 잔해를 뒤지기 시작했다. 그때 진도 5.8의 두 번째 강진이 동일한 지역을 강타했다. 먼젓번 지진으로 가뜩이나 약해진 건물들이 맥없이 무너졌다. 많은 사람이 목숨을 잃었고, 무수한 주택이 완전히 파괴됐다. 피해가 150억 달러(약 16조 8,375억 원)를 넘을 것으로 추산됐다.

지진은 에밀리아로마냐 지역의 대표적인 산업에 심각한 피해를 안겼다. 파르미지아노−레지아노 치즈 산업이었다. 파르미지아노−레지아노 치즈는 12세기 무렵 포 계곡에 있는 시토(Citeaux) 수도회 수사들에 의해 처음 만들어졌는데, 바퀴처럼 생겼다고 해서 휠(wheel)이라고 부르는 커다랗고 둥근 덩어리 형태였다. 덕분에 저장이 용이했고 긴 여행을 떠나는 순례자에게도 편리한 양식이 됐다. 오늘날 공식 인증을 받은 파르미지아노−레지아노 치즈는 에밀리아로마냐 지역의 몇몇 고장에서만 만들 수 있다. 파르메산 치즈로 줄여 불리는 그 치즈는, 젖소들에게 무얼 먹이는지를 포함해 처음부터 끝까지 매우 특별한 방법으로 만들어져야 한다. 전문가들이 원통형의 치즈 휠을 작은 망치로 두들기며 품질을 일일이 확인한다. 이탈리아에서는 1파운드(453그램)당 약 15달러에 팔리고 해외에서 파르미지아노-레지아노는 가장 비싼 이탈리아 치즈 중 하나다. 단언컨대 파르미지아노-레지아노 치즈는 에밀리아로마냐 지역 경제의 핵심이다. 매년 그 지역은 30~40킬로그램짜리 통 치즈를 300만 개 이상 생산하고 23억 달러(약 2조 5,783억 원)의 매출을 올린다. 심지어 이탈리아의 많은 은행이 파르미지아노-레지아노 치즈로도 이자를 받아준다.

파르미지아노-레지아노는 습도가 엄격하게 통제되는 창고에서 숙성되는데, 그런 창고가 2012년 지진으로 심각한 피해를 입었다. 폭격을 맞은 도서관의 책들처럼, 트럭 타이어만 한 치즈 덩어리 수백 개가 7미터 높이의 선반에서 바닥으로 떨어져 나뒹굴었다. 치즈 공장 37곳의 총 40만 개의 통 치즈가 손상됐다. 손상된 치즈는 제값을 받고 판매될 수 없어 수억 달러의 매출 손실이 불가피했다. 치즈 생산업자들은 대대손손 이어져온 가족 사업이 문을 닫게 될까 걱정했다. 단 9일 만에 지진이 하나의 산업 전체를 위험에 빠뜨렸다.

마시모 보투라는 오래전부터 파르미지아노-레지아노에 유별난 애착을 갖고 있었다. 어릴 적 가족이 특별한 저녁을 먹을 때면 그의 아버지는 언제나 그 치즈를 사왔다. 그러면 파스타 소스에 넣기도 하고 라비올리(Ravioli, 이탈리아 만두–옮긴이)나 토르텔리니의 소로 사용하기도 했다. 큼지막하게 썰어 애피타이저로 먹거나 갈아서 파스타 위에 뿌리기도 했다. 보투라는 어머니와 할머니가 요리를 하는 동안 몇 조각을 슬쩍 훔쳐 먹곤 했다. 치즈의 맛은 강하면서도 오묘했다. 지금도 보투라는 파르미지아노 한 조각과 과일 약간이면 완벽한 간식이라고 생각한다.

그러니 보투라는 어떻게든 도움이 되고 싶었다. 아니, 그 생각이 머리에서 떠나질 않았다. 고민 끝에 그는 자신이 가장 잘하는 일에 초점을 맞추기로 했다. 마법과도 같은 이 치즈를 주인공으로 새로운 요리를 만들면 어떨까? 당연히 그는 맛있는 요리를 만들고 싶었다. 하지만 그게 다가 아니었다. 요리법은 누구라도 따라 할 수 있도록 쉬워야 했다. 파르미지아노–레지아노가 그 요리의 주인공이라면, 그 요리를 따라 해보고 싶은 사람들이 손상된 치즈를 구매할 거라고 그는 생각했다.

보투라는 이탈리아 전통요리이면서 몇 가지 재료만으로 만들 수 있고 또한 특정 지역의 향토음식을 염두에 두고 조사를 시작했다. 마침내 그 모든 조건에 딱 들어맞는 요리를 찾아냈다. 카치오 에 페페(cacio e pepe)라는 로마의 전통 파스타였다. 소금, 파스타 면, 후추, 이탈리아 요리에 많이 쓰이고 특히 정통 카르보나라에 사용되는 페코리노 로마노(Pecorino Romano) 치즈, 이렇게 가장 기본적인 4가지 재료로 몇 분 만에 뚝딱 만들 수 있다. 페코리노 로마노는 양젖으로 만든 치즈로 톡 쏘는 알싸한 맛이 특징이며, 고대부터 남부 캄파니아(Campania)에서 만들어졌다. 카치오는 페코리노 로마노 치즈를 부르는 로마의 방언이다. 보투라는 페코리노와 캄파니아의 관계가 파르미지아노−레지아노와 에밀리아로마냐의 관계와 비슷하다는 사실을 깨달았다. 그는 전통적인 요리법에 창의성을 약간 가미해보기로 마음먹었다. 페코리노를 사용하는 대신 파르미지아노를 사용할 생각이었다. 그리고 면이 아니라 쌀을 이용하고자 했는데, 쌀도 지진으로 막대한 피해를 입은 농산물이었다. 그리하여 리소토 카치오 에 페페(Risotto Cacio e Pepe)가 탄생했다.

전통적인 카치오 에 페페는 면이 우아하게 돌돌 말린 크림 파스타로 승화되고 한 입 먹는 순간 입맛이 확 살아난다. 파르미지아노−레지아노와 쌀의 소비를 촉진하기 위해 카치오 에 페페를 재해석한 새 요리는 일반적인 육수 대신 파르마산 치즈를 녹인 물을 사용한 리소토였다. 보투라가 개발한 리소토 카치오 에 페페의 요리법을 알아보자. 먼저 파르미지나오−레지아노를 갈아 준비한다. 물을 가득 부은 냄비에 갈아놓은 치즈를 넣고 가열하다 끓어오르면 불을 끄고 크림 형태가 될 때까지 잘 젓는다. 그렇게 완성된 걸쭉한 치즈 육수를 냉장고에 넣어 하룻밤 보관하고, 다음 날 아침 냉장고에서 꺼내면 육수는 세 개 층으로 분리돼 있다. 맨 아래층은 고체 형태의 우유 단백질, 중간층은 진하고 진득진득한 육수, 맨 위층은 파르미지아노 크림이다. 이제는 약간의 쌀을 구운 다음 파르미지아노 육수를 조금씩 추가하면서 쌀을 익힌다. 리소토 카치오 에 페페의 마지막 순서는 익힌 쌀 위에 육수 맨 위층에서 걷어낸 파르미지아노 크림을 올리는 것이다. 보투라의 말대로 "이탈리아의 상징적인 스파게티를 빌려와 에밀리아로마냐 지역의 희망과 회복을 상징하는 요리로 변형시켰다."

하지만 이 요리 하나만으론 문제가 해결되지 못한다. 훼손되어 제값을 못 받는 치즈가 아주 많았고, 상하기 전에 빨리 판매돼야만 했다. 보투라는 파르미지아노-레지아노 생산자연합과 힘을 합쳐 전 세계 사람들이 한날한시에 리소토 카치오 에 페페를 만드는 하루짜리 행사를 후원하기로 결정했다. 이를 위해 그들은 온라인 모금 행사부터 조직했다. 그리고 이탈리아 시간으로 2012년 10월 27일 저녁 8시 수많은 이들이 보투라의 새 요리를 따라 하거나 파르미지아노-레지아노를 사용해 자신만의 방식으로 요리를 했다.

인터넷으로 생중계된 그날 행사는 이탈리아 토리노에서 격년으로 열리는 음식박람회이자 슬로푸드 세계대회인 살로네 델 구스토(Salone del Gusto, '맛의 향연' 이라는 뜻─옮긴이)의 중요한 요리 쇼였다. 25만 명 이상의 사람들이 그날 밤 '함께' 저녁식사를 했다. 친구와 가족을 초대해 집에서 요리를 즐긴 사람들도 있었고, 파르미지아노-레지아노즈를 사용해 자기식대로 음식을 만들어 즐긴 사람들도 있었다. 그 행사는 이탈리아 국민만이 아니라 이탈리아의 보배 같은 식품 중 하나를 지키는 데 도움이 되고 싶은 전 세계 사람들─뉴욕에서 도쿄에 이르기까지─의 많은 관심을 모으는 데 성공했다. 결국 훼손된 파르미지아노-레지아노 통 치즈 40만 개 전부가 팔렸다. 덕분에 아무도 일자리를 잃지 않았고 문을 닫는 치즈 생산 업체도 없었다. 존폐의 기로에 놓였던 산업 하나가 진심에서 우러난 작은 요리법 하나로 완벽하게 되살아났다.

보투라는 쉴 새 없이 움직인다. 오스테리아 프란체스카나에서 주방을 지키고 짬짬이 시장들을 둘러보며 레스토랑에 식자재를 공급하는 농장들을 직접 찾아간다. 레스토랑에 있을 때도 1인 다역을 거뜬히 소화한다. 새하얀 요리사복 차림으로 직접 요리하고, 신중한 손길로 접시에 담으며, 테이블에 나가는 모든 요리를 일일이 맛본다. 또한 주방과 홀 사이의 원활한 소통을 촉진하고 직원들과 담소를 나누며 그들과 함께 새로운 요리를 개발한다. 심지어는 겨우 한 달 사이에 도쿄, 멜버른, 뉴욕, 리우데자네이루, 런던을 방문하고 돌아와 다음 여행을 떠날 때까지 오스테리아 프란체스카나의 주방을 지킬지도 모른다. 지진이 이탈리아 북부를 강타했던 그해 보투라의 레스토랑은 미쉐린으로부터 세 번째로 스타를 받았다. 미쉐린의 명성 덕분에 손님이 몰려들고 강연 요청이 줄을 이었으며 언론의 인터뷰 요청이 끊이질 않아 보투라는 몸이 열 개라도 모자랐다. 그렇지만 그의 '인생 치즈'인 파르마지아노-레지아노가 지진으로 막대한 피해를 입자 어떻게든 시간을 냈다. 사실 그건 보투라의 삶의 방식 중 하나다. 가령 2015년에는 버려지는 식자재로 '아름다운 음식'을 접하기 힘든 사람들에게 요리를 제공하는 레페토리오(Refettorio, '제자리로 되돌리다' '되살리다'라는 뜻-옮긴이) 프로그램을 시작했다. 밀라노를 시작으로 브라질, 스페인, 뉴욕뿐 아니라 시간을 내 방문할 수 있는 세계 곳곳에서 레페토리오의 맛있는 음식으로 허기진 이들의 배를 채워줬다. 프로그램의 취지대로 맛있는 음식을 대접해 상처받은 이들의 마음까지 되살렸다. 보투라는 레페토리오를 준비할 때마다 요리 행사에서 남은 식재료로 음식을 만들어 해당 지역의 아동보호소와 노숙인 쉼터에 제공했다.

보투라는 삶의 참맛을 즐기고 매 순간을 느끼기 위해 최대한 시간을 내는 것처럼 보인다. 이를 단적으로 보여주는 재미있는 일화가 있다. 내가 오스테리아 프란체스카나의 홀에서 일했던 그날 저녁에 있었던 일이다. 저녁 영업을 시작하고 45분쯤 지났을 때 초인종이 울렸다. 레스토랑은 이미 빈자리가 없었고, 당황한 베페는 누가 왔는지 나가봤다. 문을 열자 두카티 오토바이의 낮게 으르렁거리는 엔진 소리가 레스토랑 내부를 가득 채웠다. 뒷자리에 열 살쯤 돼 보이는 소년을 태운 오토바이 운전자가 "두 사람 자리 있습니까?"라고 물었다. 그러고는 정지된 상태로 다시 오토바이의 가속페달을 밟아 으르렁 소리를 냈다. 모두가 미소를 지었다. 그 사람은 보투라였다. 그는 난치병 어린이들의 소원을 들어주는 메이크어위시재단(Make-A-Wish Foundation)을 통해 그를 만나고 싶다고 한 소년과 시간을 보내던 중이었다.

우리는 할 일이 많을수록 다른 일에 쓸 수 있는 시간과 에너지가 줄어든다고 생각한다. 그러나 틀렸다. 자신의 일과 삶에 완전히 몰입하면 더 많은 에너지가 생긴다. 정말 그렇다. 간혹 저녁 영업을 시작하기 전에 길거리에서 직원들과 축구를 즐기는 보투라는 이 단순한 진리를 깨달았다. 이것은 반항아들의 또 다른 비밀 무기다. 일탈처럼 보이는 행동이나 가욋일을 하는 것이—또는 시간이 없을 때 남을 돕는 것이—활력 넘치는 삶으로 이어지는 지름길이다. 더 많이 할수록 더 많은 것이 돌아온다.

UCLA의 캐시 모길너(Cassie Mogilner) 교수는 공동연구를 통해, 다른 사람들에게 더 많은 시간을 투자할 때 오히려 시간 제약을 덜 느낀다는 사실을 밝혀냈다. 다른 사람들에게 시간을 쓰는 것은 우리에게 연결감을 선물하고 의미 있는 경험을 준다. 이게 다가 아니다. 모길너의 연구를 보면, 다른 사람들에게 시간을 낼 때 자신이 유능하고 유익하다고 느끼며 자신감이 커진다. 뭔가를 성취한 기분이 들고, 그리하여 앞으로 더 많이 성취할 수 있다는 자신감이 생기는 것이다. 내 연구 결과도 비슷하다. 두 집단으로 나뉜 참가자들은 데이터를 입력하는 일을 했는데 한 집단에게 일거리를 더 많이 줌으로써 그들이 다른 집단보다 더 바쁘도록 했다. 그러면서 그런 추가적인 일이 어느 연구자의 프로젝트에 큰 도움이 될 거라고 덧붙였다. 그리하여 그들은 똑같이 주어진 시간에 더 많은 일을 완수했다. 당연히 다른 집단보다 더 바빴지만 외려 시간 제약을 덜 느꼈을 뿐 아니라 자발적으로 더 많은 일을 하려고 했다.[3]

이는 보투라를 비롯해 이 책을 위해 만난 모든 사람에게서 발견한 마법과도 같은 성격적 특성을 단적으로 설명해준다. 알고 보니 그들의 성공 비결은 일하는 자체에서 기쁨을 얻음으로써—다른 말로 삶에 완전히 몰입함으로써—시간의 노예가 되어 끌려다니는 대신 시간에 저항하는 것이었다.

지금 이 순간이 최고의 적기

"시작하는 방법은 이제 그만 말하고 행동하는 것이다." [1]

—월트 디즈니(Walt Disney)

1970년대 말 어느 추운 날이었다. 당시 십대였던 보투라는 아버지의 파란색 알파 로미오(Alfa Romeo) 조수석에 앉아 있었다. 바깥에서는 형이 주유펌프 옆에 서서 자동차에 기름을 넣고 있었다. 차 안에서 멍하니 기다리던 보투라는 아버지가 자동차에 늘 보관하는 빨간색 책자를 꺼내 읽었다. 오래되어 낡은 미쉐린 가이드였다. 그로부터 강산이 한 번 반이 바뀐 1986년 보투라는 힘든 얘기를 꺼내기 위해 아버지와 마주 앉았다. 그는 법대를 중퇴하고 본격적인 요리 공부를 하겠다고 말했다. 당연히 아버지는 아들의 결심을 좋아하지 않았다. 보투라는 아버지를 설득하기 위해 십 몇 년 전 그날 아버지의 자동차에서 읽은 미쉐린 가이드를 언급했다. "아빠, 지켜봐주세요. 언젠가 나도 미쉐린 스타를 꼭 받아올게요."

어릴 적부터 아버지를 존경하고 우러러봤는데, 아버지는 아들이 요리사가 되는 걸 바라지 않았다. 또한 많은 사람들이 아프게 지적했듯이 그는 요리사가 되기 위한 경험이나 기술이 전혀 없었다. 요리계에 아는 사람도 없었다. 그렇지만 그에게는 독창적인 아이디어-이탈리아 전통요리법을 탈피한다는-와 깊은 열정이 있었다. 전통을 중시하는 이탈리아인 만큼 처음 몇 년간 그의 요리법은 비판받았지만, 그는 절대 포기하지 않았다.

당신의 반항아적 재능을 찾아 받아들이고 꽃을 피워가는 과정에서 당신도 보투라처럼 가장 어려운 일은 시작하는 일이라는 걸 알게 될지 모르겠다. 도움이 필요하다면 www.rebeltalents.org를 방문해보라. 당신이 올바로 시작하는 데 도움이 될 다양한 정보가 담겨 있다.

당신은 어떤 반항아인가

오랜 세월 반항아들을 연구하면서 나는 그들이 각양각색이라는 사실을 깨달았다. 행동방식도 다르고 재능을 개발하는 접근법도 다르다. 당신이 어떤 반항아인지 알려면 내가 반항지수(Rebel Quotient)라고 명명한 것을 이해하는 게 필요하다. www.rebeltalents.org에서 당신에게 가장 강력한 반항적 재능이 무엇이고 잠재력이 가장 큰 분야가 어디인지 무료로 측정해볼 수 있다. 당신은 카리스마 강한 리더가 잘못된 길을 가고 있을 때 당신 생각을 소신 있게 말하는 유형일까? 아니면 이제껏 수십 번 해본 프로젝트에서도 새롭고 참신한 뭔가를 찾는 유형일까? 반항아가 되는 건 불편함을 자청하는 길이다. 그러나 자신이 어떤 유형의 반항아이고 어떤 반항적 기질을 갖고 있는지 안다면 그런 불편함도 보다 편안하게 받아들일 수 있다.

당신 안에 있는 반항아를 규칙적으로 밖으로 끄집어내기는 쉬운 일이 아니다. 어쨌건 반항아가 된다는 건 인간 본성의 많은 요소에 저항한다는 뜻이다. 그렇지만 반항아가 되면 믿을 수 없을 만큼 짜릿하고 만족스러울 수 있다. 일과 삶에 대한 기존의 접근법에서 아무리 작은 변화를 시도하더라도 강력한 결과를 가져올 수 있다. 당신은 반항아들이 자주 사용하는 습관과 전략에 대한 구체적인 정보와 효과에 대한 유익한 사례를 알게 될 것이다.

반항아는 어떻게 끊임없이 배우는 걸까

반항아들은 배움을 중요하게 생각하고 언제나 겸손하다. 나를 처음 만났을 때 보투라가 말했듯 "모든 걸 안다고 생각하는 순간 당신은 성장을 멈추는 겁니다. 두 눈을 크게 뜨고 질문하고 또 질문하세요." 당신이 지속적인 배움의 끈을 놓지 않도록 www.rebeltalents.org는 반항아들의 사례연구를 제공하는데, 나는 당신이 그들에게서 영감과 교훈을 얻기를 희망한다. 또한 내 사이트에는 (보투라의 메뉴처럼) 오랫동안 지속적으로 진화하는 반항아적 재능들에 대한 연구를 볼 수 있는 링크도 있다.

지금 이 순간이 가장 좋은 때

2001년 보투라는 처음으로 미쉐린 스타를 받았다. 다행히 아버지가 살아있을 때 그런 자랑스러운 모습을 보여드릴 수 있었다. 그러나 그건 놀라운 여정의 시작에 불과했다. 미쉐린 스타를 받고 한 달이 지난 그해 12월 보투라는 크리스마스를 맞아 오스테리아 프란체스카나 전 직원에게 티셔츠를 선물했다. 티셔츠에는 미쉐린 스타가 도착한 날짜와 미쉐린 스타의 상징 그리고 다음의 문구를 넣었다. "파스타 에 파지올리는 어디로 가고 싶을까?(Ma dove vuole arrivare questa pasta a fagioli)"

이탈리아 전통요리는 아주 멀리까지 갔다. 보투라는 아버지에게 약속했던 것보다 훨씬 많은 걸 이루었다. 흔히 힘든 일을 시도하는 걸 별 따는 것에 비유하는데 보투라는 말 그대로 별을 따려 했고 마침내 미쉐린으로부터 세 개의 별을 받았다.

보투라를 비롯해 반항아들은 일과 삶에 대한 접근법이 보통 사람과는 약간 다르다. 그들은 규칙을 파괴하고 그 과정에서 긍정적인 변화를 만든다. 그들은 삶의 매 순간을 웃음으로 맞이하고 충만한 만족감을 느낀다. 반항아들에게는 지금 이 순간이 행동하기에 가장 좋은 때다.

감사의 말

"위대한 일은 일련의 작은 일들이 합쳐진 것이다."

―빈센트 반 고흐(Vincent Van Gogh)

2016년 2월 〈하버드 비즈니스 리뷰〉에서 연락이 왔다. 미래의 기사(article of the future)가 어떤 모습일지에 관한 아이디어를 검증하는 실험에 참여할 의향이 있느냐고 물었다. "실험이라고요? 네, 그럴게요." 그 실험은 동영상과 사례연구는 물론 샌프란시스코에서 개최된 어떤 라이브 행사까지도 포함했다. 그리고 그 모든 것은 반항적인 행동이 긍정적이고 생산적일 수 있다는 아이디어에 초점이 맞춰졌다. 우리가 받은 열정적인 반응으로 내 안에서 어떤 욕구가 꿈틀대기 시작했고 급기야 활활 타올랐다. 반항아에 대한 책을 쓰고 싶은 욕구였다. 그리고 그 결과물이 바로 지금 당신의 손에 들려 있는 이 책이다.

〈하버드 비즈니스 리뷰〉 수석 편집자인 스티브 프로케시(Steve Prokesch)와 나는 긴밀하게 협력했다. 프로케시는 통찰력이 번뜩이는 질문을 하고 솔직한 피드백을 줬으며 사려 깊은 편집과 현명한 제안으로 내 글이 설득력 있고 매력적이게 다듬어주는 등등 내내 내 손을 놓지 않았다. 그가 내게 베풀어준 소중한 모든 도움에 깊이 감사한다. 스콧 베리나토(Scott Berinato), 에이미 미커(Amy Meeker), 세라 클리프(Sarah Cliffe), 에이미 번스틴(Amy Bernstein), 그레천 개벗(Gretchen Gavett), 티나 실버먼(Tina Silberman), 캐런 플레이어(Karen Player), 케이트 애덤스(Kate Adams), 에이미 포프타크(Amy Poftak), 편집장 아디 이그내이셔스(Adi Ignatus)에게도 감사의 인사를 전한다. 그들의 창의적인 아이디어, 격려, 새로운 것을 시도하려는 강렬한 의지가 내게는 활력을 북돋아주는 비타민이었다. 이들 외에도 〈하버드 비즈니스 리뷰〉 구성원 모두에게 고맙다는 말을 하고 싶다.

이 책의 초고를 완성했을 때 내 머릿속에서는 아이디어들이 더없이 구체적이었다. 적어도 나는 그렇다고 생각했다. 초고를 출판사에 보낼 준비를 하는 동안 기자인 개러스 쿡(Gareth Cook)에게 먼저 보여주며 한번 살펴봐달라고 부탁했다. 결과부터 말하면 나는 처음부터 끝까지 다시 써야 했다. 믿을 수 없을 만큼 유익한 그의 피드백과 기지에 찬 그의 조언 덕분이었다. 이 책에 담긴 아이디어 하나하나에 대해 그와 치열한 토론을 벌였다. 그의 끈기와 높은 기준 그리고 아이디어를 훨씬 더 좋은 아이디어로 발전시키는 비범한 그의 능력에 고개 숙여 감사한다. 처음에는 메스를 들고 책을 고치는 의사를 만났다고 생각했다. 하지만 알고 보니 그는 놀랄 만큼 호기심이 많고 냉철한 아이디어 코치였다. 게다가 나만큼이나 이 책에 많은 관심과 애착을 보여줬다. 그는 내 아이 같은 아이디어들의 잠재력을 알아봐주고 그 아이들을 훌륭하게 키우도록 지원을 아끼지 않았으며 이 모험의 끝이 어디로 향할지에 대한 온갖 불확실성에도 불구하고 내가 계속 나아갈 수 있도록 도와주었다. 개러스에게 가슴 깊이 우러나는 감사를 보낸다.

내 에이전트인 맥스 브록먼(Max Brockman)에게도 정말 고맙다는 말을 하고 싶다. 그는 이 프로젝트가 하나의 개념에 불과할 때도 잠재력을 알아봤다. 뿐만 아니라 내가 적절한 출판사를 선택하도록 통찰력 깊은 조언을 해줬고, 심지어 내 결정이 그에게 두통을 안겨줘도 기쁜 마음으로 내 곁을 든든히 지켜줬다.

나를 이 여행으로 이끌어준 사람은 데이스트리트(Dey Street) 출판사의 제시카 신들러(Jessica Sindler)였다. 그녀는 뛰어난 내 편집자로, 최종 원고가 탄생하기까지 많은 중간 원고를 매의 눈으로 꼼꼼하게 살펴봤다. 그리고 내 원고는 제시카를 거칠 때마다 언제나 그녀의 사려 깊은 피드백과 솜씨 좋은 편집 덕분에 더 나은 원고가 되어 돌아왔다. 더욱이 이 책에 대한 제시카의 열정은 이번 여정 내내 내게 끊임없는 동기를 부여해주었다. 그녀 같은 보석을 발견할 수 있었으니 나는 정말 운이 좋았다.

내 친구이자 작가이고 편집자인 케이티 숀크(Katie Shonk)에게 갚기 힘들 만큼 많은 신세를 졌다. 케이티는 이 책의 각 장을 수차례 반복해서 읽었고 수정이 필요하다고 생각되는 부분을 꼭 집어 알려줬다. 그녀의 수고로 이 책은 더욱 명쾌해지고 설득력이 더해졌다.

이번 여정 내내 그녀가 들려준 현명한 조언은 정말로 값진 선물이었다. 하지만 이번만이 아니었다. 그녀와 알고 지낸 오랜 세월 동안 기꺼이 도움의 손길을 내밀어주는 그녀의 고운 성품 덕분에 내가 얼마나 큰 힘을 얻었는지 모른다.

이 책에 담긴 연구와 이야기들은 시간이 만들어낸 결과물이다. 이 책을 준비하면서 논문과 서적을 찾아 읽고, 수백 번 인터뷰를 하고, 셀 수 없이 많은 비행기 여행을 하고, 세계 곳곳의 조직들을 수십 차례 방문하고, 동료와 경영자와 친구들과 무수히 많은 대화를 나눴다. 내로라하는 뛰어난 학자들과 이 책에서 소개한 연구들을 함께할 수 있는 기회가 주어진 것은 정말로 행운이었다. 린다 아르고테(Linda Argote), 댄 애리얼리(Dan Ariely), 에마 에이블링(Emma Aveling), 실비아 벨레자(Silvia Bellezza), 이선 번스틴(Ethan Bernstein), 앨리슨 우드 브룩스(Alison Wood Brooks), 대니얼 케이블(Daniel Cable), 티지아나 카스시아로(Tiziana Casciaro), 티퍼니 창(Tiffany Chang), 지아다 디 스테파노(Giada Di Stefano), 몰리 프린(Molly Frean), 애덤 갈린스키(Adam Galinsky), 에벌린 고스넬(Evelyn Gosnell), 애덤 그랜트(Adam Grant), 폴 그린(Paul Green), 브라이언 홀(Brian Hall), 캐런 황(Karen Huang), 로라 황(Laura Huang), 디워스 KC(Diwas KC), 아나트 카이난(Anat Keinan), 태미 김(Tami Kim), 에이타 제이미(Ata Jami), 리 장(Li Jiang), 메리엄 쿠차키(Mariam Kouchaki), 릭 래릭(Rick Larrick), 줄리아 리(Julia Lee), 조슈아 마골리스(Joshua Margolis), 줄리아 민슨(Julia Minson), 엘라 마이런-스펙터(Ella Miron-Spektor), 빌 매케빌리(Bill McEvily), 마이크 노턴(Mike

Norton), 게리 피사노(Gary Pisano), 제인 라이센(Jane Risen), 오벌 세제르 (Ovul Sezer), 줄리아나 슈뢰이더(Juliana Schroeder), 모리스 슈와이처 (Maurice Schweitzer), 모건 실즈(Morgan Shields), 세라 싱어(Sara Singer), 브 래드 스태츠(Brad Staats), 줄리아나 스톤(Juliana Stone), 소르 순트(Thor Sundt), 리 토스트(Leigh Tost), 마이크 여먼스(Mike Yeomans), 캐슬린 보 스(Kathleen Vohs), 캐머런 라이트(Cameron Wright), 이블린 장(Evelyn Zhang), 팅 장(Ting Zhang). 내 삶에 무한한 기쁨을 가져다주는 연구는 모두가 여러분의 노고 덕분이다. 학문에 대한 여러분의 헌신, 여러 분의 아낌없는 솔직한 피드백, 깊이를 알 수 없는 우물처럼 끝없이 샘솟는 여러분의 창의적 아이디어가 있기에 가능하다는 이야기다.

반항아와 관련하여 내가 생각하지 못했던 질문들을 제기하고 즐 거운 업무 환경을 만들어준 하버드경영대학원의 '협상, 조직, 시장 연구팀(Negotiation, Organizations and Markets Unit)' 동료들에게 큰절을 하고 싶다. 맥스 베이저먼(Max Bazerman), 존 비시어스(John Beshears), 앨리슨 우드 브룩스, 캐서린 코프먼(Katherine Coffman), 벤 에덜먼(Ben Edelman), 크리스틴 엑슬리(Christine Exley), 제리 그린(Jerry Green), 브 라이언 홀, 레슬리 존(Leslie John), 젠 로그(Jenn Logg), 마이크 루카 (Mike Luca), 디팍 말호트라(Deepak Malhotra), 캐슬린 맥긴(Kathleen McGinn), 케빈 모한(Kevin Mohan), 매튜 래빈(Matthew Rabin), 조슈아 슈 워츠스틴(Joshua Schwartzstein), 짐 세베니우스(Jim Sebenius), 구한 수브 라마니안(Guhan Subramanian), 앤디 와싱크주크(Andy Wasynczuk), 애슐 리 월랜스(Ashley Whillans), 여러분과 같은 층의 사무실에서 일하고

여러분에게서 끊임없이 배울 기회가 있어서 나는 진짜 운이 좋았다.

나는 지난 몇 년간 만났던 많은 반항아들에게서 이 책의 영감을 받았다. 특히 마시모 보투라와 그의 아내 로라 길모어(Laura Gilmore)를 비롯해 주세페 팔미에리, 알레산드로 라가냐(Alessandro Laganà), 엔리코 비그놀리(Enrico Vignoli) 등등 오스테리아 프란체스카나의 놀랄 만큼 유능하고 유쾌한 모든 식구들은 내게 소중한 영감의 원천이 돼줬다. 픽사의 공동창업자이자 사장으로 본인의 생일인데도 나에게 귀중한 시간을 내준 에드 캣멀에게 고맙다는 말을 꼭 하고 싶다. 그의 예리한 지성과 배움에 대한 열망 그리고 전염성 강한 겸손이 완벽한 조화를 이뤄 나는 그와 대화를 나누는 동안 시간의 흐름조차 잊고 푹 빠져 있었다. 그리고 캡틴 설리, 스콧 쿡, 그레그 다이크, 더그 코넌트, 레이철 총, 피트 닥터, 앤드류 고든(Andrew Gordon), 댄 스캔런(Dan Scanlon), 조너스 리베라(Jonas Rivera), 제이미 울프(Jamie Woolf), 패트리샤 필리−크루셀, 라일라 자나, 멜로디 홉슨, 앤드류 로버츠(Andrew Roberts), 피터 리슨(Peter Leeson), 리카르도 델레아니(Riccardo Delleani), 인터뷰 요청에 기꺼이 응해주고 예정에 없던 대화를 위해 귀중한 시간을 아낌없이 내준 것에 진심으로 감사의 마음을 전한다. 그들의 풍부한 지식과 혁신적인 통찰 그리고 삶에 대한 접근법은 나의 사고방식에 지울 수 없는 깊은 영향을 줬다.

반항아들과 연결시켜준 잔니 로렌조니(Gianni Lorenzoni), 샐리 애쉬워스(Sally Ashworth), 개러스 존스(Gareth Johns), 브루노 람보르기니(Bruno Lamborghini), 애비 스워드로우(Avi Swerdlow), 앤서니 아카르도

(Anthony Accardo), 마이크 휠러(Mike Wheeler), 테일러 룩작(Taylor Luczak), 세라 그린 카마이클(Sarah Green Carmichael), 캐슬린 맥긴 등에게도 감사인사를 하고 싶다.

수전 체임벌린(Susan Chamberlain), 리자드 쿠스토비치(Rijad Custovic), 이반 드진타르스(Ivan Dzintars), 아니샤 심슨(Annisha Simpson), 캠 헤이그(Cam Haigh), 레울 테클(Leoul Tekle) 등등 시간의 압박 속에서도 언제나 즐겁게 일해 준 연구 조교들과 사실 확인 담당자들에게 고마움을 표한다. 또한 이 책의 주석을 담당한 제프 스트라본(Jeff Strabone)에게도 고맙다는 말을 하고 싶다. 완벽을 기하느라고 얼마나 고생했을지 능히 짐작되지만, 그는 뛰어난 집중력과 꼼꼼함으로 그 일을 성공적으로 해냈다. 하버드경영대학원 베이커도서관에서 일하는 알렉스 카라쿠조(Alex Caracuzzo), 제프리 크로닌(Jeffrey Cronin), 바버라 에스티(Barbara Esty), 리스 세비어(Rhys Sevier) 등은 뉴욕의 히포드롬 극장의 역사에 관한 것이든 수세기에 걸쳐 다이아몬드를 세공하기 위해 사용되는 기법에 대한 세부 정보든 내가 어떤 자료를 요청하든 마치 마술지팡이를 휘두르듯 어김없이 찾아줬다. 나의 수많은 요청에, 더욱이 이메일 제목에 '마지막 부탁'이라고 뻔뻔하게 말할 때조차도 성심성의껏 응해준 그들에게 진심으로 감사한다. 한편 우리 사무실의 살림꾼 메그 킹(Meg King)으로부터 막대한 도움을 받았다. 그녀는 이 책의 다양한 중간 원고를 인내심을 갖고 읽어줬을 뿐 아니라 내가 아무리 촉박하게 요청해도 넓은 아량과 친절한 마음으로 도와줬다. 메그의 도움이 없었다면 내 삶은 완전한 혼란에 빠졌을 것이다.

나는 최고경영자 과정 수업 중에 이 책의 많은 아이디어를 다듬었다. 내 수업에 참가한 수백 명의 경영자들은 통찰력이 번뜩이는 피드백과 논평을 제공해줬고, 그런 피드백과 논평은 내가 반항적 재능에 대해 배우는 동안 내 생각에 많은 영향을 줬다. 최고경영자 교육 과정에서 경영자들 앞에 설 수 있는 많은 기회를 준 데이비드 에이저(David Ager), 캐시 코틴스(Cathy Cotins), 짐 다우드(Jim Dowd), 팸 핼러건(Pam Hallagan), 데버라 후퍼(Deborah Hooper), 아니 카라지안(Ani Kharajian), 베스 뉴스타트(Beth Neustadt), 칼라 티실러(Carla Tishler)에게 어떤 말로도 갚기 힘든 커다란 빚을 졌다. 또한 강의실에서 내 아이디어를 나눌 수 있는 소중한 기회를 준 하버드경영대학원의 많은 동료 교수들에게도 깊은 감사의 마음을 전한다.

내가 피드백이 필요할 때면 주디스 샤브(Judith Schaab), 카먼 레이놀드(Carmen Reynold), 게리 피사노는 아낌없이 시간을 내어 내 원고를 마지막 한 장까지 꼼꼼하게 읽어줬다. 그들의 시간이 얼마나 귀중한지 잘 알기에, 내 원고가 더욱 완벽해질 방법을 알려주기 위해 시간을 내어준 것에 고마움을 금할 수가 없다. 또한 '시작하는 글' 부분을 셀 수도 없을 만큼 읽고 또 읽어줬으며 매번 내용을 업그레이드할 수 있는 방법에 대한 아이디어를 제공해준 엘리자베스 스위니(Elizabeth Sweeny)에게도 감사한다.

하퍼콜린스 출판사에도 감사인사를 하고 싶은 사람들이 있다. 린 그레이디(Lynn Grady), 벤 스타인버그(Ben Steinberg), 켄드라 뉴턴

(Kendra Newton), 하이디 릭터(Heidi Richter)는 반항적 재능의 비밀을 많은 사람들에게 공유할 수 있는 혁신적인 방법을 찾아냈다.

하버드경영대학원에 내 감사를 받을 사람들이 또 있다. 우리 학과의 연구책임자 테레사 아마빌레(Teresa Amabile), 하버드경영대학원 연구담당 총책임자 잔 리브킨(Jan Rivkin), 하버드경영대학원 학장 니틴 노리아는 내 일에 대한 더없이 든든한 지원군이었다. 지난 몇 년간 내 연구에 대한 그들의 지속적이고 무한한 믿음이 없었다면 그리고 언제나 더 높은 목표를 세우라고 나를 자극했던 조언이 없었다면 이 책은 세상의 빛을 보지 못했을 것이다. 그들만이 아니라 스티브 오도넬(Steve O'Donnell)에게도 특별히 감사하다는 말을 하고 싶다. 내가 예산 지출을 적절히 수위 조절할 수 있도록 스티브는 물심양면으로 도와줬다. 스티브, 올해는 무슨 일이 있어도 예산을 초과하지 않겠다고 약속할게요.

다섯 살이 안 된 세 아이들의 엄마로서 책을 쓴다는 건 결코 쉬운 일이 아니었다. 내가 함께 있어줄 수 없을 때도 아이들이 완벽한 보살핌을 받는다는 사실을 아는 데서 비롯하는 마음의 평화가 없었다면 불가능했을 것이다. 그런 의미에서 세 녀석들을 잘 보살펴준 모든 사람들에게 심심한 사의를 표한다. 특히 우리 가족을 진심으로 아껴주고 우리 집에 달콤함이 흐르게 해준 글렌다 차베즈(Glenda Chavez)와 메나 차베즈(Mena Chavez)에게 감사한다. 또한 학교가 쉬는 날 종종 우리와 함께 시간을 보내며 세 아이를 웃게 해주고 훌륭한 역할 모델이 돼준 자일라 차베즈(Jayla Chavez)에게 이 지면을 빌려 감사의 마음을 전한다.

그리고 사랑하는 엄마, 어떤 말로도 감사한 마음을 표현할 길이 없다. 키워주신 것으로도 모자라 성인이 돼서도 아직 엄마에게 도움을 부탁하다니 얼굴을 들 수가 없다. 딸에게 도움이 된다면 1년에 몇 번이라도 대서양을 건너실 당신의 은혜를 어떻게 갚을 수 있을지. 엄마의 아낌없는 도움이 없었다면 이 책도 없을 것이다. 그리고 소중한 내 가족 다비데(Davide)와 엘리사(Elisa) 그리고 아빠는 아주 많은 시간 엄마를 내게 빌려줬을 뿐 아니라 내 일을 깊이 이해하고 진심으로 지원해주셨다.

이제 마지막으로 내가 감사하고 싶은 가장 중요한 사람이 남았다. 내 환상적인 반쪽 그레그 버드(Greg Burd), 지금까지도 그랬지만 죽는 날까지 남편에게 감사하는 마음을 잃지 않을 것이다. 밤늦게까지 깨어 있는 것부터 우리 대화의 많은 부분을 연구에 대한 아이디어에 할애하는 것까지 이 책을 쓰면서 나는 우리 부부 사이의 많은 규칙을 깨뜨렸다. 당신을 표현하기에 그저 좋은 사람이라는 말로는 어림도 없다. 바다 같은 넓은 마음, 무엇이든 내 프로젝트에 대한 한결같은 응원과 격려, 남편으로서 아빠로서 보여준 관대한 가족애에 깊이 감사한다. 남편은 일이 풀리지 않을 때도 내가 미소를 잃지 않을 수 있는 가장 큰 이유이다. 남편을 만난 것이 얼마나 큰 행운인지 잘 안다. 그리고 우리 부부의 분신인 환상적인 세 반항아들을 볼 때마다 내 행운을 절감한다.

매사추세츠 주 케임브리지에서
프란체스카 지노

주
―

시작하는 글

1. Jane Cramer, "Post—Modena", 2013년 11월 4일자 《The New Yorker》 89, n. 35, www.newyorker.com에서 발췌.

2. 저자와 보투라의 인터뷰, 2016년 6월 7일과 11일; 저자와 Osteria Francescana 직원들과의 인터뷰, 2016년 5월과 6월; 저자가 Osteria Francescana를 방문했을 때, 2016년 7월 26~27일.

1장

1. AZ Quotes에서 발췌, http://www.azquotes.com/quote/1428582(2017년 11월 29일 접속함).

2. David Chandler, 《Campaigns of Napoleon》(New York: Simon & Schuster, 2009년), p. 224.

3. 상동; Andrew Roberts, 《Napoleon the Great》(New York: Penguin, 2015년); Andrew Roberts, 《Napoleon: A Life》(New York: Penguin, 2015년); Alan Forrest, 《Napoleon's Men: The Soldiers of the Revolution and Empire》(London: Hambledon and London, 2002년); Stephanie Jones, Jonathan Gosling, 《나폴레옹에게서 배우는 권력의 리더십(Napoleonic Leadership: A Study in Power)》(Thousand Oaks, CA: SAGE Publications, 2015년). 2017년 여름 저자와 Andrew Roberts의 인터뷰.

4. Ralph Jean—Paul, "Napoleon Bonaparte's Guide to Leadership", 〈Potential2Success〉, http://potential2success.com/napoleonbonaparteleadership. html(2017년 11월 17일 접속함).

5. Will Durant, Ariel Durant, 《문명 이야기(The Story Civilization)》 시리즈 제11

권 《The Age of Napoleon》 (Ashland, OR: Blackstone Audio, 2015년).

6. Francesca Gino, Bradley R. Staats, Brian J. Hall, Tiffany Y. Chang, "The Morning Star Company: Self-Management at Work", Harvard Business School Case 914-013, 2013년 9월(2016년 6월 수정됨).

7. Marco F. H. Schmidt, Lucas P. Butler, Julia Heinz, Michael Tomasello, "Young Children See a Single Action and Infer a Social Norm: Promiscuous Normativity in 3-Year-Old", 〈Psychological Science〉 27, no. 10(2016년) p. 1360-1370.

8. Gary Ferraro, Susan Andreatta, 《Cultural Anthropology: An Applied Perspective》(Belmont, CA: Wadsworth Publishing, 2011년)

9. Walter Lord, 《The Good Years: From 1900 to the First World War》(New York: Harper and Brothers, 1960년)

10. Thorstein Veblen, 《유한계급론(The Theory of the Leisure Class)》, (London: Macmillan, 1965년, 1899년 작).

11. Gibert Roberts, competitive Altruism: From Reciprocity to the Handicap Principle", Proceedings of the Royal Society B: Biological Sciences 256, no. 1394 (1998): 427-431.

12. Amotz Zahavi, Avishag Zahavi, 《The Handicap Principle: A Missing Piece of Darwin's Puzzle》(New York: Oxford University Press, 1997년); Alan Grafen, "Biological Signals as Handicaps", 〈Journal of Theoretical Biology〉, 144(1990년), p. 517-546.

13. Doug Gross, "Zuckerberg's Hoodie Rankles Wall Street", CNN, 2012년 5월 9일, http://www.cnn.com/2012/05/09/tech/social-media/zuckerberg-boodie-wall-street/index.html(2017년 11월 27일 접속함).

14. Francesca Gino, "When Breaking Rules Pays Off: How Nonconforming Behaviors Increase Confidence and Engagement", 연구논문(저자에게 요청할 수 있음).

15. 상동.

16. 상동.

17. Gerben A. Van Kleef, Astrid C. Homan, Catrin Finkenauer, Seval G?ndemir, Eftychia Stamkou, "Breaking The Rules to Rise to Power: How

Norm Violators Gain Power in the Eyes of Others", 〈Social Psychology and Personality Science〉 2, no. 5(2011년), p. 500−507.

18. Adam D. Galinsky, DeborahH. Gruenfeld, Joe C. Magee, "From Power to Action", 〈Journal of Personality and Social Psychology〉 85, no. 3(2003년), p. 453−466.

19. Jacob B. Hirsh, Adam D. Galinsky, Chen−Bo Zhong, "Drunk, Powerful, and in the Dark: How General Processes of Disinhibition Produce Both Prosocial and Antisocial Behavior", 〈Perspectives on Psychological Science〉 6, no. 5(2011년), p. 415−427.

20. Sally D. Farley, "Attaining Status at the Expense of Likeability: Pilfering Power Through Conversational Interruption", 〈Journal of Nonverbal Behavior〉 32, no. 4(2008년), p. 241−260.

2장

1. Raymond Chandler, 《기나긴 이별(The Long Goodbye)》(Boston: Houghton Mifflin, 1954년).

2. Ovul Sezer, Michael I. Norton, Francesca Gino, Kathleen D. Vohs, "Family Rituals Improve the Holidays"에도 소개됨, 〈Journal of the Association for Consumer Research〉 1, no. 4(2016년), p. 509−526.

3. Tami Kim, Ovul Sezer, Juliana Schroeder, Jane Risen, Francesca Gino, Mike Norton, "Group Rituals Increase Likin, Meaning, and Group Effect", 연구논문, 〈Open Science Framework〉(2017년), http://odf.io/xcun3/(2017년 11월 17일 접속함).

4. Derek E. Lyons, Andrew G. Young, Frank C. Keil, "The Hidden Structure of Overimitation", 〈PNAS〉 104, no. 50(2007년), p. 19751−19756.

5. Nicola McGuigan, Jenny Makinson, Andrew Whiten, "From Over−Imitation to Super−Copying: Adults Imitate Casually Irrelevant Aspects of Tool Use with Higher Fidelity Than Young Children", 〈British Journal of Psychology〉 102, no. 1(2011년), p. 1−18.

6. Francesca Gino, "Taking Organizational Processes for Granted: Why Inefficiencies Stick around in Organizations", 연구논문, 2016년(저자에게 요

청할 수 있음).

7. William Samuelson, Richard Zeckhauser, "Status Quo Bias in Decision Making", 〈Journal of Risk and Uncertainty〉 1(1988년), p. 7-59.

8. Daniel Kahneman, Amos Tversky, "Prospect Theory: An Analysis of Decision under Risk", 〈Econometrica〉 47, no. 2(1979년), p. 263-291.

9. 즉흥극 역사를 설명하기 위해 사용된 자료: Keith Johnstone, 《Impro: Improvisation and the Theatre》(London: Routledge, 1987년); Steve Kaplan, 《The Hidden Tools of Comedy: The Serious Business of Being Funny》(Studio City, CA: Michael Wiese Productions, 2013년); Jeffrey Sweet, 《Something Wonderful Right Away: An Oral History of the Second City and The Compass Players》(New York: Limelight Editions, 2004년); Kelly Leonard, Tom Yorton, 《예스, 앤드(Yes, And: How Improvisation Reverses "No But" Thinking and Improves Creativity and Collaboration-Lessons from The Second City)》(New York: HarperBusiness, 2015년).

10. Alfred Edmund Brehm, 《Brehm's Life of Animals: A Complete Natural History for Popular Home Instruction and for the Use of Schools》, 독일어 원서를 R. Schmidtlein이 영어로 번역함(London: Forgotten Books, 2015년, 1864년 작)

11. Wojciech Pisula, 《Curiosty and Information Seeking in Animal and Human Behavior》(Boca Raton, FL: Brown Walker Press, 2009년).

12. Adele Diamond, "Evidence of Robust Recognition Memory Early in Life Even When Assessed by Reaching Behavior", 〈Journal of Experimental Child Psychology〉 59, n. 3(1995년), p. 419-456; Jennifer S. Lipton, Elizabeth S. Spelke, "Origins of Number Sense: Large-Number Discrimination in Human Infants", 〈Psychological Science〉 14, no. 5(2003년), p. 396-401.

13. 구체적으로 말해 그 유전자는 DRD4(Dopamine D4 Receptor, 도파민 D4 수용체) 2R과 7R 대립유전자(DRD4 exon 3 gene alleles 2R and 7R)이다. Joel Lehman, Kenneth O. Stanley, "Abandoning Objectives: Evolution through the Search for Novelty Alone", 〈Evolutionary Computation〉 19, no. 2(2011년), p. 189-223; Wojciech Pisula, Kris Turlejski, Eric Phillip Charles,

"Comparative Psychology as Unified Psychology: The Case of Curiosity and Other Novelty-Related Behavior", 〈Review of General Psychology〉 17, no. 2(2013년), p. 224-229.

14. Gary P. Pisano, Francesca Gino, Bradley R. Staats, "Pal's Sudden Service-Scaling on Organizational Model to Drive Growth", Harvard Business School Case 916-052, 2016년 5월(2017년 3월 수정됨).

15. Bradley R. Staats, Francesca Gino, "Specialization and Variety in Repetitive Tasks: Evidence from a Japanese Bank", 〈Management Science〉 58, no. 6(2012년), p. 1141-1159.

16. Brent A. Mattingly, Gary W. Lewandowski Jr., "The Power of One: Benefits of Individual Self-Expansion", 〈Journal of Positive Psychology〉 8, no. 1(2013년), p. 12-22.

17. Brent A. Mattingly, Gary W. Lewandowski Jr., "An Expanded Self Is a More Capable Self: The Association Between Self-Concept Size and Self-Efficacy", 〈Self and Identity〉 12, no. 6(2013년), p. 621-634.

18. Timothy D. Wilson, David B. Centerbar, Deborah A. Kermer, Daniel T. Gilbert, "The Pleasures of Uncertainty: Prolonging Positive Moods in Ways People Do Not Anticipate", 〈Journal of Personality and Social Psychology〉 88, no. 1(2005년), p. 5-21.

19. 상동

20. Charlotte Reissman, Arthur Aron, Merlynn R. Bergen, "Shared Activities and Marital Satisfaction: Casual Direction and Self-Expansion versus Boredom", 〈Journal of Social and personal Relationship〉 10(1993년), p. 243-254.

21. Kimberley Coulter, John M. Malouff, "Effects of an Intervention Designed to Enhance Romantic Relationship Excitement: A Randomized-Control Trial", 〈Couple and Family Psychology: Research and Practice〉 2, no. 1(2013년), p. 34-44.

22. K. Daniel O'Leary, Bianca P. Acevedo, Arthur Aron, Leonie Huddy, Debra Mashek, "Is Long-Term Love More Than a Rare Phenomenon? If So, What Are Its Correlates?", 〈Social psychology and Personality Science〉 3,

no. 2(2012년), p. 241-249.

23. Irene Tsapelas, Arthur Aron, Terri Orbuch, "Marital Boredom Now Predicts Less Satisfaction 9 Years Later", 〈Psychological Science〉 20(2009년), p. 543-545.

24. Arthur Aron, Christina Norman, Elaine Aron, Colin McKenna, Richard Heyman, "Couples' Shared Participation in Novel and Arousing Activities and Experienced Relationship Quality", 〈Journal of Personality and Social Psychology〉 78(2000년), p. 273-284.

25. Brent A. Mattingly, Gary W. Lewandowski Jr., "Broadening Horizons: Self-Expansion in Relatioal and Nonrelational Contexts", 〈Social and personality psychology Compass〉 8(2014년), p. 30-40; Brent A. Mattingly, Gary W. Lewandowski Jr., "Expanding the Self brick by Brick: Non-Relational Self-Expansion and Self-Concept Size", 〈Social Psychological and Persoanlity Science〉 5(2014년), p. 483-489; Kevin P. McIntyre, Brent A. Mattingly, Gary W. Lewandowski Jr., Annie Simpson, "Workplace Self-Expansion: Implications for Job Satisfaction, Commitment, Self-Concept Clarity and Self-Esteem Among the Employed and Unemployed", 〈Basic and Applied Social psychology〉 36(2014년), p. 59-69.

26. Brent A. Mattingly, Gary W. Lewandowski Jr., "The Power of One: Benefits of Individual Self_Expansion".

3장

1. Leo Hardy, 《Paranormal Investigators 8: Harry Houdini and Sir Arthur Doyle》(New York: Pronoun, 2017년).

2. 〈The Green Book Magazine〉, 1917년 7월호, p. 788.

3. William Kalush, Larry Sloman, 《The Secret Life of Houdini: The Making of America's First Superhero》(New York: Atria Books, 2007년); Hames Randi, Bert Randolph Sugar, 《Houdini: His Life and Art》(New York: Grosset & Dunlap, 1976년); Kenneth Silverman, 《Houdini!!! The Career of Enrich Weiss》(New York: HarperCollins, 1996년); Daniel E. Harmon, "Houdini-The Greatest Showman of All?", 〈New York Times〉, 1981년 11월 1일자, p. D4.

4. Adam Smith, 《Selected Philosophical Writing》, 편집자: James R. Otteson(Exeter, Eng.: Imprint Academic, 2004년).

5. William Kalush, Larry Sloman, 《The Secret Life of Houdini》.

6. Willy Shih, "Ford vs. GM: The Evolution of Mass production(A)", Harvard Business School Case 614-010, 2013년 8월(2013년 11월 수정됨); 저자와 포드 직원들과의 인터뷰, 2016년 5월 4일.

7. National Research Council, 《The Competitive Status of the U.S. Auto Industry: A Study of Influences of Technology in Determining International Industrial Competitive Advantage》(Washington D.C.: National Academies press, 1982년), p. 27.

8. Alison Gopnik, Shaun O'Grady, Christopher G. Lucas 외 다수, "Change in Cognitive Flexibility and Hypothesis Search Across Human Life History from Childhood to Adolescence to Adulthood", 〈PNAS〉 114, no. 30(2017년), p. 7892-7899; Laura E. Schulz, Elizabeth Baraff Bonawitz, "Serious Fun: Preschoolers Engage in More Exploratory Play When Evidence Is Confounded", 〈Developmental Psychology〉 43, no.4(2007년), p. 1045-1050; Maureen A. Callanan, Lisa M. Oakes, "Preschoolers' Questions and Parents' Explanations: Casual Thinking in Everyday Activity", 〈Cognitive Development〉 7, no. 2(1992년), p. 213-233; Alison Gopnik, "Scientific Thinking in Young Children: Theoretical Advances, Empirical Research, and Policy Implications", 〈Science〉 337, no. 6102(2012년), p. 1623-1627; Cristine H. Legare, "The Contributions of Explanation and Exploration to Children's Sclentific Reasoning", 〈Child Development Perspectives〉 8, no. 2(2014년), p. 101-106.

9. Greg Dyke, 《BBC 구하기(Inside Story)》; Georgina Born, 《Uncertain Vision: Birt, Dyke and the Reinvention of the BBC》; Rosabeth M. Kanter, Douglas A. Raymond, "British Broadcasting Corporation(A): One BBC", Harvard Business School Case 303-075, 2003년 2월(2005년 7월 수정됨); Rosabeth M. Kanter, Douglas A. Raymond, "British Broadcasting Corporation(B): Making It Happen", Harvard Business School Case 303-076, 2003년 2월(2005년 7월 수정됨); Peter Killing, Tracey Keys, "Greg Dyke Taking the

Helm at the BBC(A)", IMD Case, IMD-3-1353, 2006년 1월.

10. Rosabeth M. Kanter, 《Confidence: How Winning Streaks and Losing Streaks Begin and End》(New York: Three Rivers Press, 2006년).

11. Alison Wood Brooks, Francesca Gino, Maurice E. Schweitzer, "Smart People Ask for (MY) Advice: Seeking Advice Boosts Perceptions of Competence", 〈Management Science〉 61, no. 6(2015년), p. 1421-1435.

12. Karen Huang, Michael Yeomans, Alison Wood Brooks 외 다수, "It Doesn't Hurt to Ask: Question-Asking Increases Liking", 〈Kournal of Personality and Social Psychology〉 113, no. 3(2017년), p. 430-452.

13. 상동

14. Todd B. Kashdan, Patrick E. McKnight, Frank D. Fincham, Paul Rose, "When Curiosity Breeds Intimacy: Taking Advantage of Intimacy Opportunities and Transforming Boring Conversations", 〈Journal of Personality〉 79(2011년), p. 1067-1099.

15. Todd B. Kashdan, John E. Roberts, "Trait and State Curiosity in the Genesis of Intimacy: Differentiation from Related Constructs", 〈Journal of Social and Clinical Psychology〉 23(2004년), p. 792-816; Todd B. Kashdan, John E. Roberts, "Affective Outcomes and Cognitive Processes in Superficial and Intimate Interactions: Roles of Social Anxiety and Curiosity", 〈Journal of Research in Personality〉 40(2006년), p. 140-167.

16. Todd B. Kashdan, C. Nathan DeWall, Richard S. Pond Jr. 외 다수, "Curiosity Protects Against Interpersonal Aggression: Cross-Sectional, Daily Process, and Behavioral Evidence", 〈Journal of Personality〉 81, no. 1(2013년), p. 87-102.

17. Diane S. Berry, Julie K. Willingham, Christine A. Thayer, "Affect and Personality as Predictors of Conflict and Closeness in Young Adults' Friendships", 〈Journal of Research in Personality〉 34, no. 1(2000년), p. 84-107.

18. Todd B. Kashdan, Michael F. Steger, "Curiosity and Stable and Dynamic Pathways to Wellness: Traits, States, and Everyday Behaviors", 〈Motivation and Emotion〉 31, no. 3(2007년), p. 159-173; Kennon M. Sheldon, Todd

B. Kashdan, Michael F. Steger, 《Designing Positive Psychology: Taking Stock and Moving Forward》(New York: Oxford University Press, 2011년) 중 p. 51-85, Jaak Panksepp, "The Primary Process Affects in Human Development, Happiness, and Thriving".

19. Susan Engel, "Children's Need to Know: Curiosity in Schools", 〈Harvard Education Review〉 81, no. 4(2011년), p. 625-645; Susan Engel, 《호기심의 두 얼굴(The Hungry Mind: The Origins of Curiosity in Childhood)》 (Cambridge: Harvard University Press, 2015년).

20. 저자와의 인터뷰, 2015년 5월.

21. FTN News, "General Manager of the Ritz Carlton Istanbul", https://www.youtube.com.watch?v=jmcQdy4DgdE.(2017년 11월 17일 접속함).

22. Adriano Olivetti, 《La biografia di Valerino Ochetto》(Rome: Edizioni di Comunità, 2013년); Adriano Olivetti, 《Le Fabbriche di Bene》(Rome: Edizioni di Comunitá, 2014년); Pier Giorgio Perotto, 《P101: Quando l'Italia invento il personal computer》(Rome: Edizioni di Comunitá, 2015년); 저자와 Olivetti의 CEO Riccardo Delleani와의 인터뷰, 2017년 5월 17일; 저자와 Bruno Lamborghini와의 인터뷰, 2017년 5월 17일.

23. James G. March, "Exploration and Exploitation in Organizational Learning", 〈Organization Science〉 2, no. 1(1991년), p. 71-87.

24. Morten T. Hansen, "IDEO CEO Tim Brown: T-Shaped Stars: The Backbone of IDEO's Collaborative Culture", 〈Chief Executive〉, 2010년 1월 21일자, https://chiefexecutive.net/ideo-ceo-tim-brown-t-shaped-stars-the-backbone-of-ideoaes-collaborative-culture_trashed/(2017년 11월 28일 접속함); Haluk Demirkan, Jim Spohrer, "T-Shaped Innovators: Identifying the Right Talent to Support Service innovation", 〈Research-Technology Management〉 58, no. 5(2015년), p. 12-15.

25. Spencer Harrison, "Organizing the Cat? Generative Aspects of Curiosity in Organizational Life", Gretchen M. Spreitzer, Kim S. Cameron, 《The Oxford Handbook of Positive Organizational Scholarship》(Oxford: Oxford University Press, 2011년) 중에서.

26. Lydia Paine Hagtvedt, Karyn Dossinger, Spencer Harrison, "Curiosity

Enabled the Cat: Curiosity as a Driver of Creativity", 〈Academy of Management Proceedings〉 (2016년), p. 13231; 연구논문.

27. Spencer Harrison, David M. Sluss, Blake E. Ashforth, "Curiosity Adapted the Cat: The Role of Trait Curiosity in Newcomer Adaptation", 〈Journal of Applied Psychology〉 96, no. 1(2011년), p. 211?220.

28. 구글의 People Innovation Lab에서 일하는 Jennifer Kurkoski, Jessica Wisdom 과의 인터뷰, 2015년 5월과 8월; Saman Musacchio, "What Google's Genius Billboard from 2004 Can Teach Us About Solving Problems" 〈Business Insider〉, July 22, 2011년 7월 22일자, http://www.businessinsider.com/what-google-can-teach-us-about-solving-problems-2011-7(2017년 11월 17일 접속함).

29. Scott Simon, "Solve the Equation, Get an Interview," 〈National Public Radio〉, 2004년 10월 9일 방송, https://www.npr.org/2004/10/09/4078172/solve-the-equation-get-an-interview(2017년 11월 28일 접속함).

30. 궁금한 사람들을 위해 정답을 알려주겠다. 12시가 지나면 분침이 시침보다 앞서 간다. 분침이 한 바퀴를 돌아 다시 12를 가리키면, 즉 1시간이 흘러 1시가 되면 시침은 숫자 1을 가리킨다. 5분 후 분침이 숫자 1에 도달해서 거의 시침과 겹쳐 지지만 완벽히 겹쳐지지는 않는다. 5분 동안 시침이 아주 조금 앞으로 움직였기 때문이다. 따라서 12시 이후에 시침과 분침이 정확히 겹쳐지는 시간은 1시 5분 이 조금 지났을 때다. 마찬가지 방식으로 분침이 시침 위에 완벽히 겹치는 시간 은 2시 10분이 조금 지나서이고, 그다음에는 3시 15분, 4시 20분이 조금 지난 뒤에 분침과 시침이 겹쳐진다. 그런 식으로 11번째로 겹치는 시간은 11시 55분 이 조금 지난 뒤, 정확히 말해 12시이다. 따라서 시침과 분침은 12시간 동안 정 확히 12번 겹쳐진다. 퍼즐의 두 번째 문항에 대한 답을 구하는 과정은 조금 더 복잡하다. 매 시간 몇 분을 더해야 할지 찾아내야 한다. 12시 후에는 분침과 시 침이 11번 겹쳐지고 또한 시침과 분침 각각은 일정한 속도로 움직이므로 1시간 의 11분의 1만큼 떨어져 있다. 공식으로 표현하면 $60 \div 11 = 5.454545$이다. 그리 고 5.454545분 떨어져 있으므로 실제로 추가해야 하는 시간은 0.454545이다. 이제 정답을 정리해보자. 매시간에 시침과 분침이 정확히 겹쳐지는 시간은, $1 + 1/11$, $2 + 2/11$, $3 + 3/11$ ……$11 + 11/11$이다. 당연히 마지막은 12시이다.

31. Jeremy Caplan, "Google's Chief Looks Ahead", 〈Time〉, 2006년 10월 2일자.

32. "Cognitive Switch: What Employers Can Do to Encourage Their Workers to Retrain", 〈The Economist〉, 2017년 1월 14일자, https://www.economist.com/news/special-report/21714171-companies-are-embracing-learning-core-skill-what-employers-can-do-encourage-their(2017년 11월 28일 접속함).

33. Robin Hornik, Nancy Risenhoover, Megan Gunnar, "The Effects of Maternal Positive, Neutral, and Negative Affective Communications on Infant Responses to New Toys", 〈Child Development〉 58, no. 4(1987년), p. 934-944; Susan C. Crockenberg, Esther M. Leerkes, "Infant and Maternal Behaviors Regulate Infant Reactivity to Novelty at 6 Months", 〈Developmental Psychology〉 40, no. 6(2004년), p. 1123-1132; Robert Siegler, Nancy Eisenberg, Judy DeLoache, Jenny Saffran, 《How Children Develop》 4th ed. (New York: Worth Publishers, 2014년).

34. Amy Edmondson, "Psychological Safety and Learning Behavior in Work Teams", 〈Administrative Science Quarterly〉 44, no. 2(1999년), p. 350-383.

35. Satya Nadella, Jill Tracie Nichols, 《히트 리프레시(Hit Refresh: The Quest to Rediscover Microsoft's Soul and Imagine a Better Future for Everyone)》 (New York: HarperBusiness 2017년).

36. Ed Catmull, "How Pixar Fosters Collective Creativity", 〈Harvard Business Review〉, 2008년 9월호, https://hbr.org/2008/09/how-pixar-fosters-collective-creativity(2017년 11월 28일 접속함).

37. 저자와 Spencer Harrison과의 인터뷰, 2017년 3월 17일.

38. Lydia Paine Hagtvedt, Karyn Dossinger, Spencer Harrison, "Curiosity Enabled the Cat: Curiosity as a Driver of Creativity", 〈Academy of Management Proceedings〉(2016년), p. 13231; 연구논문.

39. Victoria Moore, "The Yorkshire Man Who Taught Houdini to Make an Elephant Disappear", 〈Daily Mail〉, 2007년 7월 31일자, http://www.dailymail.co.uk/news/article-471954/The-Yorkshire-man-taught-Houdini-make-elephant-disappear.html(2017년 11월 17일 접속함)

4장

1. Cheskey B. Sullenbergr III, Jeffrey Zaslow, 《설리 허드슨 강의 기적(Highest Duty: My Search for What Really Matters)》(New York: Milliam Morrow, 2009년).

2. 저자와 Sullenberger와의 인터뷰, 2017년 4월 25일; Cheskey B. Sullenbergr III, Jeffrey Zaslow, 《설리 허드슨 강의 기적》; Chesley B. Sullenberger III, Douglas Century, 《Making a Difference: Stories of Vision and Courage from America's Leaders》(New York: William Morrow, 2012년); National Transportation Safety Board, Aircraft Accident Report, 2010년 5월 4일 채택됨, https://www.ntsb.gov/investigations/Accidentreports/Reports/AAR1003.pdf(2017년 11월 28일 접속함).

3. Cheskey B. Sullenbergr III, Jeffrey Zaslow, 《설리 허드슨 강의 기적》, p. 209.

4. "Cactus"는 US Airways 소속 항공기들의 무선호출부호다. US Airways는 America West Airlines와 합병한 후에 그 번호를 선택했다.

5. 저자와 Sullenberger와의 인터뷰, 2017년 4월 25일.

6. Giora Keinan, Nehemia Friedland, Yossef Ben-Porath, "Decision-Making Under Stress: Scanning of Alternatives Under Physical Threat", 〈Acta psychologica〉 64, no. 3(1987년), p. 219-228.

7. Ting Zhang, Francesca Gino, Joshua Margolis, "Does 'Could' Lead to Good? On the Road to Moral Insight", 〈Academy of Management Journal〉(2018년, 발행 예정).

8. 상동.

9. 저자와 Boston 소재 한 대형 병원에 근무하는 외과 의사 3명과의 인터뷰, 2015년 4~5월.

10. Susan Mayor, "Doug Eluting Stents Are Safe for Licensed Indications, FDA Panel Says", 〈BMJ〉 333, no. 7581, p. 1235.

11. Bradley R. Staats, Diwas S. KC, Francesca Gino, "Maintaining Beliefs in the Face of Negative News: The Moderating Role of Experience", 〈Management Science〉(2017년).

12. Carl Von Wodtke, "The 'Miracle on the Hudson' Was No Miracle: It Was the Culmination of a 35-Year Military and Airline Flying Career", 〈History

Net〉, 2016년 9월 7일자, http://www.historynet.com/sully-speaks-out.htm(2017년 11월 28일 접속함).

13. 저자와 Sullenberger와의 인터뷰, 2017년 4월 25일.

14. Ruth Kanfer, Phillip L. Ackerman, "Motivation and Cognitive Abilities: An Integrative/Aptitude-Treatment Interaction Approach to Skill Acquisition", 〈Journal of Applied Psychology〉 74, no. 4(1989년), p. 657-690.

15. Don VandeWalle, Steven P. Brown, William L. Cron, John W. Slocum, Jr., "The Influence of Goal orientation and Self-Regulation Tactics on Sales Performance: A Longitudinal Field Test", 〈Journal of Applied Psychology〉 84, no. 2(1999년), p. 249-259.

16. Bradley R. Staats, Diwas S. KC, Francesca Gino, "Maintaining Beliefs in the Face of Negative News: The Moderating Role of Experience".

17. Adam D. Galinsky, Joe C. Magee, M. Ena Inesi, Deborah H. Gruenfeld, "Power and Perspectives Not Taken", 〈Psychological Science〉 17, no. 12(2006년), p. 1068-1074.

18. Leigh Plunkett Tost, Francesca Gino, Richard P. Larrick, "Power, Competitiveness, and Advice Taking: Why the Powerful Don't Listen", 〈Organizational Behavior and Human Decision Processes〉 117, no. 1(2012년), p. 53-65.

19. Leigh Plunkett Tost, Francesca Gino, Richard P. Larrick, "When Power Makes Others Speechless: The Negative Impact of Leader Power on Team Performance", 〈Academy of Management Journal〉 56, no. 5(2013년), p. 1465-1486.

20. Deborah Britt Roebuck, 《Communication Strategies for Today's Managerial Leader》(Cambridge, MA: Business Expert Press, 2012년).

21. Juliana L. Stone, Emma-Louise Aveling, Molly Frean 외 다수, "Effective Leadership of Surgical Teams: A Mixed Methods Study of Surgeon Behaviors and Functions", 〈The Annals of Thoracic Surgery〉 104, no. 2(2017년), p. 530-537.

22. Amy C. Edmondson, "Speaking Up in the Operating Room: How Team Leaders promote Learning in Interdisciplinary Action Teams", 〈Journal of

Management Studies〉 40(2003년), p. 1419-1452.

23. 저자와 Sullenberger와의 인터뷰, 2017년 4월 25일.

24. 저자와 Giuseppe Palmieri와의 인터뷰, 2016년 7월 7일.

25. Daniel Gilbert, "I'm O.K., You're Biased", 〈New York Times〉, 2006년 4월 16일자, http://www.hytimes.com/2006/04/16/opinion/im-ok-youre-biased.html(2017년 11월 28일 접속함).

26. Peter H. Ditto, David F. Lopez, "Motivated Skepticism: Use of Differential Decision Criteria for Preferred and Nonpreferred Conclusions", 〈Journal of Personality and Social Psychology〉 63, no. 4(1992년), p. 568-584.

27. 상동.

28. Hal Ersner-Hershfield, Adam D. Galinsky, Laura J. Kray, Brayden G. King, "Company, Country, Connections: Counterfactual Origins Increase Organizational Commitment, Patriotism, Social Investment", 〈Psychological Science〉 21, no. 10(2010년), p. 1478-1486.

29. Rachel Smallman, Neal J. Roese, "Counterfactual Thinking Facilitates Behavioral Intentions", 〈Journal of Experimental Social Psychology〉 45, no. 4(2009년), p. 845-852.

30. Laura J. Kray, Adam D. Galinsky, "The Debiasing Effect of Counterfactual Mind-Sets: Increasing the Search for Disconfirmatory Information in Group Decisions", 〈Organizational Behavior and Human Decision Processes〉 91, no. 1(2003년), p. 69-81.

31. Laura J. Kray, Linda G. George, Katie A. Liljenquist 외 다수, "From What Might Have Been to What Must Have Been: Counterfacrtual Thinking Creates Meaning", 〈Journal of Personality and Social Psychology〉 98(2010년), p. 106-118.

32. 상동.

33. Ting Zhang, Tami Kim, Alison Wood Brooks 외 다수, "A 'Present' for the Future: The Unexpected Value of Rediscover", 〈Psychological Science〉 25, no. 10(2014년), p. 1851-1860.

34. Ting Zhang, "Back to the beginning: How rediscovering inexperience helps experts advice novices", 연구논문, 2017년(저자에게 요청할 수 있음).

35. Thomas W. Overton, James E. Shigley, "A History of Diamond Treatments", Roman Grynberg, Letsema Mbayi, 《The Global Diamond Industry: Economics and Development》 vol. 2(Basingstoke, UK: Palgrave Macmillan, 2015년)에서.

36. Karim R. Lakhani, "InnoCentive.com(A)", Harvard Business School Case 609-170, 2008년 6월(2009년 10월 수정됨).

37. Ben Schneiderman, 《The New ABCs of Research: Achieving Breakthrough Collaborations》(Oxford: Oxford University Press, 2016년 출간), p. 134.

38. Thomas M. Koulopoulos, 《혁신의 탄생(The Innovation Zone: How Great Companies Re-Innovate for Amazing Success)》(Mountain View, CA: Nicholas Breale, 2011년), p. 97.

39. Karim R. Lakhani, Lars Bo Jeppesen, Peter A. Lohse, Jill A. Panetta, "The Value of Openness in Scientific Problem Solving", 〈Harvard Business School Working Paper〉 No. 07-050, p. 11, http://www.하버드경영대학원.edu/faculty/Publication%20Files/07-050.pdf(2017년 11월 17일 접속함)

40. Oguz Ali Acar, Jan van den Ende, "Knowledge Distance, Cognitive-Search Processes, and Creativity: The Making of Winning Solutions in Science Contests", 〈Psychological Science〉 27, no. 5(2016년), p. 692-699.

41. Teresa Garcia-Marques, Diane M. Mackie, "The Feeling of Familiarity as a Regulator of Persuasive Processing", 〈Social Cognition〉 19, no. 1(2001년), p. 9-34; Arie W. Kruglanski, "Lay Epistemo-Logic-Process and Contents: Another Look at Attribution Theory", 〈Psychological Review〉 87, no. 1(1980년), p. 70-87; Charlan Jeanne Nemeth, "Differential Contributions of Majority and Minority Influence", 〈Psychological Review〉 93, no. 1(1986년), p. 23-32; Claudia Toma, Fabrizio Butera, "Hidden profiles and Use in the Group Decision Making", 〈Personality and Social Psychology Bulletin〉 35, no. 6(2009년), p. 793-806.

42. Asli Çekmiş, and Hacıhasanoğlu, "Water Crossing Utopias of Istanbul: Past and Future", 〈ITU Journal of the Faculty of Architecture〉 9, no. 2(2012년), p. 67-88; Walter Isaacson, 《Leonardo da Vinci》(New York: Simon & Schuster, 2017년).

43. Doug Mellgren, "Da Vinci Comes to Life 500 Years On", 〈The Guardian〉, 2001년 11월 1일자, https://www.theguardian.com/world/2001/nov/01/engineering. internationaleducationnews(2017년 11월 17일 접속함).

44. 저자와 Osteria Francescana 직원들과의 인터뷰, 2016년 7월 26–27일.

45. Tenelle Porter, Katrina Schumann, "Intellectual Humility and Openness to the Opposing View", 〈Self and Identity〉(2017년), p. 1–24.

46. 저자와 Osteria Francescana 직원들과의 인터뷰, 2016년 7월 26–27일.

47. Ethan Kross, Igor Grossmann, "Boosting Wisdom: Distance from the Self Enhances Wise Reasoning, Attitudes, and Behavior", 〈Journal of Experimental Psychology〉 141, no. 1(2012년), p. 43–48.

5장

1. George Bernard Shaw, 《피그말리온(Pygmalion: A Romance in Five Acts)》 (new York: Penguin Books, 1957년).

2. 저자와 Tendo Nagenda와의 인터뷰, 2017년 11월 8일; 저자와 Avi Swerdlow와의 인터뷰, 2017년 11월 3일; Katherine Schaffstall, "Ava DuVernay Unsure How 'Wrinkle in Time' Will Be Received", 〈Hollywood Reporter〉, 2017년 10월 9일자, https://www.hollywoodreporter.com/news/ava-duvernay-unsure-how-wrinkle-time-will-be-received-new-yorker-festival-2017-1046858(2017년 11월 28일 접속함; Kristal Brent Zook, "Queen Ava", 〈Essence〉, 2017년 3월 1일자, https://www.questia.com/magazine/1P3-4318030261/queen-ava(2017년 11월 28일 접속함); Dale Row, "'Selma' Director Talks Motivations, Revelations", 〈Austin American-Statesman〉, 2015년 3월 15일자; Loren King, "Ava DuVernay's March: 'Selma' Director Could Make History, Becoming the First African-American Woman to Get an Oscar Nod for Directing", 〈Boston Globe〉, 2015년 1월 4일자; Manohla Dargis, "She Had a Dream: How This Woman Brought Martin Luther King's Epic Story to the Big Screen", 〈Observer〉, 2014년 12월 14일자; Joelle Monique, "Ava DuVernay on Walking into a Room 'Like a White Man'", 〈Vice〉, 2017년 7월 6일자; Brittany Jones-Cooper, "Ava DuVernay Shares the Perks of Being a Red-Hot Director in Hollywood", 〈Yahoo

Finance〉, 2017년 10월 4일자; Ashley Lee, "Ava DuVernay's Advice on Hollywood: 'Follow the White Guys, They've Got This Thing Wired'", 〈Hollywood Reporter〉, 2015년 7월 18일; Arianna Davis, "How Oprah & Ava DuVernay's Queen Sugar Has Transformed TV", 〈Refinery29〉, 2017년 6월 19일자.

3. 심리학에서 이것은 '암묵적 연상검사(Implicit Association Test, IAT)'라고 불린다. 더 자세히 알고 싶다면 그 검사를 맨 처음 소개한 논문을 참조하라: Anthony G. Greenwald, Debbie E. McGhee, Jordan L. K. Schwartz, "Measuring Individual Differences in Implicit Cognition: The Implicit Association Test", 〈Journal of Personality and Social Psychology〉 74, no. 6(1998년), p. 1464–1480.

4. Gary D. Levy, Robert A. Haaf, "Detection of Gender–Related Categories by 10–Month–Old Infants", 〈Infant Behavior and Development〉 17, no. 4(1999년), p. 457–450.

5. Mary Driver Leinbach, Barbara E. Hort, Beverly I. Fagot, "Bears Are Boys: Metaphorical Associations in Young Children's Gender Stereotypes", 〈Cognitive Development〉 12, no. 1(1997년), p. 107–130; Marsha Weinraub, Lynda P. Clemens, Alan Sockloff 외 다수, "The Development of Sex Role Stereotypes in the Third Year: Relationships to Gender Labeling, Gender Identity, Sex–Typed Toy Preference, and Family Characteristics", 〈Child Development〉 55, no. 4(1984년), p. 1493–1503.

6. Cindy Faith Miller, Leah E. Lurye, Kristina M. Zosuls, Diane N. Ruble, "Accessibility of Gender Stereotype Domains: Developmental and Gender Differences in Children", 〈Sex Roles〉 60, nos. 11–12(2009년), p. 870–881.

7. William G. Graziano, Jennifer Weisho Bruce, "Attraction and Initiation of Relationships: A Review of the Empirical Literature", Susan Sprecher, Amy Wenzel, John H. Harvey, 《Handbook of Relationship Initiation》(New York: Psychology Press, 2008년) 중에서; Miller McPherson, Lynn Smith–Lovin, James M. Cook, "Birds of a Feather: Homophily in Social Networks", 〈Annual Review of Sociology〉 27(2001년), p. 415–444.

8. Angela J. Bahns, Christian S. Crandall, Omri Gillath, Kristopher J.

Preacher, "Similarity in Relationships as Niche Construction: Choice, Stability, and Influence Within Dyads in a Free Choice Environment", 〈Journal of Personality and Social Psychology〉 112, no. 2(2017년), p. 329–355; Silke Anders, Roos de Jong, Christian Beck, John-Dylan Haynes, Thomas Ethofer, "A Neural Link Between Affective Understanding and Interpersonal Attraction", 〈PNAS〉 113, no. 16(2016년), p. E2248–E2257.

9. Laurie A. Rudman, Peter Glick, "Perspective Gender Stereotypes and Backlash Toward Agentic Women", 〈Journal of Social Issues〉 57, no. 4(2001년), p. 743–762; Laurie A. Rudman, Peter Glick, "Feminized Management and Backlash Toward Agentic Women: The Hidden Costs to Women of a Kinder, Gentler Image of Middle-Managers", 〈Journal of Personality and Social Psychology〉 77, no. 5(1999년), p. 1004–1010.

10. Madeline E. Heilman, Aaron S. Wallen, Daniella Fuchs, Melinda M. Tamkis, "Penalties for Success: Reactions to Women Who Succeed at Male Gender-Types Tasks", 〈Journal of Applied Psychology〉 89, no. 3(2004년), p. 416–427.

11. Alice Hendrickson Eagly, Linda Lorene Carli, 《Through the Labyrinth: The Truth about How Women Become Leaders》(Cambridge, MA: Harvard Business Review Press, 2007년), p. 102.

12. China Gorman, "Why Diverse Organizations Perform Better: Do We Still Need Evidence?", 〈Great Place to Work〉, 2015년 2월 18일자, https://www.greatplacetowork.com/blog/238-why-diverse-organizations-perform-better-do-we-still-need-evidence(2017년 11월 17일 접속함); Vivian Hunt, Dennis Layton, Sara Prince, "Why Diversity Matters", McKinsey & Company, 2015년 1월, http://www.mckinsey.com/business-functions/organization/our-insights/why-diversity-matters#0 (2017년 11월 17일 접속함).

13. Lois Joy, Nancy M. Carter, Harvey M. Wagner, Sriram Narayanan, "The Bottom Line: Corporate Performance and Women's Representation on Boards", 〈Catalyst〉, 2007년 10월 15일자, http://www.catalyst.org/knowledge/bottom-line-corporate-performance-and-womens-representation-

boards (2017년 11월 17일 접속함).

14. Organization for Economic Cooperation and Development(OECD), "Gender Equality in Education, Employment and Entrepreneurship: Final Report to the MCM 2012", p. 17, http://www.oecd.org/employment/50423364.pdf(2017년 11월 17일 접속함); Stephan Klasen, Francesca Lamanna, "The Impact of Gender Inequality in Education and Employment on Economic Growth: New Evidence for a Panel of Countries", 〈Feminist Economics〉 15, no. 3(2009년), p. 91–132.

15. Anu Madgavkar, Kweilin Ellingrude, Mekala Krishnan, "The Economic Benefits of Gender Parity", 〈Stanford Social Innovation Review〉, 2016년 3월 8일자, http://ssir.org/articles/entry/the_economic_benefits_of_gender_parity(2017년 11월 17일 접속함).

16. Susan Ware, 《Holding Their Own: American Women in 1930s》(Boston: Twayne, 1982년 출간).

17. David Neumark, Roy J. Bank, Kyle D. Van Nort, "Sex Discrimination in Restaurant Hiring: An Audit Study", 〈Quarterly Journal of Economics〉 111. no. 3(1996년), p. 915–941.

18. Kieran Snyder, "The Abrasiveness Trap: High-Achieving Man and Women Are Described Differently in Reviews", 〈Fortune〉, 2014년 8월 26일자, http://fortune.com/2012/08/26/performance-review-gender-bias(2017년 11월 11일 접속함).

19. Ann Branigar Hopkins, 《So Ordered: Making Partner the Hard Way》(Amherst: University of Massachusetts Press, 1996년); Joseph L. Badaracco Jr. Ilyse Barkan, "Ann Hopkins(A)", Harvard Business School Case 391–155, 1991년 2월(2001년 8월 수정됨); Joseph L. Badaracco Jr., Ilyse Barkan, "Ann Hopkins(B)", Harvard Business School Supplement 391–170, 1991년 3월(2001년 7월 수정됨).

20. Arnie Cann, William D. Siegfried, "Gender Stereotypes and Dimensions of Effective Leader Behavior", 〈Sex Roles〉 23, nos 7–8(1990년), p. 413–419.

21. Heather Sarsons, "Gender Differences in Recognition for Group Work", 연구논문, 2017년 11월 4일, https://scholar.harvard.edu/files/sarsons/files/

full_v6.pdf(2017년 11월 17일 접속함).

22. Victoria L. Brescoll, "Who Talks the Floor and Why: Gender, Power, Volubility in Organizations", 〈Administrative Science Quarterly〉 56, no. 4(2012년), p. 622-641.

23. Victoria L. Brescoll, Eric Luis Uhlmann, "Can an Angry Woman Get Ahead? Status Conferral, Gender, and Expression of Emotion in the Workplace:, 〈Psychological Science〉 19, no. (2008년), p. 268-275.

24. Steven J. Spencer, Christine Logel, paul G. Davies, "Stereotype Threat", 〈Annual Review of Psychology〉 67(2016년), p. 415-437; Steven J. Spencer, Claude M. Steele, Diane M. Quinn, "Stereotype Threat and Women's Math Performance", 〈Journal of Experimental Social Psychology〉 35, no. 1(1999년), p. 4-28.

25. Laura J. Kray, Aiwa Shirako, "Stereotype Threat in Organizations: An Examination of Its Scope, Triggers, and Possible Interventions", Michael Inzlicht, Toni Schmader, 《Stereotype Threat: Theory, Process, and Applications》(New York: Oxford University Press, 2012년) 중에서 p. 173-187.

26. Martina Amanzio, Fabrizio Benedetti, "Neuropharmacological Dissection of Placebo Analgesia: Expectation-Activated Opioid Systems versus Conditioning-Activated Specific Subsystems", 〈Journal of Neuroscience〉 19, no. 1(1999년), p. 484-494.

27. Robert Rosenthal, Lenore Jacobson, 《피그말리온 효과: 기대와 칭찬의 힘 (Pygmalion in the Classroom: Teacher Expectation and Pupils' Intellectual Development)》(New York: Holt, Reinhart and Winston, 1968년).

28. Alison Wood Brooks, "Get Excited: Reappraising Pre-Performance Anxiety as Excitement", 〈Journal of Experimental Psychology: General〉 143, no. 3(2014년 6월), p. 1144-1158.

29. Shanti Sosienski, 《Women Who Run》(Berkeley, CA: Seal Press, 2006년); Tom Derderian, 《Boston Marathon: The History of World's Premier Running Event》(Champaign, IL: Human Kinetics Publishers, 1996년); Bobbi Gibb, 《Wind in the Fire: A Personal Journey》(Boston: Institute of

Natural Systems Press, 2012년).

30. Kathleen L. McGinn, Mayra Ruiz Castro, Elizabeth Long Lingo, "Mums the Word! Cross-National Effects of Maternal Employment on Gender Inequalities at Work and at Home", Harvard Business School Working Paper, No. 15-094, 2015년 6월(2015년 7월 수정됨).

31. Jia Tolentino, "Harvey Weinstein and Impunity of Powerful Men", 〈New Yorker〉, 2017년 10월 30일자.

32. 저자와 Deutsche Bank 직원들과의 인터뷰, 2013년 2월과 3월.

33. Cristian L. Dezs?, David Gaddis Ross, "Does Female Representation in Top Management Improve Firm Performance? A Panel Data Investigation", Robert H. Smith School Research Paper No. RHS 06-104, 2011년 3월 9일, https://papers.ssrn.com/sol3/papers.cfm?abstract_id=1088182(2017년 11월 17일 접속함).

34. Dan Ariely(Duke University)과 Evelyn Gosnell과의 공동연구가 현재 진행 중.

35. Adam D. Galinsky, Andrew R. Todd, Astrid C. Homan 외 다수, "Maximizing the Gains and Minimizing the Pains of Diversity: A Policy Perspective", 〈Perspectives on Psychological Science〉 10, no. 6(2015년), p. 742-748.

36. Cedric Herring, "Does Diversity Pay?: Race, Gender, the Business Case for Diversity", 〈American Sociological Review〉 74, no. 2(2009년), p. 208-224.

37. Katrin Talke, Søren Salomo, Alexander Kock, "Top Management Team Diversity and Strategic Innovation Orientation: The Relationship and Consequences for Innovativeness and Performance", 〈Journal of Product Innovation Management〉 28, no. 6(2011년), p. 819-832.

38. Dean Keith Simonton, "Foreign Influence and National Achievement: The Impact of Open Milieus on Japanese Civilization", 〈Journal of Personality and Social Psychology〉 72(1997년), p. 86-94.

39. Nathan Eagle, Michael Macy, Rob Claxton, "Network Diversity and Economic Development", 〈Science〉 328, no. 5981(2010년0, p. 1029-1031.

40. Gianmarco I. P. Ottaviano, Giovanni Peri, "The Economic Value of Cultural Diversity: Evidence from US Cities", 〈Journal of Economic Geography〉 6(2006년), p. 9-44.

41. Sheen S. Levine, Evan P. Apfelbaum, Mark Bernard 외 다수, "Ethnic Diversity Deflates Price Bubbles", 〈Proceedings of National Academy of Sciences〉 111, no. 52(2014년), p. 18524–18529.

42. Katherine W. Phillips, Karie A. Liljenquist, Margaret A. Neale, "Is the Pain Worth the Gain? The Advantages and Liabilities of Agreeing with Socially Distinct Newcomers", 〈Personality and Social Psychology Bulletin〉 35, no. 3(2009년), p. 336–350.

43. Ralph Hertwig, Stefan M. Herzog, Lael J. Schooler, Torsten Reimer, "Fluency Heuristic: A Model of How the Mind Exploits a By-Product of Information Retrieval", 〈Journal of Experimental Psychology: Learning, Memory, and Cognition〉 34, no. 5(2008년), p. 1191–1206.

44. Geoffrey L. Cohen, Julio Garcia, "Identity, Belonging, and Achievement: A Model, Interventions, Implications", 〈Current Directions in Psychological Science〉 17, no. 6(2008년), p. 365–369.

45. Danielle Gaucher, Justin Friesen, Aaron C. Kay, "Evidence That Gendered Wording in Job Advertisements Exists and Sustains Gender Inequality", 〈Journal of Personality and Social Psychology〉 101, no. 1(2011년), p. 109–128.

46. Valerie Purdie-Vaughns, Claude M. Steele, Paul G. Davies 외 다수, "Social Identity Contingencies: How Diversity Ques Signal Threat or Safety for African Americans in Mainstream Institutions", 〈Journal of Personality and Social Psychology〉 94, no. 4(2008sus), p. 613–630; Steven J. Spencer, Christine Logel, Paul G. Davies, "Stereotype Threat", 〈Annual Review of Psychology〉 67(2016년), p. 415–437.

47. David M. Marx, Jasmin S. Roman, "Female Role Models: Protecting Women's Math Test Performance", 〈Personality and Social Psychology Bulletin〉 28, no. 9(2002년), p. 1183–1193.

48. Robert B. Lount Jr., Oliver J. Sheldon, Floor Rink, Katherine W. Phillips, "Biased Perceptions of Racially Diverse Team and Their Consequences for Resource Support", 〈Organization Science〉 26, no. 5(2015년), p. 1351–1364.

49. Maria Triana, 《Managing Diversity in Organizations: Global Perspective》 (New York: Routledge, 2017년), p. 15; National Basketball Association, "NBA Tips Off 2013-2014 Season with Record International Player Presence", 〈NBA Global〉, 2013년 10월 29일자, http://www.nba.com/global/ nba_tips_off_201314_season_with_record_international_player_presence- 2013_10_29.html(2017년 11월 29일 접속함).

50. Katherine W. Phillips, Gregory B. Northcraft, Margaret A. Neale, "Surface-Level Diversity and Decision-Making in Groups: When Does Deep-Level Similarity Help?", 〈Group Presences & Intergroup Relations〉 9, no. 4(2006년), p. 467-482.

51. Denise Lewin Loyd, Cynthia S. Wang, Katherine W. Phillips, Robert B. Lount Jr., "Social Category Diversity Promotes Premeeting Elaboration: The Role of Relationship Focus", 〈Organization Science〉 24, no. 3(2013년), p. 757-772.

52. 상동; Samuel R. Sommers, Lindsey S. Warp, Corrine C. Mahoney, "Cognitive Effects of Racial Diversity: White Individuals' Information Processing in Heterogeneous Groups", 〈Journal of Experimental Social Psychology〉 44, no. 4(2008년), p. 1129-1136.

53. University of Virginia의 Martin Davidson 교수가 실시한 연구를 보면, 다양성에 관한 전통적인 관리법에 의존하는 조직들은 대체로 비효율적인 반면, 다양성에서 비롯하는 차이를 활용하는 데 초점을 맞추는 조직들은 장기적으로 볼 때 더 성공적이다. 참고문헌: Martin N. Davidson, 《The End of Diversity as We Know It. Why Diversity Efforts Fail and How Leveraging Difference Can Succeed》(Oakland, CA: Berrett-Koehler Publishing, 2011년 출간)

54. Steve Lee, "Time Reveals 'Firsts: Women Who Are Changing the World', a New Multimedia Project", 〈LGBT Weekly〉, http://lgbtweekly.com/2017/09/07/ time-reveals-firsts-women-who-are-changing-the-world-a-new- multimedia-project(2017년 11월 28일 접속함).

6장

1. Nathaniel Hawthorne, 《주홍글씨(The Scarlet Letter)》(Cambridge, MA: Harvard

University Press, 2009년).

2. Ira Berkow, 《Autumns in the Garden(The Coach of Camelot and Other Knicks Stories》(Chicago: Triumph Books, 2013년). 노래 동영상: https://www.youtube.com/watch?v=q4880PJnO2E.

3. Ira Berkow, "Proper Praise for Cheeks's Saving Grace", 〈New York Times〉, 2003년 5월 11일자, http://www.nytimes.com/2003/05/11/sports/sports-of-the-times-proper-praise-for-cheeks-s-saving-grace.html

4. Elizabeth McGarr, "Natalie Gilbert", 〈Sports Illustrated〉, 2010년 8월 2일, https://www.si.com/vault/1969/12/31/105967059/natalie-gilbert(2017년 11월 17일 접속함).

5. Kathleen L. McGinn, Deborah M. Kolb, Cailin B. Hammer, "Traversing a Career Path: Pat Fili-Krushel(A)", Harvard Business School Case 909-009, 2008년 9월(2011년 수정됨); 저자와 Fili-Krushel과의 인터뷰, 2017년 9월 22일.

6. "Improving Relationships, Mental and Physical Health By Not Telling Lies", 〈Medical News Today〉, 2012년 8월 7일자, http://www.medicalnewstoday.com/releases/248682.php(2017년 11월 17일 접속함).

7. Li Jiang, Maryam Kouchaki, Francesca Gino, F.(2017년), "Attribution of Authenticity: Powerful people benefit from self-disclosure of unfavorable information", 연구논문(저자들에게 요청할 수 있음).

8. Lauren Sher, "Jennifer Lawrence Trips on Her Way to Collect Best Actress Award", 〈ABC News〉, 2013년 2월 25일, http://abcnews.go.com/Entertainment/oscars-2013-jennifer-lawrence-trips-on-her-way-to-collect-best-actress-award/blogEntry?id=18587011(2017년 11월 17일 접속함).

9. Elliot Aronson, Ben Willerman, Joanne Floyd, "THe Effect of a Pratfall on Increasing Interpersonal Attractiveness", 〈Psychonomic Science〉 4, no. 6(1966년), p. 227-228; Robert Helmreich, Eiilot Aronson, James LeFan, "To Err Is Humanizing Sometimes: Effects of Self-Esteem, Competence, and a Pratfall on Interpersonal Attraction", 〈Journal of Personality and Social Psychology〉 16, no. 2(1970년), p. 259-264.

10. Joanne Silvester, Fiona Mary Anderson-Gough, Neil R. Anderson, Afandi R. Mohamed, "Locus of Control, Attributions and Impression Managememt

in the Selection Interview", 〈Journal of Occupational and Organizational Psychology〉 75, no. 1(2002년), p. 59-76.

11. 저자와 Scott Cook과의 인터뷰, 2014년 5월, 2015년 5월, 2016년 10월.

12. Karen Huang, Alison Wood Brooks, Brian Hall 외 다수, "Mitigating Envy: Why Successful Individuals Should Reveal Their Failures", 연구논문, 2017 년(저자들에게 요청할 수 있음).

13. Xiaodong Lin-Siegler, Janet N. Ahn, Jondou Chen 외 다수, "Even Einstein Struggles: Effects of Learning About Great Scientists' Struggles on High School Students' Motivation to Learn Science", 〈Journal of Educational psychology〉 108, no. 3(2016년), p. 314-328. 2012년 대만에서 진행된 한 연구에서도 비슷한 결과를 얻었다. 연구진은 학생들을 두 집단으로 나눈 다음 한 집단에게는 과학자들이 경험한 곤경에 대해, 다른 집단에게는 과학자들이 이룩한 대단한 성취에 대해 읽도록 했다. 그 결과, 첫 번째 집단은 그들 과학자를 장애를 극복해야 했던 보통 사람들로(즉 자신들과 비슷한 사람들로) 생각한 반면, 과학자들이 이룩한 성취에 대해 읽었을 때는 과학자들을 특출한 천부적 재능을 타고난 매우 특별한 사람들로 여겼다. 또한 과학자들의 곤경에 대해 읽었던 학생들은 실험실에서 주어진 과제를 수행할 때 더 좋은 성과를 보였다. Huang-Yao Hong, Xiaodong Lin-Siegler, "How Learning About Scientists' Struggles Influences Students' Interest and Learning in Physics", 〈Journal of Educational Psychology〉 104(2012년), p. 469-484.

14. Wendy Joung, Beryl Hesketh, Andrew Neal, "Using 'War Stories' to Train for Adaptive Performance: Is It Better to Learn from Error of Success?", 〈Applied Psychology〉 55, no. 2(2006년), p. 282-302.

15. Diwas KC, Bradley R. Staats, Francesca Gino, "Learning from My Success and from Others' Failure: Evidence from Minimally Invasive Cardiac Surgery", 〈Management Science〉 59, no. 11(2013년), p. 2435-2449.

16. Ana Swanson, "Why It Feels So Good to Read About This Princeton Professor's Failures", 〈Washington Post〉, 2016년 4월 28일자.

17. Francesca Gino, Maryam Kouchaki, Adam D. Galinsky, "The Moral Virtue of Authenticity: How Inauthenticity Produces Feelings of Immorality and Impurity", 〈Psychological Science〉 26, no. 7(2015년), p. 983-996.

18. Murad S. Hussain, Ellen Langer, "A Cost of Pretending", 〈Journal of Adult Development〉 10, no. 4(2003년), P. 261–270.

19. Celia Moore, Sun Young Lee, Kawon Kim, Dan Cable, "The Advantage of Being Oneself: The Role of Applicant Self-Verification on Organizational Hiring Decisions", 〈Journal of Applied Psychology〉 102, no. 11(2017년), p. 1493–1513.

20. Francesca Gino, Ovul Sezer, Laura Huang, Alison Wood Brooks, "To Be or Not to Be Your Authentic Self? Catering to Others' Expectations and Interests Hinders Performance", 연구논문, 2017년(저자들에게 요청할 수 있음).

21. Francesca Gino, Maryam Kouchaki, "Feeling Authentic Serves as a Buffer Against Rejections", dusrn보고서, 2016년, (저자들에게 요청할 수 있음).

22. 상동.

23. Sebastian Korb, Stéphane With, Paula Niedenthal 외 다수, "The Perception and Mimicry of Facial Movements Predict Judgments of Smile Authenticity", 〈PLoS ONE〉 9, no. 6(2014년), p. e99194.

24. Emily A. Butler, Boris Egloff, Frank H. Wilhelm, "The Social Consequences of Expressive Suppression", 〈Emotion〉 3, no. 1(2003년), p. 48–67.

25. Ovul Sezer, Francesca Gino, Michael I. Norton, "Humblebragging: A Distinct-and Ineffective-Self-Presentation Strategy", 〈Journal of Personality and Social Psychology〉 114, no. 1(2018년), p. 52–74.

26. Marian L. Houser, Sean M. Horan, Lisa A. Furler, "Dating in the Fast Lane: How Communication Predicts Speed-Dating Success", 〈Journal of Social and Personal Relationships〉 25, no. 5(2008년), p. 749–768.

27. Ute R. H?lsheger, Anna F. Schewe, "On the Costs and Benefits of Emotional Labor: A Meta-Analysis of Three Decades of Research", 〈Journal of Occupational Health Psychology〉 16, no. 3(2011년), p. 361–389.

28. David T. Wagner, Christopher M. Barnes, Brent A. Scott, "Driving It Home: How Workplace Emotional Labor Harms Employee Home Life", 〈Personnel Psychology〉 67, no. 2(2014년), p. 487–516.

29. Alicia Grandey, Su Chuen Foo, Markus Groth, Robyn E. Goodwin, "Free to Be You and Me: A Climate of Authenticity Alleviates Burnout From

Emotional Labor", 〈Journal of Occupational Health Psychology〉 17, no. 1(2012년), p. 1-14.

30. 저자와 Davide di Fabio와의 인터뷰, 2016년 7월 26일.

31. Andreas Steimer, Andr? Mata, "Motivated Implicit Theories of Personality: My Weaknesses Will Go Away, but My Strengths Are Here to Stay", 〈Personality and Social Psychology Bulletin〉 42, no. 4(2016년), p. 415-429.

32. Albert Bandura, "Self-Efficacy Mechanism in Human Agency", 〈American Psychologist〉 37, no. 2(1982년), p. 122-147.

33. Donald O. Clifton, James K. Harter, "Investing in Strengths", http://media.gallup.com/documents/whitepaper-investinstrengths.pdf(2017년 11월 17일 접속함).

34. Francesca Gino, Bradley R. Staats, Paul green Jr., "Reinventing Performance Management at Deloitte(A) & (B)", Harvard Business School Case 918-020, 918-021, 2017년; 사례연구를 위한 인터뷰는 2016년과 2017년에 진행됨.

35. Corporate Leadership Council, "Building the High-Performance Workplace: A Quantitative Analysis of the Effectiveness of Performance Management Strategies", 2002년, http://marble-arch-online-courses.s3.amazonaws.com/CLC_Building_the_High_Performance_Workforce_A_Quantitative_Analysis_of_the_Effectiveness_of_Performance_Management_Strategies1.pdf

36. Susan Sorenson, "How Employees' Strenths Make Your Company Stronger", 〈Gallup News〉, 2014년 2월 20일자, http://news.gallup.com/businessjournal/167462/employees-strengths-company-stronger.aspz (2017년 11월 17일 접속함)

37. Julia Les, Francesca Gino, Daniel Cable, Bradley R. Staats, "Preparing the Self for Team Entry: How Relational Affirmation Improves Team Performance", 연구논문, 2017년(저자들에게 요청할 수 있음).

38. Daniel Cable, Francesca Gino, Bradley R. Staats, "Breaking Them In or Eliciting Their Best? Reframing Socialization Around Newcomers' Authentic Self-Expression", 〈Administrative Science Quarterly〉 58, no.

1(2013년), p. 1-36.

39. Giada DiStefano, Francesca Gino, Gary Pisano, Bradley R. Staats, "Making Experience Count: The Role of Reflection in Individual Learning", 연구논문, 2017년(저자들에게 요청할 수 있음).

40. 저자와 Rachel Chong과의 인터뷰, 2016년 4월 27일.

41. 저자와 Mellody Hobson과의 인터뷰, 2014년 11월 4일, 12월 8일, 2016년 8월 9일

7장

1. Travis Bradberry, Jean Greaves, 《Leadership 2.0》(San Diego, CA: TalentSmart, 2012년).

2. Gallup Organization, 《First, Break All the Rules: What the World's Greatest Managers Do Differently》(New York: Gallup Press, 2016년). 젊은 세대를 위해 "이 학교에서 나는 내가 가장 잘하는 것을 매일 할 수 있는 기회가 있다"와 "나는 학교에 가장 친한 친구가 있다"와 같이 질문 문항들이 단순화됐다.

3. Kevin Freiberg, Jackie Freiberg, 《너츠: 사우스웨스트 효과를 기억하라(Nuts! Southwest Airlines' Crazy Recipe for Business and Personal Success)》(New York: Broadway Books, 1996년).

4. "Southwest Airlines' Colleen Barrett Flies High on Fuel Hedging and 'Servant Leadership'", http://knowledge.wharton.upenn.edu/article/southwest-airlines-colleen-barrett-flies-high-on-fuel-hedging-and-servant-leadership/ (2017년 11월 28일 접속함).

5. 저자와 Doug Conant와의 인터뷰, 2017년 10월 10일; Douglas Conant, Mette Norgaard, 《터치포인트: 짧지만 강한 리더의 1분(TouchPoints: Creating Powerful Leadership Connections in the Smallest of Moments)》(San Francisco: Jossey-Bass, 2011년); "Keeping Employees Engaged in Tough Times: An Interview with Douglas Conant, Former CEO of Campbell's Soup Company", 〈Harvard Business Review〉, 2011년, https://hbr.org/2011/10/keeping-employees-engaged-in-t (2017년 11월 29일 접속함).

6. Robert Reiss, "Creating TouchPoint at Campbell Soup Company",

〈Forbes〉, 2011년 7월 14일자, https://www.forbes.com/sites/robertreiss/2011/07/14/creating-touchpoints-at-campbell-soup-company/#72e2f2792c41(2017년 11월 17일 접속함).

7. Douglas Conant, Mette Norgaard, 《터치포인트: 짧지만 강한 리더의 1분》

8. Capital IQ 데이터베이스, 2017년 11월 20일 접속함(저자에게 사본을 요청할 수 있음).

9. 플로우(flow)라는 개념을 들어봤을 것이다. 어쩌면 몰입(engagement)이라는 개념보다 플로우에 더 익숙할지도 모르겠다. 둘이 혼용되기는 하지만, 둘은 다른 개념이고 특히 몰입이 플로우보다 범위가 더 넓다. 플로우는 미국의 유명한 심리학자인 미하이 칙센트미하이(Mihaly Csikszentmihalyi)가 처음 주창한 개념으로, 우리가 어떤 활동에 완전히 빠져 있을 때, 심지어 그 활동을 함으로써 외부적 보상을 얻을 가능성이 전혀 없는 상태에서도 그 활동에 온전히 몰두할 때 경험하는 전체적인 감각을 말한다. 한 마디로 시간과 공간과 심지어 자기 자신조차 잊어버리는 무아지경의 상태다. 이렇듯 플로우와 몰입은 무언에게 푹 빠진 몰두 상태를 말하지만, 개념적으로는 분명한 차이가 있다. 플로우는 활동지향적인 반면 몰입은 좀 더 보편적이다. 플로우의 개념이 가끔은 절정의 경험으로 정의되는 것에 반해, 몰입은 다양한 영역에 걸쳐 몰두하는 경향이 있다. 가령 어떤 연구에 따르면, 직장에서 몰입을 경험할 가능성이 큰 사람은 개인적인 삶에서도 몰입할 가능성이 더 크다.

10. Adam Grant, Francesca Gino, "A Little Thanks Goes a Long Way: Explaining Why Gratitude Expressions Motivate Prosocial Behavior", 〈Journal of Personality and Social Psychology〉 98, no. 6(2010년), p. 946-955.

11. 생산성 데이터는 시간당 수확된 토마토의 무게로 측정됐다. 다시 말해 특정 작업 팀이 수확한 전체 토마토를 각 작업자의 작업시간을 합쳐 작업조 전체의 작업시간으로 나누었다. 우리가 작업자들에게 동영상으로 보여준 이후 몇 개의 작업조로부터 데이터를 수집했는가는 토마토 농장에 따라서 달랐다. 가을 수확철의 종료 시점은 주로 기온과 강수량에 따라 결정되는데, 당연히 캘리포니아 주에서도 지역마다 기온과 강수량이 다르기 때문이다. 결론적으로 말해 우리 연구진이 개입한 이후 몇 개의 작업조에서 데이터를 수집했는가는 토마토 농장별로 1에서 26까지 큰 차이가 있었고, 평균은 13.06이었다. 이 실험에 대한 보고서를

알고 싶은 사람은 http://www.hbs.edu/faculty/Publication%20Files/17-073_9e2b9c23-cac0-4dcc-86ae-aaa3d32698d1.pdf(2017년 11월 17일 접속함)를 참조하라. Paul Green Jr., Francesca Gino, Bradley R. Staats, "Seeking to Belong: How the Words of Internal and External Beneficiaries Influence Performance", Harvard Business School Working Paper 12-073(2017년).

12. Wilmar B. Schaufeli, Isabel M. Mart?nez, Alexander Marques Pinto 외 다수, "Burnout and Engagement in University Students: A Cross-National Study", 〈Journal of Cross-Cultural Psychology〉 33, no. 5(2002년), p. 464-481.

13. 저자는 2017년 3월 31일 Pixar의 본사를 방문해 Ed Catmull, Dan Scanlon, Jonas Rivera, Jamie Woolf, Andrew Gordon 등과 인터뷰를 가졌다; 또한 저자는 2017년 9월 13일 Pete Docter와 후속 인터뷰를 했다; Ed Catmull, Amy Wallace, 《창의성을 지휘하라(Creativity Inc.: Overcoming the Unseen Forces That Stand in the Way of True Inspiration)》(New York: Random House, 2014년); David A Price, 《픽사 이야기(The Pixar Touch: The Making of a Company)》(New York: Vintage, 2008년); Lawrence Levy, 《To Pixar and Beyond: My Unlikely Journey with Steve Jobs to Make Entertainment History》(Boston: Mariner Books, 2016년).

14. Li Huang, Adam D. Galinsky, "Mind-Body Dissonance. Conflict Between the Senses Expands the Mind's Horizons", 〈Social Psychological and Personality Science〉 2, no. 4(2011년), p. 351-359; Ella Miron-Spektor, Francesca Gino, Linda Argote, "Paradoxical Frames and Creative Sparks: Enhancing Individual Creativity Through Conflict and Integration", 〈Organizational Behavior and Human Decision Processes〉 116, no. 2(2011년), p. 229-240.

15. Travis Proulx, Steven J. Heine, "Connections from Kafka: Exposure to Meaning Threats Improves Implicit Learning of an Artificial Grammar", 〈Psychological Science〉 20, no. 9(2009년), p. 1125-1131.

16. Carsten K. W. De Dreu, Bernard A. Nijstad, "Mental Set and Creative Thought in Social Conflict: Threat Rigidity Versus Motivated Focus", 〈Journal of Personality and Social Psychology〉 95, no. 3(2008년), p. 648-661.

17. Bianca Beersma, Carsten K. W. De Dreu, "Conflict's Consequences: Effects of Social Motives on Postnegotiation Creative and Convergent Group Functioning and Performance", 〈Journal of Personality and Social Psychology〉 89, no. 3(2005년), p. 358-374.

18. Ella Miron-Spektor, Francesca Gino, Linda Argote, "Paradoxial Frames and Creative Sparks: Enhancing Individual Creativity Through Conflict and Integration", 〈Organizational Behavior and Human Decision Processes〉 116, no. 292011년), p. 229-240.

19. Ed Catmull, "How Pixar Fosters Collective Creativity", 〈Harvard Business Review〉, 2008년 9월, https://hbr.org/2008/09/how-pixar-fosters-collective-creativity(2017년 11월 28일 접속함); 저자와 ED Catmull과의 인터뷰, 2017년 3월 31일.

20. Duncan S. Gilchrist, Michael Luca, Deepak Malhotra, "When 3+1=4: Gift Structure and Reciprocity in the Field", 〈Management Science〉 62, no. 9(2016년), p. 2639-2650.

8장

1. John Reeve Carpenter, 《Pirates: Scourge of the Seas》(New York: Sterling Publishing, 2008년).

2. 3년 동안 해적으로 활동하면서 블랙 바트는 400척 이상의 선박을 탈취했다. 반면 2년간 해적으로 활동했던 블랙비어드가 강탈한 선박은 120척 남짓이었다. 블랙 바트가 다스리던 해적선의 헌법 같은 규약은 다른 해적선들에서도 상당히 보편적이었다.

3. Charles Johnson, 《A General History of the Pyrates》(Seattle, WA: Loki's Publishing, 1724년); Colin Woodard, 《The Republic of Pirates: Being the True and Surprising Story of the Caribbean Pirates and the Man Who Brought Them Down》(Orlando, FL: Mariner Books, 2008년); Marcus Rediker, 《Villains of All Nations: Atlantic Pirates in the Golden Age》(Boston: Beacon Press, 2004년); Peter T. Leeson, 《후크 선장의 보이지 않는 손(The Invisible Hook: The Hidden Economics of Pirates)》(Princeton, NJ: Princeton University Press, 2009년); 저자는 2017년 봄 Peter Leeson과 다수

의 대화를 나눔.

4. Peter T. Leeson, "An-arrgh-chy: The Law and Economics of Pirate Organization", 〈Journal of Political Economy〉 115, no. 6(2007년), p. 1049-1094.

5. Marcus Rediker, 《악마와 검푸른 바다 사이에서(Between The Devil and the Deep Blue Sea: Merchant Seamen, Pirates, and the Anglo-American Maritime World, 1700-1750)》(Cambridge, MA: Cambridge University Press, 1987년), p. 267.

6. Robert Frees Bales, 《Interaction Process Analysis: A Method for the Study of Small Groups》(Chicago: University of Chicago Press, 1950년, 1976년 재판이 발행됨).

7. Elizabeth Gellert, "Stability and Fluctuation in the Power Relationships of Young Children", 〈Journal of Abnormal and Social Psychology〉 62(1961년), p. 8-15.

8. Harold J. Leavitt, 《톱다운(Top Down: Why Hierarchies Are Here to Stay and How to Manage Them More Effectively)》(Cambridge, MA: Harvard Business Review Press, 2004년).

9. Henry W. Riecken, "The Effect of Talkativeness on the Ability to Influence Group Solutions of Problems", 〈Sociometry〉 21(1958년), p. 309-331.

10. Muzafer Sherif, B. jack White, O. J. Harvey, "Status in Experimentally Produced Groups", 〈American Journal of Sociology〉 60, no. 4(1955년), p. 370-379.

11. Chester I. Barnard, 《경영자의 역할(The Functions of the Executive)》(Cambridge: Harvard University Press, 1968년).

12. Eric M. Anicich, Roderick I. Swaab, Adam D. Galinsky, "Hierarchical Cultural Values Predict Success and Mortality in High-Stakes Teams", 〈PNAS〉 112, no. 5(2015년), p. 1338-1343.

13. Cheese Board Collective, "The Cheese Board: A Worker-Owned Collective Since 1871", http://cheeseboardcollective.coop/about-us/about-main/(2017년 11월 17일 접속함).

14. Ethan Bernstein, Francesca Gino, Bradley R. Staats, "Opening the Valve:

From Software to Hardware(A)", Harvard Business School Case 415-015, 2014년 8월.

15. Linn Van Dyne, Jon L. Pierce, "Psychological Ownership and Feelings of Possession: Three Field Studies Predicting Employee Attitudes and Organizational Citizenship Behavior", 〈Journal of Organizational Behavior〉 25, no. 4(2004년), p. 439-459.

16. Maryam Kouchaki, francesca Gino, Ana Jami, "It's Mine, But I'll Help You: How Psychological Ownership Increases Prosocial Behavior", 연구논문, 2017년(저자들에게 요청할 수 있음).

17. Martin Williamson, "Monaco Grand Prix 1950: Fangio Escapes the Pile-Up", ESPN, http://en.espn.co.uk/f1/motorsport/story/12022.html (2017년 9월 25일 접속함); Gerald Donaldson, "Monaco Smart Win for Fangio-1950", http://www.f1speedwriter.com/2012/05/grand-prix-de-monaco-1950-juan-manual.html(2017년 9월 25일 접속함).

18. Robert F. Kennedy, 〈13일(Thirteen Days: A Memoir of the Cuban Missile Crisis)〉(Boston: W. W. Norton & Company, 1971년); Ernest R. may, Philip D. Zelikow, 〈The Kennedy Tapes: Inside the White House During the Cuban Missile Crisis〉(New York: W. W. Norton & Company, 2002년); Arthur M. Schlesinger Jt., 〈A Thousand Days: John F. Kennedy in the White House〉(Boston: Houghton Mifflin Company, 1965년).

19. Irving L. Janis, 〈Victims of Groupthink: A Psychological Study of Foreign-Policy Decisions and Fiascoes〉(New York: Houghton Mifflin, 1972년).

20. Robert F. Kennedy, 〈13일〉, p. 36.

21. Tony L. Simons, Randall S. Peterson, "Task Conflict and Relationship Conflict in Top Management Teams: The Pivotal Roles of Intragroup Trust", 〈Journal of Applied Psychology〉 85, no. 1(2000년), p. 102-111.

22. Tim Hindle, 〈Guide to Management Ideas and Gurus〉(New York: Bloomberg Press, 2008년); "Alfred Sloan", 〈The Economist〉, 2009년 1월 30일자, http://www.economist.com/node/13047099(2017년 11월 29일 접속함).

23. 저자와 Ed Catmull과의 인터뷰, 2017년 3월 31일 Pixar 본사에서.

24. Boris Groysberg, Michael Slind, "Leadership Is a Conversation", 〈Harvard

Business Review〉, 2012년 6월호.

25. 저자와 Doug Conant와의 인터뷰, 2017년 10월 10일.

26. Kathleen L. McGinn, Deborah M. Kolb, Cailin B. Hammer, "Traversing a
     Career Path: Pat Fili-Krushel(A)", Harvard Business School Case 909-009,
     2008년 9월(2011년 6월 수정됨); 저자와 Fili-Krushel과의 인터뷰, 2017년 9월
     22일.

27. Andrew Hill, John Wooden, 《민첩하게 그러나 서둘지는 마(Be Quick-But
     Don't Hurry: Finding Success in the Teachings of a Lifetime)》(New York:
     Simon & Schuster, 2001년).

28. Gary P. Pisano, Francesca Gino, Bradley R. Staats, "Pal's Sudden Service-
     Scaling an Organizational Model to Drive Growth", Harvard Business
     school Case 916-052, 2016년 5월(2017년 3월 수정됨).

29. Francesca Gino, Bradley R. Staats, "Samasource: Give Work, Not Aid",
     Harvard Business School Case 912-011, 2011년 12월(2012년 6월 수정됨).

30. 저자와 Osteria Francescana의 셰프 Bottura와 직원들과 인터뷰, 2016년 7월
     26~27일.

31. William David Compton, 《Where No Man Has Gone Before: A History of
     Apollo Lunar Exploration Missions》(Washington D.C.: U.S. Government
     Printing Office, 1989년).

32. Irene Scopelliti, Paolo Cillo, Bruno Busacca, David Mazursky, "How Do
     Financial Constraints Affect Creativity?", 〈Journal of Product Innovation
     Management〉 31, no. 5(2014년), p. 880-893.

33. Irene Scopelliti, Paolo Cillo, Bruno Busacca, David Mazursky, "How Do
     Financial Constraints Affect Creativity?"; Ravi Mehta, Meng Zhu, "Creating
     When You have Less: The Impact of Resource Scarcity on Product Use
     Creativity", 〈Journal of Consumer Research〉 42, no. 5(2016년0, p. 767-782.

34. Kris E. Lane, 《Blood and Silver: A History of Piracy in the Caribbean and
     Central America》(Oxford, Eng.: Signal Books, 1999년)

35. "Top-Earning Pirates", 〈Forbes〉, 2008년 9월 19일자, https://www.forbes.com/
     2008/09/18/top-earning-pirates-biz-logistics-cx_mw_0919piracy.
     html#521a37307263(2017년 11월 29일 접속함).

36. Jennifer L. Berdahl, Cameron Anderson, "Men, Women, and Leadership Centralization in Groups Over Time", 〈Group Dynamics: Theory, Research, and Practice〉 9, no. 1(2005년), p. 45–57.

37. Leon Festinger, Kurt W. Back, Stanley Schachter, 《Social Pressures in Informal Groups: A Study of Human Factors in Housing》(Stanford, CA: Stanford University Press, 1950년).

38. 저자와 Pixar의 Ed Catmull 등등과의 인터뷰, Pixar 본사에서 이뤄짐, 2017년 3월 31일.

결론

1. Jeff Gordinier, "Massimo Bottura, the Chef Behind the World's Best Restaurant", 〈New York Times Style Magazine〉, 2016년 10월 17일자, https://nytimes.com/2016/10/17/t-magazine/massimi-bottura-chef-osteria-francescana.html (2017년 11월 29일 접속함).

2. Nick Squires, "Earthquake Strikes Northern Italy Killing Six", 〈Telegraph〉, 2012년 5월 20일자; Elisabetta Povoledo, "Thousands Are Homeless in Deadly Quake in Italy", 〈New York Times〉, 2012년 5월 21일자; "Another Earthquake in Italy Hits Almost Same Spot as Previous One", 〈Tripoli Post〉, 2012년 5월 29일; Andrea Vogt, Tom Kington, "Earthquake in Italy Kills Five and Razes Centuries of History", 〈Guardian〉, 2012년 5월 21일자; Tom Kington, "Wheels of Misfortune: Race to Save Parmesan Toppled by Earthquake", 〈Guardian〉, 2012년 5월 23일자; 지진피해 지역 주민들과의 인터뷰, 2016년 7월, 2017년 5월.

3. Cassie Mogilner, Zoe Chance, Mike Norton, "Giving Tome Gives You Time", 〈Psychological Science〉 23, no. 10(2012년), p. 1233–1238.

맺는 글

1. Jayson DeMers, "51 Quotes to Inspire Success in Your Life and Business", 〈Inc.com〉, 2014년 11월 3일자, https://www.inc.com/jayson-demers/51-quotes-to-inspire-success-in-your-life-and-business.html(2017년 11월 29일 접속함).

내 안의 탁월한 말썽꾸러기 해방시키기
긍정적 일탈주의자

제1판 1쇄 인쇄 | 2019년 2월 15일
제1판 1쇄 발행 | 2019년 2월 22일

지은이 | 프란체스카 지노
옮긴이 | 김정혜
펴낸이 | 한경준
펴낸곳 | 한국경제신문 한경BP
책임편집 | 윤효진
저작권 | 백상아
홍보 | 김새누리 · 조아라 · 조남경
마케팅 | 배한일 · 김규형
디자인 | 지소영
본문디자인 | 디자인 현

주소 | 서울특별시 중구 청파로 463
기획출판팀 | 02-3604-553~6
영업마케팅팀 | 02-3604-595, 583   FAX | 02-3604-599
H | http://bp.hankyung.com   E | bp@hankyung.com
T | @hankbp   F | www.facebook.com/hankyungbp
등록 | 제 2-315(1967. 5. 15)

ISBN 978-89-475-4447-4 03320